此书由大连大学文学院资助出版

编委会

语言服务书系·修辞研究

修辞研究

（第六辑）

主编 吴礼权 张祖立 李 索

暨南大学出版社
JINAN UNIVERSITY PRESS

中国·广州

图书在版编目（CIP）数据

修辞研究. 第六辑／吴礼权，张祖立，李索主编. —广州：暨南大学出版社，2021.10
（语言服务书系. 修辞研究）
ISBN 978 - 7 - 5668 - 3231 - 3

Ⅰ. ①修…　Ⅱ. ①吴…②张…③李…　Ⅲ. ①修辞学—研究　Ⅳ. ①H05

中国版本图书馆 CIP 数据核字（2021）第 185744 号

修辞研究（第六辑）
XIUCI YANJIU（DI-LIU JI）
主编：吴礼权　张祖立　李　索
....

出　版　人：张晋升
策划编辑：杜小陆　黄志波
责任编辑：黄志波
责任校对：周海燕　黄亦秋
责任印制：周一丹　郑玉婷

出版发行：暨南大学出版社（510630）
电　　话：总编室（8620）85221601
　　　　　营销部（8620）85225284　85228291　85228292　85226712
传　　真：（8620）85221583（办公室）　85223774（营销部）
网　　址：http://www.jnupress.com
排　　版：广州良弓广告有限公司
印　　刷：佛山市浩文彩色印刷有限公司
开　　本：787mm×960mm　1/16
印　　张：13
字　　数：253 千
版　　次：2021 年 10 月第 1 版
印　　次：2021 年 10 月第 1 次
定　　价：59.80 元

写在前面的话

马庆株　吴礼权[①]

《修辞研究》是由中国修辞学会组织编写、暨南大学出版社出版、大连大学文学院资助的纯学术性的连续出版物。自 2016 年 9 月第一辑出版，到今年的两辑出版后，竟已经有七辑了。2016—2018 年，我们每年编辑出版一辑，共出版了三辑。从 2019 年开始，每年出版两辑。本辑是第六辑，仍延续前五辑的做法，基本栏目保持稳定，同时根据前一年与当年学会开展学术活动的主题，适当增加个别新的栏目。

依据上述编辑原则，本辑刊发的论文主要来自三个方面：一是 2019 年 10 月在广西民族大学召开的中国修辞学会年会上交流的部分专家学者的会议论文，二是部分青年学者的学术论文，三是特约的专家学者论文。我们依据相关内容，将这些论文分列入"古代汉语修辞研究""现代汉语修辞研究""叙事修辞研究""翻译修辞研究""修辞学史研究""政治修辞学研究""外交修辞研究""其他研究"八个专栏中。

"古代汉语修辞研究"专栏，我们选刊了三篇相关论文，分别是：武汉大学博士生导师罗积勇教授的《典故语用作比况成分时的句式研究》、大连大学文学院院长李索教授与孔青华合作的《上古汉语音顿律节奏构建模式探析（上）》、盐城师范学院副教授朱栋博士的《唐代应制诗研究述评》。

---

① 作者简介：马庆株，北京大学文学硕士，南开大学教授、博士生导师，西南交通大学特聘教授，西南科技大学特聘教授，原中国修辞学会会长（第九届），原中国语文现代化学会会长，现任中国修辞学会终身名誉会长。吴礼权，复旦大学文学博士，复旦大学中国语言文学研究所教授、博士生导师，兼任中国修辞学会会长，日本京都外国语大学客员教授，台湾东吴大学客座教授，湖北省政府特聘"楚天学者"讲座教授。

"现代汉语修辞研究"专栏，我们选刊了四篇相关论文，分别是：河北大学博士生导师郭伏良教授与高彭玮合作的《1949—2019年〈人民日报〉元旦社论语用特点研究》、北京师范大学博士生导师孙银新教授的《现代汉语词汇中的"羡余"》、复旦大学中文系博士生周卫东的《汉语引用修辞文本建构的动因及其表达效果》、暨南大学讲师姜露博士与袁梦溪博士合作的《非典型性别词汇造词理据探析》。

"叙事修辞研究"专栏，我们选刊了三篇相关论文，分别是：福建师范大学博士生导师祝敏青教授的《时空越位中的叙事链接》、闽江师范高等专科学校李娟副教授的《电影〈穿普拉达的女王〉的对比叙事修辞策略》、广东海洋大学副教授张伟博士的《小说语篇中的时间语境系统》。

"翻译修辞研究"专栏，我们选刊了暨南大学翻译学院副院长陈毅平教授的《中国文学外译修辞研究——以葛浩文英译〈青衣〉为例》。

"修辞学史研究"专栏，我们选刊了海南师范大学博士生导师段曹林教授的《自主创新：中国修辞学发展的必由之路》。

"政治修辞学研究"专栏，我们选刊了湖南师范大学讲师谢元春博士与复旦大学博士生导师吴礼权教授合作的《〈讨武曌檄〉的政治修辞学分析》。

"外交修辞研究"专栏，我们选刊了华北水利水电大学副教授闫亚平博士与副科长喻珊合作的《外交语篇隐喻的衔接与连贯功能》。

"其他研究"专栏，我们选刊了两篇相关论文，分别是：北京大学博士生导师孙玉文教授的《〈切韵序〉试读兼及〈切韵〉音系性质问题》、大连理工大学讲师王嘉天博士与辽宁师范大学王振来教授合作的《俄罗斯留学生汉字书写偏误研究》。

本辑所刊论文共计16篇，绝大多数是20世纪60年代生人的中年学者的作品。这些作者目前都是中国修辞学界与语言学界的中坚力量与知名专家，他们的论文代表了目前中国修辞学研究的最高水平，标明了中国修辞学研究最前沿的动态与发展方向。但是，也有部分论文是70年代或80年代生人的青年学者的作品，还有一些 90 年代生人的博士生与其导师的合作成果。众所周知，学术研究是一个不断努力推进的过程，需要一代又一代的学者不断努力、接力进行。中国修辞学会第九届、第十届、第十一届领导班子这些年来之所以竭尽全力，在各自繁重的学术研究与教学工作之余花费大量心力推进学会工作，每年都要召开一次全国性的学术年会，另外还要召开专题研讨会或国际学术研讨会，其目的就是培养学术新人，使中国修辞学的研究能够薪火相传，使中国修辞学的研究不断往纵深推进。中国修辞学会编辑出版《修辞研究》，一来是及时展示前辈学者关于修辞学研究的最新成果，使后学者有所了解，并在此基础上将相关研究予以推进；二来是在给青年学者创造成长的空间，让他们在学术研究以及跟前辈学者的交流互动中迅速成长，早日在修辞学研究领域有所成就。如此，中国修辞学的发展前景才会是光明的。

2010 年 12 月，中国修辞学会第九届理事会成立时，我们就明确强调，中国修辞学会跟其他学术组织一样，是学术界的天下公器；2016 年《修辞研究》第一辑出版时，我们又明确强调，跟其他学术刊物一样，《修辞研究》也是学术界的天下公器。既然如此，我们就要用好中国修辞学会与《修辞研究》这两个天下公器，全心全意地为全国修辞学界的同仁服务，让公器发挥好其作为公器应有的作用。

2020 年，中国修辞学会迎来了成立 40 周年的光辉时刻。然而，2020 年初一场突如其来的新冠肺炎疫情从天而降，打乱了我们召开学术年会的计划。尽管学会工作跟其他各行各业的工作一样，遭遇了前所未有的困难，但托赖现代科技，我们召开了史无前例的网上学术年会，参会学者有 200 多人，规模空前，这不禁让我们非常感叹学者们对中国修辞学会工作与学术研究的高度热情。也因为疫情的缘故，我们原定 2020 年出版的《修辞研究》第六辑、第七辑的计划受到了影响，顺延到了今年才出版面世。

最后，我们要对中国修辞学会秘书处所在单位大连大学表示衷心感谢！衷心感谢大连大学各级领导长期以来一直持续不断地支持中国修辞学会秘书处开展工作！衷心感谢大连大学文学院对《修辞研究》各辑的编辑出版所给予的人力与资金上的大力支持！同时，我们也衷心感谢暨南大学出版社担任《修辞研究》各辑编校工作的同仁所做的认真细致的工作！最后，我们还要衷心感谢全国学术界广大朋友长期以来对中国修辞学发展所给予的关心与支持！衷心感谢多年来一直关心并厚爱《修辞研究》各辑的作者与读者的大力支持！另外，还要感谢复旦大学中文系博士生周卫东同学为《修辞研究》各辑相关论文内容摘要的英译工作作出的无私奉献。

2021 年 9 月 10 日

目　录

修辞学史研究

政治修辞学研究

外交修辞研究

其他研究

古代汉语修辞研究

典故语用作比况成分时的句式研究

罗积勇①

（武汉大学文学院　武汉　430072）

摘　要：当具有主谓结构的典故语进入一个比喻或比较的句子时，它会产生许多句式。本文在古今汉语实例的基础上，对这些句式进行了详尽的分类。在这些不同类型中，典故语作为喻体一般是整体地与前面的本体部分发生比况关系，并且有喻词或平行结构将二者联系在一起，有时喻词是由副词或副词性成分充当的。但是，在一些特殊情况下，喻体部分典故语中的主语也会与本体部分的主谓结构中的主语产生关联。

关键词：用典；句式；比喻

用来比况所述事物的典故语有时是一个主谓结构，当它进入复句充当一个小句时，以及当它进入单句充当谓语、表语或定语时，这个典故语是相当于一个词、一个一般的主谓结构，还是介于二者之间（即其内部成分既与句子中其他成分相关，又被临时当作一个词来用），或有别的什么，这不能一概而论，要用各种方法来检验。本文先将这类典故语入句构成的句型分门别类，然后逐一考察这个问题。

本文采用两重分类，首先认定这类句型都可分为被比况部分和比况部分，根据两部分的连接方式分出五个大类，各大类下再细分单句和复句句型。

一、两部分俱全，且有比况词

（一）主语从句（主＋谓）＋比况词＋典故语（主′＋谓′）

典故语一般是用来比况要叙说的事物，如南北朝·王褒《与周弘让书》叙其滞留北方之苦，曰："负杖行吟，同刘琨之积惨。"② 此属同类关系。

《朱子语类》卷一一六："其有知得某人诗好，某人诗不好者，亦只是

---

① 作者简介：罗积勇，文学博士，现为武汉大学文学院教授、博士生导师，武汉大学文学院古籍研究所副所长，兼任中国修辞学会副会长、湖北省楹联学会副会长。

② 典出刘琨《答卢谌书》："自顷辀张，困于逆乱，国破家亡，亲友凋残。负杖行吟，则百忧俱至；块然独坐，则哀愤两集。"

见已前人如此说，便承虚接响说取去，如矮子看戏相似，见人道好，他也道好，及至问著他，那里是好处，元不曾识。"矮子看戏这一典故应是勾栏戏出现后的俗语，这层意思的表达虽略有不同，但在宋元时期此语常用。又如元·黄溍《书袁通甫诗后》："吾侪碌碌，从俗浮湛，与先生相去远甚，而欲强加评品，正如盲人说象，知其鼻者谓象如杵，知其牙者谓象如芦菔根。"典出《大般涅槃经》卷三十二。

比况词是多样化的，也可借用"是"字，如清·徐澹卿《冷眼观》第一回："那妇人也不过二三十岁，虽是徐娘半老，却也风韵犹存。"① 我们从这个复句中分离出"那妇人二三十岁，虽是徐娘半老"这句话来分析，可见"是"与"犹""如""譬""同"等比况词作用相同，这是通过断定"妇人"与"徐娘"的同一关系来实现比况的。

另外，"所谓""可谓"也可以充当准比况词。明·李贽《续焚书·圣教小引》曰："余自幼读圣教，不知圣教；尊孔子，不知孔子何自可尊。所谓矮子观场，随人说妍，和声而已。"不过在这类例子中，前后两部分的语义独立性比较强，有时甚至可在两部分中间插入一些其他的话，如清·李汝珍《镜花缘》第十八回："今大贤说他注的为最，甚至此书一出，群书皆废，何至如此？可谓痴人说梦！"

（二）主+谓，复指代词+比况词+典故语（主′+谓′）

像上面李贽《续焚书·圣教小引》中那段话，"所谓"前完全可以加一个复指成分"此"字，这样一加便成了我们这里要讲的这一式。

现代汉语中这一类列子更多，如清·吴趼人《二十年目睹之怪现状》第三十回："我花了钱，教出了人，却叫外国人去用，这才是'楚材晋用'呢。"又如《镜花缘》第九回："唐敖道：'小弟撺空，离地不过五六丈。此树高不可攀，何能摘也？这是'癞虾蟆想吃天鹅肉了'。"此语最早见于元末明初·施耐庵《水浒传》第一百零一回，这是当时的民间口语。

"是"字后应是名词性或形容词性成分，这里相当于一个名词性成分。换一个例子来看，"……这才是声东击西呢"，"声东击西"也相当于一个词。但与"声东击西"不同的是，"楚材晋用"的比况关系依然十分明显。

二、两部分俱全，且能通过结构关系显示比况关系

（一）小句（主+谓），典故语（主′+谓′）

这是一种并列或顺承复句，前后两部分通过结构本身显示比况关系，

---

① 语本《南史·后妃传下·元帝徐妃》："徐娘虽老，犹尚多情。"

所以不用比况词连接。

在这一类型中，非典故的小句部分的谓语一般比较长，如清·纪昀《帝京景物略序》："盖竟陵、公安，虽无当古作者，而小品点缀，则其所宜，寸有所长，不容没也。"①（此为"同型关系"）又如清·沈复《浮生六记·坎坷记愁》："芸素有血疾……自识憨园，年余未发，余方幸其得良药。而憨为有力者夺去，以千金作聘，且许养其母，<u>佳人已属沙叱利矣</u>。"②"佳人"与"憨园"不是上下位关系，仍属同类关系。因为"佳人"在典中有定指。

其实，这一类型早在唐朝便已出现。唐·姚察、姚思廉《梁书·简文帝纪》："初，太宗见幽絷，题壁自序云：'有梁正士兰陵萧世缵，立身行道，始终如一，<u>风雨如晦，鸡鸣不已</u>。弗欺暗室，岂况三光，数至于此，命也如何！'"③ 在这里，"鸡鸣不已"整体比喻作者"立身行道，始终如一"。那么，我们说"鸡"与"梁正士兰陵萧世缵"具有比喻关系，是否成立？我们知道，"风雨如晦，鸡鸣不已"出自《诗经·郑风·风雨》，郑笺以为"喻君子虽居乱世，不变改其节度"。如此看来，梁简文帝萧纲正是把自己当作这样的君子，那么，这个典故语中的主语"鸡"也就与整个句子的主语"萧世缵"构成比况关系了。

（二）主＋谓＋"得"＋（真是）＋补语（典故语主′＋谓′）

《镜花缘》第九十一回："如今弄了这个，还不知可能敷衍交卷，我被你闹的真是'江郎才尽'了。"现在也可以说："我真是被你闹得'江郎才尽'了。"还可以说："我被你闹得'江郎才尽'了。"去掉"江郎"，意思便不能完全保存。在意思上，这可以看作"因为我被你闹了，所以我'江郎才尽'了"的一种简洁表达。注意这与不用典的同型句子如"我被你闹得才思枯竭了"明显不同，后者中"才思"与"我"有隶属关系，前者中"江郎"与"我"没有隶属关系，却有比况关系。

三、第一部分省去谓语，但两部分间仍有比况词连接

（一）主＋比况词＋典故语（主′＋谓′）

这是第一类的简化，比况词往往是"是"之类，如《镜花缘》第三十

---

① 语出《楚辞·卜居》："夫尺有所短，寸有所长，物有所不足，智有所不明。"
② 事见唐·许尧佐《柳氏传》。后用以代指妻妾或少女为有力者所占有。
③ 语出《诗·郑风·风雨》。

八回："据这光景，舅兄竟是柳下惠坐怀不乱了。"① 此属同类关系。又如梁启超《新中国未来记》第四回："俄人的阴谋辣手，真是司马昭之心，路人皆见……"事本晋·陈寿《三国志·魏书·高贵乡公传》裴松之注引《汉晋春秋》。

简化的原因可能是比况词前边的主谓从句中的谓语所叙说的内容在这一句之前已经先行叙说了，如明·冯梦龙《醒世恒言·乔太守乱点鸳鸯谱》："那知孙寡妇已先参透机关，将个假货送来，刘妈妈反做了周郎妙计高天下，赔了夫人又折兵。"② 如说成"刘妈妈赔了夫人又折兵"，则为同型关系，但典故语中已没有主语，故谈不上对应了。

（二）主语 + "是"（或"真是"）+ 典故语（主 + 谓）+ "的" + 名词

这实际上是第三类的变体，在第三类的例子中，"是"字后的成分往往具有名词性，而把这种名词性着意标示出来，就成了这一类，如张恨水《八十一梦·第三十三梦》："我虽知道他这是'王顾左右而言他'的玩意，但这句话是惊人之作，不由我不问他一声。"又如鲁迅《论"费厄泼赖"应该缓行》："仁人们或者要问：那么，我们竟不要'费厄泼赖'么？我可以立刻回答：当然是要的，然而尚早。这就是'请君入瓮'法。"文中"当然是要的，然而尚早"等于说"当然是要的，然而应'费厄泼赖'"。故后面说"这就是'请君入瓮'法"。典出《资治通鉴·则天皇后天授二年》。

（三）主 + 比况词 + 典故语变形（谓' + "的" + 主'）

清·文康《儿女英雄传》缘起首回："只着了半世昏迷，迷而不觉，也就变成'不可圬也'的一堵'粪土之墙'，'不可雕也'的一块'朽木'，便落得作了个'燕北闲人'。"这句的主语是"我"，文中省略了。谓语部分用《论语》中孔子责骂弟子宰我的话："朽木不可雕也，粪土之墙不可圬也。"这两句话原本都是主谓结构，现将它们分别改为定中结构，变成了名词词组，就正好可以作"变成"的宾语了。

---

① 典出《荀子·大略》。
② 典出《三国演义》第五十五回："岸上军士齐声大叫曰：'周郎妙计安天下，赔了夫人又折兵。'"元·无名氏《隔江斗智》第二折："周瑜周瑜，休夸妙计高天下，只教你赔了夫人又折兵。"

（四）主＋比况词＋主′，［ ］＋谓（谓′）

唐·李白《庐山谣寄卢侍御虚舟》："我本楚狂人，凤歌笑孔丘。"典出《论语·微子》。这一类型后面的叙说部分到后来大多是兼说"主"和"主′"的，如华而实《汉衣冠》七："王爷少年英俊，先声夺人；我，我是败军之将，不敢言勇了。"现代汉语中常见的歇后语更是如此，如："你是黄鼠狼给鸡拜年，没安好心！"

四、第一部分省去谓语，且两部分间没有比况词

（一）主语＋典故语（主′＋谓′）

这一类型中，典故语部分往往具有不可分割性，如明·冯梦龙《喻世明言·木棉庵郑虎臣报冤》："谣云：'大蜈公，小蜈公，尽是人间业毒虫。夤缘攀附百虫丛，若使飞天便食龙。'……（贾）似道奏道：'……"蜈"与"吴"同，以臣愚见推之，"大蜈公，小蜈公"，乃指吴潜兄弟，专权乱国。若使养成其志，必为朝廷之害，陛下飞龙在天，故天意以食龙示警。……'""飞龙在天"，典出《易·乾》："九五，飞龙在天，利见大人。"《易·乾·文言》从同类相感应的道理来解释这一句话，可见这是一种易象。"陛下飞龙在天"不能简单地说成"陛下在天"。不过在古代，这一点并不是绝对的，因为有些典故语的凝固性还没有"飞龙在天"这么强。

这一类型一般可放入复句充当成分，如徐特立《校中百咏》十首之二："我愿诸生青出蓝，人财物力莫摧残。"有的例句在单说时不成立，但把它降到从句的地位时，却能站得住，如元·汪元亨《沉醉东风·归田》："闲共渔樵讲论时，说富贵秋风过耳。"典出汉·赵晔《吴越春秋·吴王寿梦传》（卷二），季札逃君位时说："富贵之于我，如秋风之过耳。"柳亚子《致宋元彬》："夜深属草，目眦渐昏，恐多谬误，兄当知弟之甚矣吾衰也。"典出《论语·述而》："子曰：甚矣吾衰也，久矣吾不复梦见周公。""甚矣吾衰也"是因感叹而造成的易位句，顺过来是"吾衰甚矣"。但现在不能单独说"（小）弟（我）吾衰甚矣"。从这一例也可看出"甚矣吾衰也"是当作一个整体来用的。

书面语中有关这一类的例子有的可能会产生歧义，如《镜花缘》第五十一回："红红道：'愚姐久已心灰，何必又做"冯妇"？败兵之将，不敢

<u>言勇</u>。虽承贤妹美意、何敢生此妄想？……"① 对画线部分可能有三种语法分析：一是典语"败兵之将，不敢言勇"整体作谓语，为同型关系。二是"愚姐"后补个"是"字来理解，但"是"只管到"败兵之将"，为同一关系。

明·王世贞《鸣凤记·南北分别》："<u>这厮口蜜腹剑</u>，正所谓匿怨而友者也。"这一例从今天看是符合正常的主谓结构作谓语时的语法语义关系的，但在古代，文人们说这话时一般还是想起了李林甫的事。要是这个典故语原来的概括形式是"林甫腹剑"，情况就不同了。典出《资治通鉴·唐玄宗天宝元年》："……世谓李林甫口有蜜，腹有剑。"诸如此类的语典往往容易符合正常的语法语义规则。又如明·周履靖《锦笺记·初晤》："不要说什么，你且看他双瞳剪水迎人滟，风流万重谈笑间。"我们提取"他双瞳剪水"来分析。此语典出唐·李贺《唐儿歌》："骨重神寒天庙器，一双瞳人剪秋水。"不过，有时典故语中的主语是喻指属于第一部分中主语所指人的某一东西，如《醒世恒言》卷十一："下官曾应过制科，青钱万选，莫说三个题目，就是三百个，我何惧哉！"我们提取"下官青钱万选"这句话来看，就明白了。青钱万选中的青钱喻指文辞，典出《新唐书·张荐传》，公卿称赞张鷟曰："称鷟文辞犹青铜钱，万选万中。时号鷟'青钱学士'。"

（二）主语 + 副词性成分 + 典故语（主′＋谓′）

这种类型在古代甚为常见。钟嵘《诗品·齐宁朔将军王融　齐中庶子刘绘》："（王）元长、（刘）士章，并有盛才，词美英净，至于五言之作，几乎尺有所短。"古代汉语中"几乎"有"近乎"的意思，是动词，这里应该就是这个意思。所以这不能算。

宋·周密《浩然斋雅谈》："对偶之佳者，如'数点雨声风约住，一枝花影月移来'，……数联皆天衣无缝，妙合自然。""皆"是副词。在这里，"天衣无缝"几乎成了一个词。典出《太平御览》卷690引《神异经》。

隔了一个成分，或隔一个别的句子，往往可以把那些不隔便难以成句的变得合乎语法，如元·王举之《［双调·折桂令］送友赴都》："簿书中暂驻行车（疑为'李'字），白也无敌，赤尔何如？"白也无敌，典出杜甫《春日忆李白》："白也诗无敌，飘然思不群。"赤尔何如，语出《论语·先进》"子路曾晳冉有公西华侍坐章"。又如《二十年目睹之怪现状》第九十二回："无论京外各官，有要走内线的，若得了受百这条门路，无

---

① 典出《史记·淮阴侯列传》，广武君婉拒韩信问计。

有不通的。京官的俸禄有限，他便专靠这个营生，<u>居然臣门如市起来</u>。"
"居然"是副词。

清·赵翼《瓯北诗话·绝句二·冬暖》："阴阳调燮何关汝，偏是书生易杞忧。"典出《列子·天瑞》。"杞忧"即杞人忧天。书生易杞人忧天。"杞忧"的凝固性已相当强。清·天花才子辑《快心编》谓："无识的一味矮人观场，随声附和。"矮人观场云云有不同表达，此为宋元时俗语。

清·李伯元《官场现形记》第五十五回："<u>幸亏洋提督早已司空见惯</u>，看他磕头，昂不为礼。"典出唐·孟棨《本事诗·情感》，刘禹锡赴李绅（时罢镇在京，官衔为司空）筵，观歌伎而心动，乃赋诗曰："……司空见惯浑闲事，断尽苏州刺史肠。"需要注意的是，《官场现形记》中的"司空见惯"，在现代人的语感中，"司空"已经无义，一般想不起是指李绅，所以，"司空见惯"完全变成了一个词语，典故意义几乎消弭殆尽。

现代汉语中这一类比较多见，如《二十年目睹之怪现状》第九十二回："无论京外各官，有要走内线的，若得了受百这条门路，无有不通的。京官的俸禄有限，他便专靠这个营生，居然臣门如市起来。"[①] "居然"是情态副词。其实"臣"字可以去掉，但去掉后人们就难以想到此处是在用典。可见，这个"臣"字只是一个用典标志。又如周恩来《要做一个革命的文艺工作者》："福州也搬去了一个越剧团，观众听不懂，演员很苦恼，这是领导的缺点……<u>文化行政部门的同志不能'乔太守乱点鸳鸯谱'</u>。"[②] 这是一种同型关系，它可以转换为"文化行政部门的同志不能像乔太守那样乱点鸳鸯谱"。"不"是否定副词，与能愿动词"能"结合成一体。不管是"居然"，还是"不能"，均有把句子主语与典故语中的主语隔开的作用，这样便可使原来不能说或说来不顺口的话变得可以顺口说了，比如"小孩王顾左右而言他"不顺，两个主语虽然不在同一层次上，但紧挨着，毕竟有点影响，如说成"小孩居然王顾左右而言他"，就很顺了。而现代汉语作品在引用时，则不能省"王"字，因为这成了引用标记。如1993年12月25日《光明日报》载吴奎《坦诚》："（<u>有些人</u>）在生活中老是莫明其妙地对人存有顾虑、戒备，担心说错了话，担心别人不高兴，担心影响了关系，担心带来不良后果，等等。于是说了些违心之言，或<u>王顾左右而言他</u>。"典故语中"王"与"有些人"有同一关系，但一般不省，可见现代汉语中成语典故的凝固性已相当强了。

---

① 语出《汉书·郑崇传》："（赵昌）知其见疏，因奏崇与宗族通，疑有奸，请治。上〔哀帝〕责崇曰：'君门如市人，何以欲禁切主上？'崇对曰：'臣门如市，臣心如水。愿得考覆。'"
② "乔太守乱点鸳鸯谱"是《醒世恒言》中的篇名。

五、第一部分省去谓语，且两部分在主语上互相叠合或代替

（一）主语＋这个〔或"这""个"〕＋同位语（主'）＋谓（谓'）

这是比较晚出的一种形式，元·杨景贤《西游记》一本一出："哎，你个粪土之墙不可杇。又无甚钱物，杀坏他身躯，倾陷了俺儿夫，强要他媳妇。天意何如？人命可辜？"① 从前面的例子我们可以看到，在用典故比况所叙说的事时，第一种类型表意最清楚，在语义结构上，可以说是表层与深层的合一，但如果都像那样说，就会显得啰唆，于是出现了其他各种形式，它们大多是通过叠合，让要叙说的部分内容通过典故本身暗示出来。而我们这里看到的这一式，更是在第四式的基础上进一步进行叠合的结果。这一式中，典故语主语跟句子主语的关系叫同位关系。

这一形式还可与"把"字句结合，如清末民初·金松岑、曾朴《孽海花》第三十五回："……自从花翠琴嫁来后，竟把他这百炼钢化为绕指柔了……"②

（二）主＋谓（谓'）

如清·李渔《闲情偶寄·词曲部·宾白》："因讯蒙师，谓褐乃贵人之衣，胡云贱者之服？……师默然不答。再询，则顾左右而言他。"③ 茅盾《腐蚀》："我只笑了一笑，便顾左右而言他。"典出《孟子·梁惠王下》。毛泽东《在扩大的中央工作会议上的讲话》："这些同志如果总是不改，难免有一天要'别姬'就是了。"

在用典的历史长河中，典故语本身是朝着凝固化的方向发展的，表现为典故中的名词或人称往往不会因句子中的名词或人称而发生改变④，有时甚至明显矛盾的也不改，如吴越《括苍山恩仇记》第五回："我是个跑码头耍枪棒卖伤药过日子的穷光蛋，实在是太穷，拿不出这一百两银子来……唉！一文钱难死英雄汉哪！"⑤ 前面明确说"一百两"，而典语中却说"一文钱"。看起来矛盾，其实不然，此典故语已成为固定语，取整体

---

① 语出《论语·公冶长》。
② 语出晋·刘琨《重赠卢谌》："狭路倾华盖，骇驷摧双辀。何意百炼刚，化为绕指柔。"
③ 语出《孟子·梁惠三下》："曰：'四境之内不治，则如之何？'王顾左右而言他。"
④ 根据上下文改了典故语中的主语的，我们只找到一例。宋·秦观《与李德叟简》："其《弊帚》《焦尾》两编文章，高古遒然，有二汉之风。今时交游中以文墨自业者未有其比，所谓珠玉在旁，觉人形秽，信此言也。"
⑤ 语出清·文康《儿女英雄传》第十九回："天下事只怕没得银钱，便是俗语说的'一文钱难倒英雄汉'。"

意义，视同词，"一文钱"只相当于词素，与句子的成分不在一个层次上。不过这种凝固化并不是一蹴而就的，甚至也不是一成不变的，典故语中的成分与句子中的成分一遇适当条件，就会互相影响，从而使我们的语言表达显得更加丰富多彩，这一点相信从我们上面关于典故主语和句子主语的关系的分析中已经可以看出。

在上面分析的各种情况中，就典故的凝固程度来看，处在同型关系中的凝固性最强，比喻关系次之，同位关系又其次，而处在同类关系中的凝固性最弱。

参考文献

1. 冯广艺，冯学锋. 文学语言学 ［M］. 北京：中国三峡出版社，1994.
2. 刘焱. 现代汉语比较范畴的语义认知基础 ［M］. 上海：学林出版社，2004.
3. 孙德金. 现代书面汉语中的文言语法成分研究 ［M］. 北京：商务印书馆，2012.

A Study of Sentence Patterns when Allusions are Used as Comparative Components

Luo Jiyong

(*College of Literature, Wuhan University, Wuhan, 430072*)

Abstract：When allusions with subject-predicate structure enter a metaphor or comparison sentence, it will produce many sentence patterns. On the basis of examples of ancient and modern Chinese, this paper classifies these sentence patterns in detail. In these different types, allusions, as metaphors, generally have a comparative relationship with the preceding body part as a whole, and there are metaphors or parallel structures linking the two together. Sometimes metaphors are acted as adverbs or adverbial components. However, under some special circumstances, the subject in allusions in the body part will also be related to the subject in the subject-predicate structure in the body part.

Key Words：metaphor with allusion; sentence pattern; metaphor

上古汉语音顿律节奏构建模式探析（上）

李 索 孔青华①

（大连大学文学院 大连 116622）

摘 要：节奏是语言形式的灵魂，中节合律是先民音乐和语言表达的终极标准。音步层音顿律节奏是汉语节奏的基本形式。本文从同类词语增加、同义词并列使用、常用虚词调节、词头与衬字的运用等方面，系统探讨了上古汉语音步层音顿律节奏的构建方法，初步将其归纳为9种模式，并简要分析了其修辞功能与历史演变。研究发现，先秦时期构建音顿律、追求音乐美成为一种自觉的修辞行为，且形成了一套固定模式。对语言音乐美的追求是汉语词汇复音化发展的内在动力之一。

关键词：上古汉语；音顿律节奏；构建；模式

王力先生指出："吾言的形式之所以是美的，因为它有整齐的美、抑扬的美、回环的美。这些美都是音乐所具备的，所以语言的形式美也可以说是语言的音乐美。"②

古人认为，音乐美的最高境界是达到"和"。

《尚书·舜典》："诗言志，歌永言，声依永，律和声。八音克谐，无相夺伦，神人以和。"孔传："声谓五声，宫商角徵羽；律谓六律六吕，十二月之音气，言当依声律以和乐。伦，理也。八音能谐，理不错夺，则神人咸和。"③所谓"律和声"，意思是"声中律乃为和"，即"五声"要符合"律"的节奏才能达到"和"。并且这个"和"不仅是声音之美，也是人与自然的"人神之和"。《文则·卷上》："夫乐奏而不和，乐不可闻；文作而不协，文不可诵。文协尚矣。是以古人之文发于自然，其协也亦自然。"④

语音虽与音乐有别，但从表达形式美上看，音律"和"也是其终极标准。要实现"和"，就要"中律"，符合节奏。所以"节奏"被认为是声

---

① 作者简介：李索，四川大学汉语言文字学博士，大连大学教授，兼任中国修辞学会副会长兼秘书长、辽宁省语言学会副会长，研究方向为汉语史、古汉语修辞及儒学经典文献。孔青华，大连大学汉语言文字学硕士研究生。

② 王力. 略论语言形式美. 王力全集·龙虫并雕斋文集：一[M]. 北京：中华书局，2015：435.

③ 阮元. 十三经注疏·尚书正义[M]. 上海：上海古籍出版社，1997：131.

④ 陈骙. 文则[M]. 北京：人民文学出版社，1962：6.

音的灵魂，无论是音乐还是语言。然而，语言的"节奏"是什么，却是一个不易说清楚的问题。

清人刘大櫆认为："文章最要节奏，譬之管弦繁奏中，必有希声窈渺处。""神气者，文之最精处也；音节者，文之稍粗处也；字句者，文之最粗处也。""盖音节者，神气之迹也；字句者，音节之矩也。神气不可见，于音节见之；音节无可准，以字句准之。"① 刘氏所谓"音节"，当指"音律节奏"。他认为文章的优劣当以神气为主，神气是由音律节奏来体现的。但音律节奏是什么，又没有说清楚。

现代语言学界对什么是语言的"节奏"也是见仁见智。吴洁敏、朱宏达在总结前人成果的基础上，作了简明科学的阐释："语言节奏是指语音的徐疾、高低、长短、轻重及音色的异同在一定时间内有规律地相间交替、回环往复成周期性组合的结果。"即"语音的对立因素成周期性组合的结果就形成了节奏"。他们以现代汉语普通话为研究对象，归纳出"音顿律、平仄律、声韵律、长短律、快慢律、重轻律、扬抑律"七种节奏形式，进而指出"由等音节或等音步语句排列组合，形成语音链上的等音长序列和音空，有规律地交替成周期性变化"所产生的音顿律节奏形式（单音节音长＋音节停延＋单音节音长＋音节停延）是汉语节奏的基本形式，是一切节奏的基础。

吴洁敏、朱宏达还认为："现代汉语双音节词占总词数73.6%的绝对优势，使汉语语音链上两字一顿、两字一顿的双音节音步成了汉语节奏的主要倾向。……双音节音步是现代汉语音顿律的主要形式。"②

冯胜利认为："汉语的音步一般由两个音节组成，所以双音节词如'语言''研究'以及双音节短语固定形式如'睡觉''走路'等等，都可以看做是双音节音步的产物。""双音节自成一个韵律单位"，"单音节形式不足以构成独立的音步"。③

其实，"两字一顿的双音节音步"作为汉语节奏的主要倾向在上古汉语中就业已存在了。古人还据此总结出了言语表达中"奇字难适""偶语易安"的特点。不同的是，由于上古汉语单音词占多数，文献语言中往往一个字就是一个词。这种"单音词"尽管使用灵活简洁，但肯定不如"双音词"更容易直接构成音顿律节奏。为此，古人往往采取各种修辞手段，在保持意义不变的基础上，使"奇字"转换成"偶语"，进而构建音步层音顿律节奏。遗憾的是古人的口语已不可闻，今天所能见到的都是文献书

---

① 刘大櫆. 论文偶记 [M]. 北京：人民文学出版社，1959：5-6.

② 吴敏洁，朱宏达. 汉语节律学 [M]. 北京：语文出版社，2000：89-92.

③ 冯胜利. 论汉语的自然音步 [J]. 中国语文，1998（1）：40-42.

面语言。即使如此，归纳提炼先秦文献语言中的"音顿律节奏构建模式"，对于古代汉语修辞学、汉语语音修辞史的研究及汉语语音修辞规律的发展演变探讨都是有益的。

本文仅就上古汉语音步层音顿律节奏的构建进行归纳分析，并就教于方家①。

在上古汉语中，构建音步层音顿律节奏形式常见的方法有如下几种：

一、"A + A1／A1 + A"式

增加一个同类相关、经常连用的单音词，构成"偶语"和音顿律节奏。古人称之为"连类而及"。

（1）今有一人，入人园圃，窃其桃李。（《墨子·非攻》）
（2）宋有酤酒者，斗概甚平。（《韩非子·外储说右上》）
（3）二国治戎，臣不才，不胜其任，以为俘馘。（《左传·宣公十二年》）

例（1），《说文·口部》："园，所以树果也。""种菜曰圃。"可见，"窃桃李"入的应该是"园"，与种菜的"圃"没有关系。例（2），"酤酒"用的是量具"斗"，用不着作为"刮板"的"概"。例（3），《说文·首部》："馘，军战断耳也。"即作战时割下战死的敌人的左耳。当时回答楚王问话的晋国将领知莹是被楚军俘虏了，并没有战死，所以只能是"俘"，不会是"馘"。显然，这三例中的"圃""概""馘"从表意上看，是冗余成分。但在语音上，对于构成双音节两音步音顿律节奏是不可或缺的。这三例从语流上看，表意词在前，附加词在后，可称之为"A + A1"式。

还有另一种形式：

（4）鼓之以雷霆，润之以风雨。（《周易·系辞上》）
（5）昔我往矣，杨柳依依。（《诗经·小雅·采薇》）

---

① 汉语的节奏可分为由音节周期组成的音步节奏层、由音步节奏层组成的基本节奏层和由基本节奏层组成的节奏群层。音顿律可以出现在每个节奏层中。音步是语言最小的节奏单元，音步节奏层是最基础的节奏层。见吴洁敏，朱宏达. 汉语节律学［M］. 北京：语文出版社，2000：106－107.

"润"万物的是"雨"而不是"风"，但"风雨"正好构成音顿律节奏，且与"雷霆"对仗。郝懿行《尔雅义疏·释木》："（杨）叶阔而尖，枝条短硬，与柳全别。"《毛传》也说："杨柳，蒲柳也。"呈"依依"之状的显然是柔软的"柳"条，而不会是短硬的杨枝。这二例从语流上看，表意词在后，附加词在前，可称之为"A1＋A"式。

选用"A＋A1"式还是"A1＋A"式，并非随意，而是要受到平仄律、扬抑律及更长语音链上（基本节奏层和节奏群层）的节奏制约（见吴洁敏、朱宏达《汉语节律学》之"汉语节奏的层次"）。

二、"B＋B1/B1＋B"式

增加一个意义相对相反的词，不表示意义，只凑成"双音节"，构成音顿律节奏。学界从表意的角度，称之为"复合偏义"。

（6）嗜欲无限，动静不节，则痤疽之爪角害之。（《韩非子·解老》）

（7）苟合取容，无所短长之效。（《报任安书》）

（8）即有缓急，周亚夫真可任将兵。（《史记·绛侯周勃世家》）

（9）多人，不能无生得失……（《史记·刺客列传》）

"动静不节"，才生痤长疽；司马迁评述自己，出于自谦，只能说"短"，"长"是陪衬；危急时刻才用兵，"缓"是陪衬；人多嘴杂，产生的只能是"失"。从语流结构上分析，前两例所增词在后，为"B＋B1"式；后两例所增词语在前，为"B1＋B"式。

选用"B＋B1"式还是"B1＋B"式，与构成平仄律、扬抑律及更长语音链上的节奏有关，这一点与"A＋A1"式或"A1＋A"式相同。不同的是，"A＋A1"式或"A1＋A"式中的"A"和"A1"大都是同类的名词，而"B"和"B1"则是动词或形容词。从修辞效果上看，"A＋A1"式或"A1＋A"式主要是构成音顿律节奏。"B＋B1"式或"B1＋B"式除了语音上构成音顿律节奏外，语义上还能产生委婉的修辞效果。如例（8），这是汉文帝驾崩前告诫太子的话，自然不愿意说国家情势危急，故加上"缓"字；例（9）是聂政与严仲子商议刺杀韩相，只说"失"不吉利，加上"得"字，造成了语义表面上的模糊性，听起来委婉一些。

三、"C1 + C1"式

两个同义词并列使用，构成音顿律节奏。这两个词属于实词组合。

（10）作结绳而为网罟，以佃以渔。（《周易·系辞下》）
（11）昔秦人负恃其众，贪于土地，逐我诸戎。（《左传·襄公十四年》）
（12）文公躬擐甲胄，跋履山川，逾越险阻……（《左传·成公十三年》）
（13）二十八年，国殷富，士卒乐佚轻战。（《战国策·燕策》）

《说文·网部》："罟，网也，从网，古声。"罟与网同义。"负"和"恃"均为倚仗意。"逾"亦作"踰"，《说文·足部》："踰，越也。"逾、越同义。《说文·阜部》："阻，险也。"阻、险同义。"殷"亦指"富足"，与"富"同义。

这种格式可称为"C1 + C1"式。语音上，两个词共同构成音步层音顿律节奏；且"网罟"连用，共同作"为"的宾语，"为网罟"与"作结绳"相对，中间用"而"相连，"作结绳—而—为网罟"，正好构成往复型音顿律节奏，前后对称，音律和谐。"负恃"与宾语"其众"构成两音步音顿律节奏，与"贪于土地，逐我诸戎"构成节奏群层次上的音顿律节奏。"逾越"连用，"险阻"连用，在构成两个两音步音顿律节奏的同时，与"跋履山川"相对，构成节奏群层上的往复型音顿律节奏。语义上，两个并列的词意义相互补充，在该句中的使用义更加明确。如"负恃"，《说文·贝部》："负，恃也，从人守贝，有所恃也。"《心部》："恃，赖也。"此外，"负"还有"背（bēi）""蒙受""背靠着""违背""失败"等义项，"恃"也有"依赖""倚靠""依仗""矜持"等义项。此处"负恃"连用，可以清楚地表明其使用的是"倚仗"义。语法上，两个词构成并列词组，共同充当句法成分。从词性上看，"网罟"是名词，"负恃""逾越"是动词，"险阻""殷富"是形容词，连用词的词性范围很宽泛，表明这是一种很常用的修辞手段。

四、"D1 + D1"式

两个同义词并列使用，构成音顿律节奏。这两个词属于虚词组合。

（14）秦王身问之："子孰谁也?"（《战国策·楚策》）

（15）彼其无他异，而独通于声。（《韩非子·外储说左下》）

（16）老聃新沐，方将披发而干，慹然似非人。（《庄子·田子方》）

（17）老母今以天年终，政将为知己者用。乃遂西至濮阳……（《史记·刺客列传》）

（18）世乐志平，见邻国之人溺，尚犹哀之，又况亲戚乎？（《淮南子·齐俗训》）

（19）求也为之，比及三年，可使有勇，且知方也。（《论语·先进》）

（20）若苟君说之，则众能为之。（《墨子·兼爱》）

（21）庸讵知吾所谓知之非不知邪？（《庄子·天地》）

例（14）（15）为代词连用，其中"孰谁"仍表疑问，问人，"彼其"指"他""他们"。例（16）（17）（18）为副词连用，"方将"意为"正在"，表示行为正在进行；"乃遂"意为"于是""就"，表示两种行为紧密相连；"尚犹"意为"尚且还"，表示先让一步，以引起下文推论。例（19）的"比及"为介词连用，意指"等到"，介进时间。例（20）为连词连用，"若苟"表示假设条件。例（21）"庸讵"为语气词（一说为语气副词）连用，意为"怎么""哪里"，增强反问的语气。

这种格式可称为"D1＋D1"式。两个虚词词性相同，一般情况下各自单用，并列使用时，除了语音上构成音步层音顿律节奏外，语法功能没有变化，只是二者共同承担相应的语法功能。与"C1＋C1"式相比，"D1＋D1"式的语音修辞的功能更纯粹一些①。

古人认为："事以简为上，言以简为当。言以载事，文以著言，则文贵其简也。"② 按照语言表达简约性的规则，组句行文自然以简约为贵。但言语表达的最终目的是让听话方更准确地理解说话方的意思和情感，并留下深刻的印象。语流中优美的节奏可以使听话方在准确理解意义的同时获得美的享受，从而更加爱听、易记。为了追求并实现表达效果，甚至要"惊天地、泣鬼神"，古人往往暂时性地牺牲"简约"的原则，从而导致上述四种模式的产生。显然，"A＋A1/A1＋A"式和"D1＋D1"式与语义无关，纯粹是为了构建音步层音顿律节奏；"B＋B1/B1＋B"式和"C1＋C1"式虽然有语义表达方面的功能，但主要功能还是构建音步层音顿律

---

① 上古汉语中，构成音顿律节奏并不限于两个单音节同义词并列使用，两个同义结构并列使用，构成更长语流链上的音顿律节奏的情况也不乏其例。如"凶年饥岁""暴兵露师""追亡逐北""席卷天下，包举宇内，囊括四海"等，这些不属于音步层节奏，将另文再论。

② 陈骙. 文则［M］. 北京：人民文学出版社，1962：6.

节奏。

问题还有另一面。增加或并列使用同类词语并非都有积极的效果，因为这四种模式的构建前提是语流中单音节词构不成音顿律节奏，所谓"奇字难适"，如果在偶数音节的基础上再去增加，无疑就是"蛇足"了。如大家常提到的一个例子：

（22）关梁不租，山泽列而不赋；土功不兴，大夫不得造车马。（《礼记·玉藻》）

"车"可以"造"，"马"不能"造"，是临时增加的。此句中，不加"马"字，"大夫不得造车"正好是一个三音步结构，且与上句"山泽列而不赋"在音节上相对称，构成往复型音顿律节奏，上下两组复句的音节数正好是"四/六｜｜四/六"，在节奏群层上套叠着声韵律、音顿律和长短律节奏，是一个很好的乐音段。而加上"马"字后，不仅本句的音顿律节奏受到破坏，而且致使整个节奏群层次上的音顿律、声韵律被破坏，反而损害了语段的音乐美，不如不加。

此外，从文献阅读的角度看，上述四种模式，特别是前两种，需要密切结合上下文语境进行辨识。如：

（23）妻子好合，如鼓琴瑟。（《诗经·小雅·常棣》）
（24）瞽叟爱后妻子，常欲杀舜，舜避逃。（《史记·五帝本纪》）
（25）耶娘妻子走相送，尘埃不见咸阳桥。（《兵车行》）

这3例中的"妻子"，根据语意，例（23）指"妻"，"子"是为了诗律和节奏的需要而加上去的，属于"A + A1"式，显然"好合"的是"妻"，与"子"无关；例（24）是定中结构，指"后妻之子"；例（25）是并列结构，指妻和子。

（26）赵亦有公孙龙，为坚白同异之辩，剧子之言。（《史记·孟子荀卿列传》）
（27）宫中府中，俱为一体；陟罚臧否，不宜异同。（《三国志·蜀志·诸葛亮传》）

例（26）中的"同异"指同和异；例（27）中的"异同"则只指"异"，"不宜异同"意即不应该不同，应一视同仁。

从历时上看，随着语言的发展演变，上古汉语中这四种模式都发生了很大的变化。时至今日，"A + A1/A1 + A"式已逐渐消亡了。原因很简单，它的出现是由于单音词不便称说，不易构成音顿律节奏，故加上一个单音节词。如今，汉语已发展为以双音词为主，大量双音词可供人们选月，这种模式便失去了存在的基础，消亡是不可避免的。同样，由于大量双音词的产生，"C1 + C1"式也基本不再使用了，原来的一些词语或被新词取代，或凝固成了一个复音词。随着旧有虚词的消亡和新的虚词的产生，"D1 + D1"式也已失去了生命力。只有"B + B1/B1 + B"式仍然存在，它的变化表现在：一是新词产生与旧词消亡的变化；二是"动静""存亡""得失""出入""成败""长短""安危"等已经演变成常用的复音词了。

值得注意的是，这些模式的存在和发展演变的史实，揭示了汉语发展演变的一个内在原因：古代汉语音顿律节奏的构建和对音乐美的追求正是汉语复音化的一个重要动因。

参考文献

1. 阮元. 十三经注疏 [M]. 上海：上海古籍出版社，1997.
2. 刘勰. 文心雕龙 [M]. 北京：中华书局，2012.
3. 陈骙. 文则 [M]. 北京：人民文学出版社，1962.
4. 刘大櫆. 论文偶记 [M]. 北京：人民文学出版社，1959.
5. 段玉裁. 说文解字注 [M]. 上海：上海古籍出版社，1982.
6. 郝懿行. 尔雅注疏 [M]. 上海：上海古籍出版社，1983.
7. 王力. 王力全集·龙虫并雕斋文集 [M]. 北京：中华书局，2015.
8. 吴敏洁，朱宏达. 汉语节律学 [M]. 北京：语文出版社，2000.
9. 冯胜利. 论汉语的自然音步 [J]. 中国语文，1998（1）.

The Pattern Construction of Ancient Chinese Syllable-pause Rhythms（First Part）

Li Suo[1]　　Kong Qinghua[2]

（*College of Chinese Language and Literature，Dalian University，Dalian，116622*）

Abstract：The rhythm is essence of language form. The foot-based syllable-pause rhythm is the fundamental feature in Chinese Language. This research explores the pattern construction of ancient Chinese syllable-pause rhythms，and formulates 9 patterns，and discusses their functions and historical development. The findings show that in the Pre-Qin period，construction of melodious syllable-pause rhythms was a conscious rhetoric pursuit, and relevant patterns were formed. The pursuit of melodic language form was one of driving factors in Chinese lexical complex tones.

Key Words：ancient Chinese；syllable-pause rhythms；structure；pattern

唐代应制诗研究述评①

朱　栋②

（盐城师范学院文学院　盐城　224002）

摘　要：唐代应制诗在中国诗歌史上占有重要地位，其对律诗的定型以及对唐代诗歌的整体繁荣起到重要作用。但其因绮靡奢华的诗风和浓郁的宫廷气息，长期不被研究者所重视。本文通过对唐代应制诗相关研究资料进行梳理，提出新的研究视角，以推动对唐代诗歌研究的总体深入。

关键词：唐代应制诗；述评；新视角

唐代应制诗繁荣，更因其创作场域的特殊，影响一代诗风。根据对《文苑英华》《唐雅》《历朝应制诗选》和《全唐诗补编》进行初步统计，发现仅是以"奉和""应制""应诏"字样为标题的唐代应制诗就达七百八十多首，涉及作家两百多人，以至于明·杨慎云："唐自贞观至景龙，诗人之作，尽是应制。"③

应制诗创作主体多为唐诗名家，而且诗人群体延绵相继。仅以唐初秦府十八学士至中宗朝的景云学士为例，近百年间就出现了诸如龙朔宫廷诗人群、珠英学士、"文章四友"、沈宋、神龙诸臣等诗人群体，形成了多个顺时代绵延的应制诗创作群落。在这些诗人群体中，不乏著名人物以其特殊的地位与诗歌成就吸引众多诗人追奉聚纳，从而影响唐代诗风。"宫体诗（主要是应制诗）还提供了同等价值的、宫廷诗时代之前大部分诗歌所缺乏的某种东西：它给了诗人控制力，这种与艺术保持距离的感觉使他得以将它看成艺术。只有保持这种距离，诗人才能避免简单地陈述诗意，学会将所要表达的真正意思蕴含在诗篇中"④，"避免了对事件的简单'陈述'，使诗人懂得了诗歌重在'表现'而非'再现'、重在'修辞'而非

---

①　本文为江苏省社科基金青年项目"唐代应制诗修辞研究"（项目编号：17YYC003）阶段性成果；江苏省教育厅高校哲学社会科学研究基金项目"修辞视阈下的唐代应制诗创作研究"（项目编号：2017SJB1527）阶段性成果。

②　作者简介：朱栋，文学博士，盐城师范学院文学院副教授，台湾东吴大学中文系访问学者，研究方向为古代文学与汉语修辞学。

③　杨慎. 升庵诗话［M］. 北京：中华书局，1983：787.

④　宇文所安. 初唐诗［M］. 贾晋华，译. 北京：生活·读书·新知三联书店，2014：338.

'直白'，推动了对诗歌艺术的探究和对诗意、诗境的提纯锤炼"①。唐代应制诗推进了诗歌美感形式建设，为唐诗的全面繁荣打下了坚实基础。

一、应制诗略说

"制"本为一种文体，属于天子敕命之文。明·徐师曾《文体明辨·制》引颜师古云："天子之言，一曰制书，谓为制度之命也。"秦·李斯在其《群臣上帝号议》中曰："臣等昧死上尊号，王为泰皇，命为制，令为诏，天子自称曰朕。"东汉·蔡邕《独断》亦曰："制书，帝者制度之命也。""诏书者，诏诰也。"宋·王应麟《玉海》卷二〇二曰："唐虞至周皆曰命，秦改命为制，汉因之。"宋·黄震《古今纪要》卷一曰："始皇二十六年初并天下，兼号皇帝，命为制，令为诏。"不难看出，自秦始皇开始，"制""诏"就已成为帝王命令的专称。清·赵殿成《王右丞集笺注》卷七曰："魏晋以来，人臣于文字间，有属和于天子，曰应诏；于太子，曰应令；于诸王，曰应教。"《中国诗学大辞典》给应制诗下的定义为："应帝王之命而作的诗歌。应帝王曰应制，应太子曰应令，应诸王曰应教，名虽不同，其体则一。内容多为歌功颂德，形式多为五、七言律诗。唐、宋诗人，多有应制之作……"由以上材料不难看出，应制诗，顾名思义，就是应帝王（包括太子、公主及王侯）之命而作的诗歌。因此，此类诗歌多在诗题后面附上"应制""应诏""应令"或"应教"等字样，附有"应制"二字的如张说的《奉和圣制春日幸望春宫应制》、马怀素的《奉和人日宴大明宫恩赐彩缕人胜应制》，附有"应诏"二字的如杨师道的《赋终南山用风字韵应诏》、许敬宗的《奉和执契静三边应诏》，附有"应令"二字的如褚亮的《奉和禁苑饯别应令》、许敬宗的《四言奉陪皇太子释奠诗一首应令》，附有"应教"二字的如虞世南的《初晴应教》等。"应制""应诏"原本无区别，只因武则天下令废"诏"用"制"，而后皆称"应制"。应制诗是宫体诗的主要表现形式之一，是奉帝王（包括太子、公主及王侯）之命或为了附和皇帝及皇室的需要而作的赞颂型诗歌。奉帝王之命进行创作，必然要投帝王之所好，以歌功颂德为其旨归。因此，讴歌盛世太平和皇帝的丰功伟绩就构成了应制诗歌的基本基调，其本质是一种赞美诗。应制诗多采用五七言的律体形式，偶有杂言，辞藻华美，注重表现外在形式美，具有程式化特征，即"三段式"。下面分国内、国外两个部分，对前人有关唐代应制诗的研究简作评述。

---

① 聂永华. 初唐宫廷诗风流变考论 [M]. 北京：中国社会科学出版社，2002：10.

二、国内学者对唐代应制诗的研究

明·杨慎在其《升庵诗话》中指出应制诗"命题既同，体制复一，其绮绘有余，而微乏韵度"①。这句话在一定程度上道出了应制诗的"软肋"——体式单一，用词华丽，意蕴不足。概由于此，唐代应制诗很少为国内外学者所重视。

国内有关唐代应制诗研究的期刊论文有两类。一类是就具体应制诗作者、应制诗群体或具体应制诗作品进行的研究，如陆平的《"谁道鲇鱼上竹竿？老年恩遇海天宽"：沈德潜奉和应制绝句论略》（2019），胡文俊的《"文章四友"应制诗的继承与革新》（2016），岳德虎的《李峤应制诗引领初唐诗风考论》（2016）、《张说应制诗之于"声律风骨始备"》（2012）、《诗家之射雕手：宋之问的应制诗》（2009）、《试论苏颋应制诗的审美特征及对盛唐诗歌的贡献》（2009），邓无瑕、李建国的《论虞世南应制诗的隋唐之变》（2015），高萍的《王维应制诗的因革及其模式意义》（2013），卜瑶的《许敬宗与其〈奉和登陕州城楼应制〉诗》（2012），陈建森的《从张九龄应制诗看唐诗由初唐之渐盛》（2009），陈淑娅的《论王维的应制诗》（2009），王志清的《王维：应制七律第一人》（2009），苗富强、高志的《李峤应制诗赏析》（2008），林善雨的《沈佺期、宋之问应制诗艺术特色》（2007），顾建国的《论张九龄应制、酬赠诗的因变特征与启示意义》（2005），等等。这些研究成果多重视对个别作者或某个群体的应制诗作品进行研究，缺乏对唐代应制诗的整体观照。如岳德虎的《李峤应制诗引领初唐诗风考论》，作者将李峤的应制诗创作置于初唐诗风的形成层面进行系统研究，认为李峤的应制诗在"初唐之渐盛"的发展进程中，不仅充分表达了作者自身的"事功"追求，形象地描述了唐高宗、武则天和唐中宗三朝的士人风貌、民族关系等"国事"活动，同时也对初唐时期近体诗的写作技巧、审美取向和声律运用等起到积极的引导作用。"文章宿老"以其"对近体诗抒情内质的进一步充实及其美学格调的进一步提升"②，成为引领"初唐之渐盛"的典型标志之一。又如高萍的《王维应制诗的因革及其模式意义》，作者对王维的应制诗进行了历时梳理和模式意义研究，认为王维的应制诗在唐诗诗风从初唐到盛唐的转变以及诗人自身诗歌的发展两个维度上均具有重要意义。一方面，完成了应制诗从绮错婉媚到雄浑

---

① 杨慎. 升庵诗话 [M]. 北京：中华书局，1983：82.
② 许总. 论"文章四友"与唐前期诗歌艺术进程 [J]. 中州学刊，1994 (6)：85–89.

雅正、从骨气都尽到文质兼备的转变，对盛唐诗坛美学风格的形成产生了积极的影响；另一方面，王维应制诗在结构、立意、用语等方面形成的固有模式为其山水诗的创作奠定了基础，从而使其山水诗独具特色，雅淡之中别饶华气，清远之外理趣盎然。

另一类是对唐代不同时期的应制诗或对唐代不同文人群体创作的应制诗进行的研究，如李芸华的《盛唐集贤学士的应制诗研究》（2019），岳德虎的《解读初唐应制诗的时空设计》（2014）、《试论初唐应制诗对后世诗歌的影响》（2009）、《争构纤微，竞为雕刻：评龙朔宫廷诗人的应制诗及人文审视》（2008），郭佩姝的《武则天时期宫廷应制诗研究》（2014），殷海卫的《论唐代河洛诗人群体的应制诗》（2014），程建虎的《文化地理学视域中的长安气质：以唐长安应制诗中的"地方感"和"秩序感"为考察视角》（2013）、《应制诗与长安气质：性别、格调与风俗》（2013）、《应制诗的区别及成因探析》（2009）、《文化资本的获取和转换：从另一个角度观照初唐应制诗的嬗变》（2006），丁燕的《略论初唐应制诗》（2007），徐保峰的《"用咸英之曲，变烂漫之音"：评贞观诗坛的应制诗》（2007），等等。其中，李芸华的《盛唐集贤学士的应制诗研究》，以唐开元中期以张说为中心的集贤殿学士的应制诗为研究对象，认为集贤殿学士的应制诗延续了初唐宫廷诗的"三部式"样式，但在诗境的构建上却别开生面，文治武功、贤主盛世、道教神仙等意象大量涌现，这不仅是时代风气在文学作品上的投射，而且反过来促进了盛唐风貌在当时社会场域中的传播。集贤殿学士中，风格不同的两代人在继承中谋新变，他们的创作不仅为唐代应制诗带来一种刚健、灵动的新气象，也在某种程度上促进了律诗的发展。岳德虎的《'用咸英之曲，变烂漫之音'：评贞观诗坛的应制诗》一文结合唐王朝建立时的史实，认为唐在隋的基础上建立起来，贞观臣子刚刚经过隋末战乱。其中多数人还曾追随李氏父子征战多年，因而生活经历与梁、陈宫体诗人们完全不同，精神状态昂扬振奋，这就催生了新的审美风尚和文学品位。在创作应制诗的过程中，贞观臣子将太平盛世和开国气象进行有机结合，把自身的经历感受融入理想的实现之中，不是只用空虚华美的辞藻去阿谀奉承，言语华丽但不过分雕琢，并且言归雅正，表现了昂扬奋发的积极精神风貌。相比第一类研究，此类研究在考察范围上有一定拓展，深化了对唐代应制诗的研究。

截至 2021 年，国内以唐代应制诗为研究对象的学位论文共有 7 篇，分别为余思源的《唐代应制诗研究》（2018）、黎慧冉的《初唐四帝（太宗至中宗）时期应制诗研究》（2016）、王思浩的《盛中唐应制诗研究》（2014）、李玲的《唐代应制诗研究》（2008）、谢凤杨的《初盛唐应制诗研究》（2008）、鞠丹凤的《初、盛唐代应制诗研究》（2007）、岳德虎的《初唐应制诗研究》（2006）。其中，岳德虎的硕士学位论文《初唐应制诗研究》，把初唐应制诗的发展分成"贞观诗坛""龙朔诗坛""武后中宗诗坛"三个阶段，每个阶段又分别从文人集团、文化的整合、社会的主导风气和社会背景等方面切入，结合文化学、文艺学、人类学等学术成果进行研究，较系统地阐释了初唐应制诗的发展历程和整体风貌。李玲的硕士学位论文《唐代应制诗研究》以整个唐代的应制诗为研究对象，审视应制诗从初唐到晚唐的整个流变过程，并根据需要，对其中应制诗创作的重点时期、重点作家进行了详尽剖析，力求解决应制诗的分期、分类问题，对应制诗在唐代繁荣与衰败的原因也作了尝试性探讨，创获颇多。

国内对唐代应制诗研究较为深入的专著有程建虎的《中古应制诗的双重观照》。该专著是由其博士学位论文《中古应制诗研究》修改完善而成，该书从历时和共时两个层面系统地探讨了中古应制诗的发展历程与固有特质，其中对唐代应制诗的研究最为深入。该书分上下编两个部分，上编从宏观的文化语境视角考察应制诗，详细地探讨了应制诗作为意识形态建构、象征符号和文化资本的不同特质，对其在思想史、社会政治史、文化史和意识形态等方面的意义进行了深入探究，并由此生发，系统地考察了士人在封建专制君权下的人格嬗变及心路历程。该书的下编从历时角度出发，立足于诗学语境，系统考察了应制诗的起源、特点与审美价值，同时还将应制诗对唱和诗、咏物诗、诗歌律化及诗歌用典修辞的影响进行了深入研究，拓宽了应制诗的研究视野，初步厘清了应制诗在中国文学史上的地位。在下编的论述中，作者除以传统诗学理论探讨应制诗之外，还借用国外形式主义理论、舞美效果理论、装饰美学以及传播学等理论对应制诗进行跨学科的综合研究，从而使研究过程和研究结果更具创新价值和启发性，深化了对应制诗的系统研究，特别是提升了对唐代应制诗的研究水平。

国内从事唐代应制诗的研究，除以上所引述的大陆学者外，台湾学者对其也多有涉及。如颜进雄的专著《初唐奉和应制诗歌研究》，作者在对初唐应制诗歌写作的时代背景、历史渊源和分期状况进行论述之后，重点从"时间表现"——四时意象与岁时节令以及"空间展现"——公主宅第与庄阁名景雅宴两个维度，对初唐应制诗进行了深入研究，颇有创获。

三、国外学者对唐代应制诗的研究

对唐代应制诗开展研究的国外学者主要有两位，一位是美国的汉学家宇文所安，另一位是日本的唐代文学研究专家入谷仙介。美国汉学家宇文所安在他的汉学著作《初唐诗》（2014）中，对初唐应制诗的发展背景、形式、诗体、题材、影响，以及应制诗的主要作家均有涉及，研究结论较有启发性。日本学者入谷仙介在其论文《论王维的应制诗》（2003）中，对王维的两首应制诗《奉和圣制从蓬莱向兴庆阁道中留春雨中春望之作应制》《奉和圣制天长节赐宰臣歌应制》进行了详细研究，从微观角度对两首应制诗的语词进行了语源学层面的梳理，并对诗中所选用典故的流传及应用作了详尽分析。

四、研究新视角及结语

唐代应制诗因其创作场域的不同，十分重视修辞。宇文所安在其著作《初唐诗》中指出："宫廷诗（主要是应制诗）对技巧的热切关注仍然对中国诗歌的发展做出了很大的贡献。在这一时期里，诗歌语言被改造得精练而灵巧，成为八九世纪伟大诗人所用的工具。从宫廷诗人对新奇表现的追求中，演化出后来中国诗歌的句法自由和词类转换的能力。从他们对结构和声律的认识中，产生出律诗和绝句。"① 但迄今为止，还没有学者对唐代应制诗进行广义修辞学层面的系统研究。通过对唐代应制诗辞格进行穷尽性梳理，归并出所选用的"常式"修辞手法，可以完整展现唐代应制诗的固有修辞特质，厘清唐代应制诗所用"常式"修辞手法及相应修辞心理对诗歌律化及唐诗繁荣之间的关系，这不仅能够拓展汉语修辞学的研究领域，而且对促进中国诗学的理论建设也具有重要意义。

参考文献

1. 杨慎. 升庵诗话 ［M］. 北京：中华书局，1983.

2. 宇文所安. 初唐诗 ［M］. 贾晋华，译. 北京：生活·读书·新知三联书店，2014.

3. 聂永华. 初唐宫廷诗风流变考论 ［M］. 北京：中国社会科学出版社，2002.

4. 许总. 论"文章四友"与唐前期诗歌艺术进程 ［J］. □州学刊，1994（6）.

---

① 宇文所安. 初唐诗 ［M］. 贾晋华，译. 北京：生活·读书·新知三联书店，2014：11.

Commentary on the Study of the Yingzhi Poetry Made in the Tang Dynasty

Zhu Dong

(*School of Chinese Language and Literature, Yancheng Teachers University, Yancheng*, 224002)

Abstract: The Yingzhi Poetry Made in the Tang Dynasty occupied an important position in the history of Chinese poetry, and it played an important role in shaping the poetry of the Lvshi and the overall prosperity of Tang poetry. However, due to its gorgeous and luxurious poetic style and strong court atmosphere, it has not been valued by researchers for a long time. By summarizing the relevant research materials of the Tang Dynasty poetry, a new research perspective is put forward to promote the overall in-depth study of the Tang Dynasty Poetry.

Key Words: The Yingzhi Poetry Made in the Tang Dynasty; comment; new perspective

现代汉语修辞研究

1949—2019 年《人民日报》元旦社论语用特点研究

郭伏良[1]　高彭玮[2]①

（1. 河北大学国际交流与教育学院　保定　071002；

2. 河北大学文学院　保定　071002）

摘　要：《人民日报》自 1948 年 6 月创刊，至今已有 70 余年的历史。本文以 1949—2019 年《人民日报》元旦社论为考察对象，对 71 年的元旦社论作穷尽式的分析，采用定量统计和定性分析相结合的研究方法，从词汇、句子和修辞格三方面客观考察元旦社论的语用特征。

关键词：元旦社论；词汇；句子；辞格

《人民日报》是世界十大报纸之一，有很强的权威性和影响力。自 1948 年创刊以来，《人民日报》每年都在新年第一天刊登一篇社论，因发表在元旦，用以迎接新年，所以又叫"元旦社论"。作为一种特殊的新闻评论，《人民日报》元旦社论在语言材料和修辞方式的选择和运用上，都体现了其独特的语用特点。

一、研究综述

关于《人民日报》元旦社论的研究成果相对较多，现梳理如下。

有的学者侧重考察历史的变化，汪茂（2009）通过统计《人民日报》元旦社论使用的词语，以高频词为参考，研究党和国家工作重点的变化情况。村田忠禧（2002）将 1949—2002 年的元旦社论进行量化分析，统计各时段的高频词，分析含有"社会主义"词汇的变化，从而观察中国的发展历史。《人民日报》具有极高的史料价值，有的学者从新闻传播角度入手，如徐莉（2007）梳理 1949—2006 年《人民日报》元旦社论和国庆社论的发展脉络，指出社论语言风格庄重、文雅、理性的特点，最后从政治学和传播学角度探究变迁原因，为党报社论研究提供新的视角。还有一些学者从文本分析入手，如刘悦明（2012）以判断句、祈使句、问句和人际称呼为参数项目，探究导致人际意义变化的原因；李玉、詹全旺（2013）

---

① 作者简介：郭伏良，河北大学国际交流与教育学院教授、博士生导师；高彭玮，河北大学文学院语言学及应用语言学 2017 级硕士研究生。

考察 1953—2012 年元旦社论使用的概念隐喻情况，认为隐喻类型的变化与社会变革和执政党执政理念的变化有一定的联系；卢洁（2011）选取1949—2009 年元旦社论为分析对象，从标题、正文文本分析入手，考察政治话语的发展以及社会政治的变迁。关于《人民日报》元旦社论的语言学研究，主要关注元旦社论话语、隐喻和语篇研究，大多是从某个语言要素入手或选取某段时间进行分析。

本文的研究重点为语用特征的定量分析，将 71 篇元旦社论共计208 765 个字符的语料库进行定量统计。其中历年语篇的字数情况见图 1。

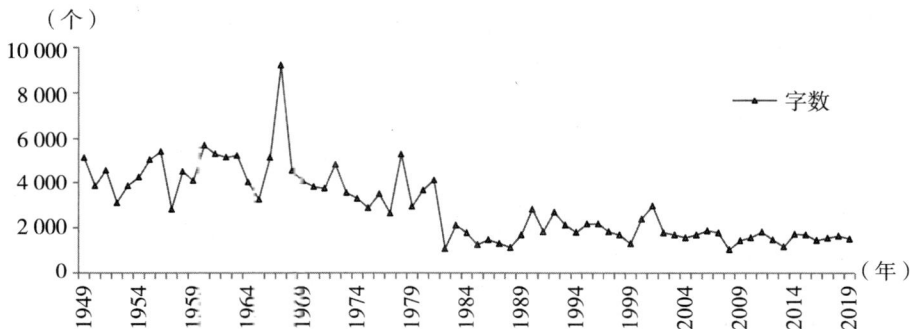

图1　1949—2019 年《人民日报》元旦社论字数的变化情况

图 1 中折线图代表字数的变化，整体呈下降趋势，尤其是 1982 年以后的数据较之前有大幅度下降。由此看出，元旦社论整体篇幅字数减少，语篇愈加精简。

在整理统计历年语料的基础上，我们对元旦社论中的常用词语、句子类型和修辞格进行分析，力求通过数据更客观地分析其语用特点。

二、《人民日报》元旦社论的词汇特点

（一）《人民日报》元旦社论的词语运用特征

对 71 篇元旦社论的词汇使用情况进行统计后，我们总结出元旦社论的词汇语用特征，表现在以下四个方面。

1. 政治性词语的大量使用

政治性词语一般用来阐明政治概念，并且具有确定的含义。《人民日报》作为党报，主要作用是传达党和政府的路线、方针和政策，就热点事件发表评论。所以，在元旦社论中，政治性词语运用频繁。

（1）我们要切实有效地教育全党和全体人民认识坚持社会主义道路，坚持人民民主专政即无产阶级专政，坚持党的领导，坚持马列主义、毛泽东思想的极端重要性。（1981）

（2）越是改革开放，越要坚持四项基本原则，越要加强思想政治工作，越要把爱国主义、集体主义和社会主义的思想教育抓紧抓好。（1992）

以上例句中，"党""人民""社会主义""无产阶级""马列主义""四项基本原则""爱国主义"等都是专门的政治术语。此外，还有像"制度""路线""方针""政策""民主""意识形态"等政治词语，也常在元旦社论中出现。

2．多用具有时代特征的词语

面对社会的发展，政治环境的变化，新事物、新制度、新现象的涌现，词汇往往迅速作出反应，以适应客观形势和交际的需要。

像2013年元旦社论中出现的"中国好声音""十八大""中国梦"，2018年使用的"精准脱贫""人才强国""乡村振兴"等都是适应新的时代环境而运用的词语，体现了当年的新事物、新政策、新特点。元旦社论中使用的简缩词，也多和当时的新事物、新现象有关，具有较强的时代特征，如"世博会""冬奥会""中国女排""扶贫"等词语。简缩词能够以尽量少的词语体现更丰富的信息量，使元旦社论显得言简意丰。

3．文言词语、成语、俗语的综合运用

文言词语和成语的书面色彩较强，具有庄重文雅的特点；俗语多来自民间，口语色彩浓厚，具有趣味性和通俗性。元旦社论中使用较多的文言词语有"之"（助词）、"之"（代词）、"所"（助词）等。使用的成语除了典型的传统词语外，还有一些如"和平共处""分秒必争""访贫问苦"等四字格词语，这类成语有传统成语的特征，具有习用性，但出现时间较短，尚不具有典雅性，可以称作"新成语"，这类新成语能够实现精简语言、丰富内容的功用。俗语主要体现在谚语和惯用语的运用上。这些词语配合使用，使得元旦社论言简意赅、典雅庄重，又不失灵活生动。

4．数字词语的突出运用

《人民日报》元旦社论经常出现大量的数字词语，主要用来说明时间和数量。经统计，在元旦社论语料中，有2 533处运用了数字词语，平均每千字的文本就会使用12处数字词语。尤其是中华人民共和国成立初期的元旦社论，更是频繁使用数字词语。

（3）只在过去一年内，中朝人民部队就歼灭美国侵略者及其帮凶军二

十四万一千九百余人（内美军十万二千七百余人），击落击伤敌军飞机五千三百余架。（1953）

（4）6 年砥砺奋进，40 年改革不息，70 年长歌未央……（2019）

数据往往给人更为确定的印象，更有说服力。1953 年的元旦社论多次使用数字词语，说明抗美援朝战争取得的胜利成果。2019 年的元旦社论巧用数字，比如"逐梦 6 年""改革开放 40 年"，清晰明确，语言简洁，以数字的变化推进时间的追溯和历史的回顾，引起读者共鸣。

（二）《人民日报》元旦社论的词频分析

我们通过 Corpus Word Parser 软件①对元旦社论进行了分词、人工校对，在此基础上使用字词频率统计工具统计了每个词出现的次数。结果为元旦社论语料共有 123 909 个词语，使用次数排名前 10 位的词语依次为："的""和""在""了""我们""年""是""人民""要""发展"。

1. 元旦社论高频词分析

我们以现代汉语语料库词语频率表、《现代汉语频率词典》（以下简称《频率词典》）作为对照，整理前 10 位高频词对比的结果，发现"我们""年""人民""要"和"发展"是元旦社论独有的高频词。

表 1　各类语料库前 10 位高频词表

类型	频次排序									
	1	2	3	4	5	6	7	8	9	10
元旦社论语料	的	和	在	了	我们	年	是	人民	要	发展
现代汉语语料库	的	了	在	是	和	一	这	有	他	我
《频率词典》	的	了	是	一	不	在	有	我	个	她

元旦社论具有定期性和权威性，其词汇的使用情况往往能够反映时代的变化。尤其是使用频率高的词语，往往能够体现国家和社会的关注点。

在现代汉语语料库和《频率词典》中，使用频率最高的人称代词为"我"，而元旦社论更倾向于使用"我们"。究其原因，一方面，中华文化强调集体主义，在新闻写作时，语篇偏向使用具有集体特征的人称代词；

---

① 本节所使用的分词软件和现代汉语语料库词语词频表均来自中国语言文字网的"语料库在线"，该网站由国家语言文字工作委员会主办，教育部语言文字应用研究所承办，网址为：http：//www.cncorpus.org/CpsTongji.aspx.

另一方面，媒体需要加强与读者的互动，作为社论文章，使用人称代词"我们"容易拉近距离，实现和读者的沟通。

元旦社论中"年"这个词主要有两个作用：一是作为时间名词，如"今年""改革之年""发展之年"等；二是作为量词，用于计算年数，如"五年""60 年""2018 年"等。

元旦社论中"人民"一词也具有"群众、集体"的意义。作为党报社论，"人民"的高频使用，体现了《人民日报》对人民的关注，体现了"人民观"的继承和发扬。

"要"出现在元旦社论常见结构"要 + 谓语动词"中，表示行为的必要性，强调责任和要求。

"发展"一词使用频繁，共出现 747 次。该词的突出使用，表现了党和国家对每年建设发展任务的强调和重视。

2. 元旦社论低频词分析

低频词指在元旦社论语料中仅出现一次的词语。这类词语丰富了语篇的词汇，增加了文本中的类符，也提升了内容的丰富程度。元旦社论中只使用一次的低频词有 4 217 个，这些词语多具有如下特点：

第一，时代特征明显。元旦社论多是对上一年度路线政策、重大事件的回顾和总结，在语篇中必然会出现反映当时事物和概念的词语，如中华人民共和国成立初期出现的"运动战""减租减息""半工半读"，20 世纪60—70 年代的"三家村""赤脚医生""五七干校"，改革开放以来的"按劳分配""百花齐放""私营企业"等，这些词语都带有明显的时代特点。

第二，社会热点突出。元旦社论经常会涉及社会的热门事件，如在2009 年元旦社论中提到的"雨雪冰冻""汶川特大地震灾害""北京奥运会"这些词语，源于 2008 年经历的重大事件；2018 年出现的"雄安新区""C919""光量子计算机"等词，均是 2017 年人们所关注的社会热点。这些词或短语源于当时的热点事件或话题，重复使用的可能性较低。

第三，语体色彩鲜明。元旦社论的低频词大多具有较强的语体色彩，主要体现在口语和书面语色彩上。如出现的成语"墨守成规""背水一战""愚公移山"具有很强的书面语色彩，"眼中钉""心劲儿""花架子"等口语色彩浓厚。这些词语语体色彩鲜明，在语篇中有特定的含义和作用，重现率低。

通过对元旦社论高、低频词语的分析，可以认为元旦社论具有立足点高、视角宏大、贴近群众、关注社会的特点，同时具有很深的时代印记。

三、《人民日报》元旦社论的句子分析

（一）《人民日报》元旦社论的句类分析

我们以句号、问号和感叹号等句子符号为参照，同时参考句子语气，对 1949—2019 年《人民日报》元旦社论进行句类统计，结果如下：

表 2　1949—2019 年《人民日报》元旦社论的句类使用数量

句类	陈述句	疑问句	祈使句	感叹句
数量	4 173	73	71	78
占比	94.9%	1.7%	1.6%	1.8%

元旦社论的主要目的就是向人们总结过去一年取得的成绩，展望新一年的工作任务，所以陈述句使用量远高于其他句类，其他三种类型的使用数量均少于 100 次，且占比非常接近。

1. 陈述句

叙述事件是陈述句的主要功能。一般来说，在元旦社论的第二段或第三段出现的陈述句，多用于叙述上一年度发生的重要事件，介绍取得的突出成就等。除了叙述事情，陈述句还有评论话题的作用，即对某个话题或事件进行分析评论。另外，元旦社论中还经常使用"是"字句式来实现解释和判断的功能。如：

（5）今年是第十三个五年规划的开局之年，也是决胜全面小康的开局之年。（2016）

例（5）中使用"是"字句，说明 2016 年关系到"十三五"规划，涉及全面小康建设，并将该年定性为"开局之年"。再如，2016 年还出现了"取势""取实"这两个词语，概念相对概括，读者很难准确把握其信息含义。文段在之后通过"是"字句，对这两个词语进行具体解释，简洁说明"取势"指把握现有优势，"取实"指重视实际作为。这类具有判断说明性质的陈述句在元旦社论中经常使用，解释难以理解的概念或对事物进行定性，体现了元旦社论的社论性质，也提高了文章的"可读性"。

2. 疑问句

疑问句分为特指问、是非问、选择问和正反问四种类型。71 篇元旦社

论共使用了71个疑问句，其中特指问43个、是非问16个、选择问11个、正反问3个。特指问是使用最多的疑问句类型。元旦社论是刊登在报纸上的文章，无法实现面对面的有问有答，其疑问句并非真的需要得到读者的回答。其作用在于，一方面，以对话形式启发读者对问题的思考；另一方面，丰富文章中句子的语气系统，引起读者的关注。

3．祈使句

祈使句从语气和功能上可以分为两大类：一类多表示命令或禁止，语气较强；另一类表示请求或建议，语气相对较弱。《人民日报》元旦社论中出现的祈使句，属于第一类的仅发现1例，即1972年的"必须从台湾和台湾海峡撤走"，对美国提出严厉要求，表达了中国捍卫领土主权的坚定态度和决心。其余的74个祈使句均属于第二类祈使句。元旦社论中的一些句子，虽然句尾没有叹号标记，但依然实现祈使句功能。如1979年的"要打掉精神枷锁，真正解放思想"表示的是建议和号召。

4．感叹句

元旦社论中有78处使用感叹句，使用范围和形式相对固定，主要用在社论的开头或结尾，多是表达祝愿祝贺的强烈情感。感叹句一般带有较突出的主观情感色彩，这与《人民日报》社论表达的主旨和基调似乎不太吻合。所以，我们认为《人民日报》元旦社论更倾向于通过句号结尾的陈述句实现其感叹功能，弱化情感语气。

综上，元旦社论的句类以陈述句为主，实现叙述、评议和解释判断的功能，疑问、祈使和感叹句类可以调节语篇语调，以获得读者的关注，从而达到突出语义、增强表达效果的作用。

（二）元旦社论的句式特点

金倩（2015）曾指出，《南方周末》新年献词多使用短句、散句，以实现句式简明的文风。通过数据统计，我们发现《人民日报》元旦社论多使用复句、长句，具有形长谨严的语用特点。

1．各类句式综合使用

《人民日报》元旦社论在句式选择上呈现单复句交错运用、长短句互为补充、整散句配合使用的综合性特点。单句结构明晰，内容简洁突出；复句能够将事物的复杂关系描述清楚，将复杂内容解释准确。长短句并用，互为补充，简繁有度，构成既概括又具体的语篇。句子整散交错使用，整齐和变化相结合，整句和散句相统一，节奏松弛有度，形成其特有的语言风格。

2．句子形长谨严

在71篇元旦社论中，共有句子4 396个，其中单句1 519个，占句子总数的 34.6%；复句 2877 个，占 65.4%。而且元旦社论中的复句，整体形式较长，经常使用到两个以上结构层次的复句。元旦社论语料共有 208 675 字，平均每个句子长达 48 个字。由此可知，元旦社论倾向使用复句，句子较长。

长句往往表意丰富、庄重高雅，具有增强语势的作用，有助于逻辑严密、详尽精确地论述。元旦社论以书面传播为主，报纸篇幅有限，运用长句能够实现在有限的字数内传递更多的信息。

3．平均句长变化情况

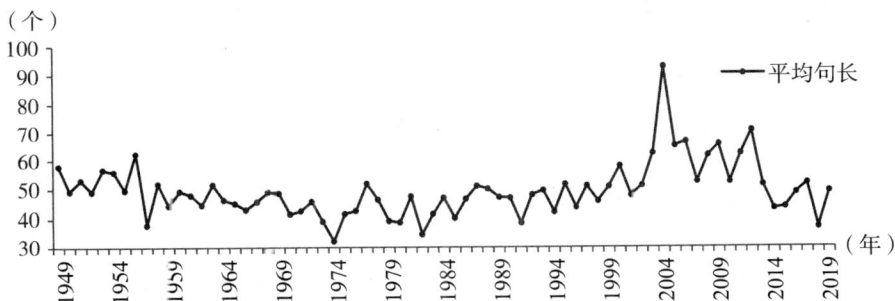

图 2　1949—2019 年《人民日报》元旦社论的平均句长

1949—2004 年，随着社会发展，思想认识丰富，语言表达缜密，元旦社论平均句长呈增长趋势，2004 年达到最高点。此后，元旦社论平均句长又有回落，总之整体较为稳定。我们认为，元旦社论的句长受到时代风格、表达内容、执笔作者等多种因素的影响，今后还需作进一步深入分析。

四、《人民日报》元旦社论的辞格分析

我们首先对元旦社论 20 多万字的语料进行辞格标注，统计各类辞格的使用数量，进而分析元旦社论在辞格运用上的特点。

（一）《人民日报》元旦社论的辞格频次统计

统计显示，在元旦社论语料中，共使用了 1 291 处辞格。具体情况见表 3。

表3　1949—2019 年《人民日报》元旦社论的辞格使用情况及占比

辞格	次数	占比
排比	374	29.0%
反复	248	19.2%
比喻	199	15.4%
对偶	134	10.4%
引用	72	5.6%
比拟	61	4.7%
层递	59	4.6%
对比	54	4.2%
设问	32	2.5%
反问	23	1.8%
反语	11	0.9%
借代	9	0.7%
回环	11	0.9%
顶真	4	0.3%

可以看出，《人民日报》元旦社论共出现 14 种辞格类型，在辞格使用上有以下特点：一是辞格种类丰富，如在文艺语体中常见的反语、回环、顶真等辞格，在元旦社论中也有运用；二是排比、反复辞格高频使用，明显高于其他辞格。

（二）高频辞格的使用情况

《人民日报》元旦社论中出现频率较高的辞格有排比、反复、比喻和对偶，这四种辞格的数量超过辞格使用总数的四分之三。

为了更全面地考察辞格使用情况，我们还统计了每千字中辞格的使用情况。具体计算方法为：辞格数量÷语篇字数×1000。如 2019 年的元旦社论共 1 521 字，使用排比辞格 7 处，得出 2019 年排比辞格每千字的使用频率为 4.6 次。

1. 顿挫有致、谋篇布局的排比

元旦社论中排比辞格使用 349 次，既有短语之间的排比，也有句法成分的排比，还存在段落首句的排比，这些排比的高频出现使文章顿挫有致、层次分明、结构严谨。其修辞功能主要体现在以下两方面：一是增强语势。通过结构工整的排比，使语句顿挫有致，情感丰富，增强气势。二是连接篇章，元旦社论经常使用相同或相似的语言单位的复现，以实现谋篇布局的功能。2014—2019年，连续6年，元旦社论都使用了段首排比并列来构成语篇。如2017年元旦社论，通过段落首句排比的方式，提出了"不忘初心，追逐梦想"，要保持"进取心""自信心""平常心"的号召，使得各语段在语义上更紧密地联系起来，增强条理性，形成一个并联的整体。

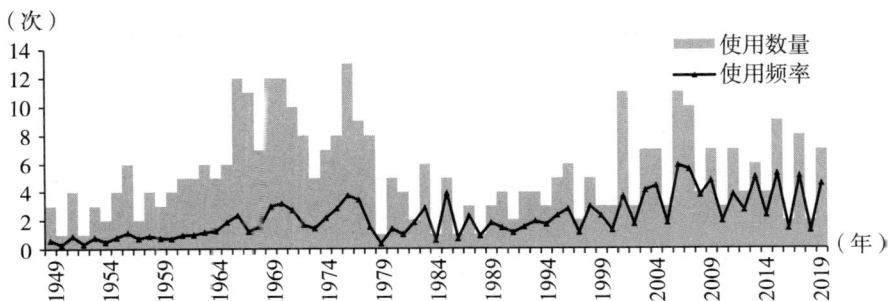

图3　1949—2019年《人民日报》元旦社论排比辞格的使用数量及每千字使用频率

根据图3，我们发现排比辞格在每年元旦社论中都有使用。其中1978年以后元旦社论排比辞格使用的数量要少于之前的，这和元旦社论篇幅的变化有一定关系。折线反映了排比辞格使用频率的变化情况，排比辞格的使用频率是逐渐上升的。总体而言，虽然元旦社论的篇幅变短，但排比的使用频率并未降低。

2. 突出语义、连段成章的反复

反复是使用同一个词语或句子两次以上，以强调、突出相关内容，加强语气，增强表达感染力的修辞方式。元旦社论共使用249次反复辞格，既有连续反复，也有间隔反复，其修辞效果主要有二：一是突出语义，增强语气。2014年元旦社论中"拿出心劲儿""拿出闯劲儿""拿出干劲儿""拿出韧劲儿""拿出稳劲儿"反复使用"拿出"一词，增强了文章的感染力。二是衔接文章的作用。元旦社论中的反复辞格具有突出语义、强调情感的特点，经常和排比辞格同时使用，连段成章，从而增强语言表现力，实现语言气势宏伟、结构严谨妥帖的修辞效果。

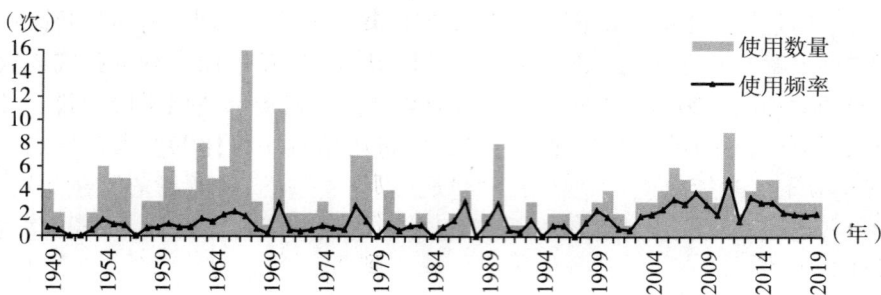

图 4　1949—2019 年《人民日报》元旦社论反复辞格的使用数量及每千字使用频率

从图 4 的柱状图中可以发现，20 世纪 60—70 年代和 21 世纪后，这两个时期反复辞格的使用数量较为突出。在 1979—2000 年间的使用数量明显少于其他时期。另外，折线显示，反复辞格的使用频率大体呈上升态势。

3. 生动形象、色彩鲜明的比喻

《人民日报》元旦社论共运用 199 次比喻，大多选用喻体将复杂难懂的专业概念变成通俗易懂的内容，使语言表达富有感染力。

1993 年元旦社论用泉水的涌动比喻社会主义制度的内在活力与群众的智慧和力量的迸发，生动形象地体现了这种内部力量爆发、促进社会发展的趋势。再如 2017 年元旦社论，"光阴似水，雄关如铁"中的"时间"和"难关"本来是概括抽象的概念，通过用水比喻时间、用铁比喻难关，表现了时间之快、任务之难。

再如 2014 年元旦社论《让今天的改革为明天铺路》中的"老虎苍蝇一起打""啃硬骨头""涉险滩"，这里的比喻都属于借喻，用"老虎"表示权势地位高的违法违纪官员，用"苍蝇"表示职位较低的违法违纪官员，"硬骨头""险滩"分别表示改革进程中遇到的困难和恶劣环境。

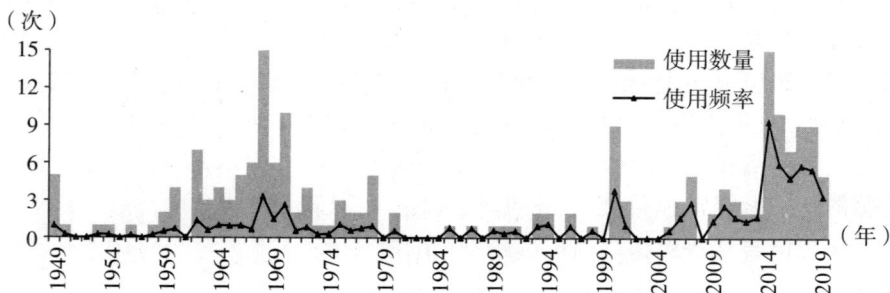

图 5　1949—2019 年《人民日报》元旦社论比喻辞格的使用数量及每千字使用频率

从图 5 可以看出，比喻修辞的使用集中在 20 世纪 60—70 年代和 2009—2019 年这两个时期，并且元旦社论中比喻辞格的使用数量和频率均有明显增长。第一个使用频率高峰（1960—1979 年），比喻特征明显，常使用"像""似""是"等喻词；第二个使用高峰，喻词较少出现，直接出现喻体，如 2015 年"钉好每一颗钉，砌牢每一块基石"中的"钉子""基石"都是借喻，2016 年"硕果累累"借喻 2015 年取得的成就。还有将国家比作航行的巨轮，将发展过程中遇到的困难比作"暗礁""浅滩""大风""急浪"。

4. 整齐匀称、语言凝练的对偶

元旦社论中对偶辞格共运用 134 次。如 2019 年"船到中流浪更急，人到半山路更陡"中，以"船"对"人"，"中流"对"半山"，"浪急"对"路陡"，语言凝练，从不同角度描述愈进愈难、愈进愈险的前进道路上的艰难困苦。

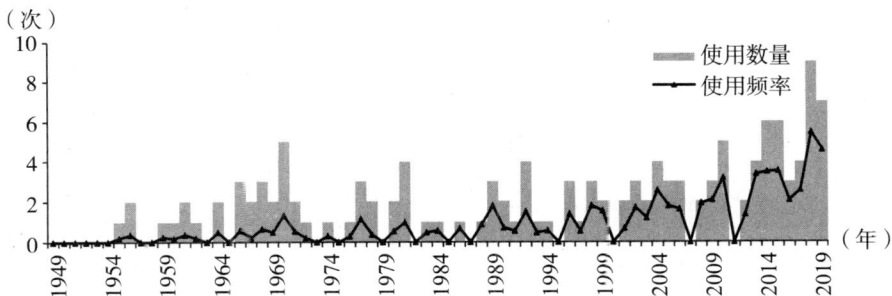

图 6　1949—2019 年《人民日报》元旦社论对偶辞格的使用数量及每千字使用频率

图 6 显示，1960 年以前元旦社论较少使用对偶辞格。其大量使用主要是在 2000 年以后。1949—2019 年元旦社论中对偶辞格的使用率是逐渐提升的。元旦社论中对偶辞格增加，既是实现语篇言简意赅的手段，也体现了对语言节奏美的重视。

在元旦社论中，排比、反复、比喻、对偶这些高频辞格，有时属于辞格综合运用，主要有辞格连用、兼用和套用三种形式。

辞格连用是指连续使用一种或多种辞格，其结构是"辞格 1 + 辞格 1 + 辞格 1 + ……"或"辞格 1 + 辞格 2 + 辞格 3 + ……"。1970 年元旦社论中连续使用了三个比喻辞格，分别把"中国"比作"东方的巨人"，"阿尔巴尼亚"比作"明灯"，"越南人民的斗争"比作"铁拳"。

辞格兼用是指一句话同时使用两种以上辞格，在《人民日报》元旦社论中以排比和反复两种辞格兼用最为突出。如 1985 年元旦社论中"情况一年比一年更清楚，政策一年比一年更完备，计划一年比一年更周密，措施一年比一年更得力，信心一年比一年更增强"就是排比和反复的兼用。排比和反复在形式上相似，都具有突出强调的表达效果，这两个辞格的兼用，能加强语言的表现力，为文章增添文采和力量。

辞格套用是指在一个语句中各种辞格分层包容，相互配合。比如1980年元旦社论中"在我们祖国这条巨轮的伟大航程中，水面会遇到风浪，水下会出现暗礁"，全句是比喻套用对偶，把国家的发展过程比作巨轮航行，通过对偶辞格描述了"伟大航程"中可能在"水面"或"水下"遇到的"明"或"暗"的困难。

（三）辞格使用频率增长明显

我们将71篇语篇使用辞格情况进行统计，结果见图7。

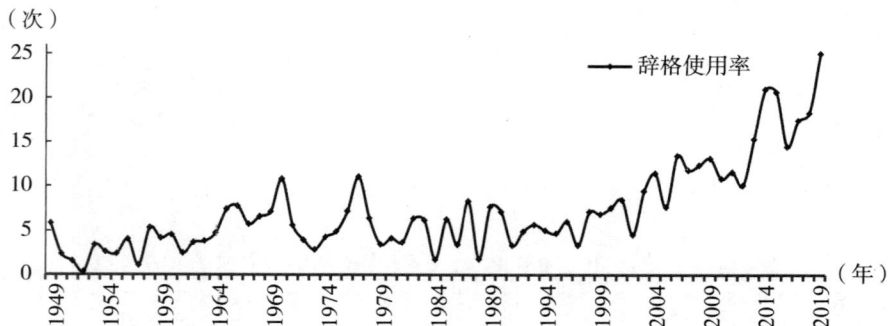

图7　1949—2019年《人民日报》元旦社论每千字的辞格使用频率

从图7可以看出，辞格使用频率大致可以分为三个阶段：1949—1970年，该时期辞格使用频率总体上升；1971—1990年辞格使用频率小幅度下降；1991—2019年使用频率明显上升。辞格的主要作用是增强语言的感染力和艺术性。《人民日报》元旦社论每千字的辞格使用频率总体呈上升趋势，说明元旦社论的写作越来越重视辞格运用，追求语言的艺术性，强调语言的生动性和感染力。

五、结语

本文以1949—2019年《人民日报》元旦社论为研究对象，从词汇、句子和辞格三个因素入手，总结归纳出元旦社论具有词汇类型丰富、句式形长谨严、辞格高频集中的语用特点。

第一，词汇类型丰富。比如严谨的政治性词语、书面色彩较强的文言词语、成语与俗语的搭配使用。除了高频词汇外，还使用大量的随时代发展出现的社会热点词语。

第二，句式形长谨严。比如多用长句、复句进行严密的论述。另外，在句类上，陈述句占有绝对优势。

第三，辞格高频集中。排比、反复、比喻、对偶的突出使用，形成了元旦社论在辞格运用上的明显特点。

参考文献

1. 陈望道. 修辞学发凡 [M]. 上海：复旦大学出版社，2012.

2. 邵敬敏. 现代汉语通论 [M]. 上海：上海教育出版社，2001.

3. 张弓. 现代汉语修辞学 [M]. 石家庄：河北教育出版社，1993.

4. 蔡玮. 新闻类语篇研究的语体学意义 [D]. 上海：复旦大学，2004.

5. 村田忠禧. 从《人民日报》元旦社论看中华人民共和国的历史 [J]. 中共党史研究，2002 (3).

6. 金倩.《南方周末》新年献词的语言研究 [D]. 济南：山东大学，2015.

7. 李玉，詹全旺. 中国政治话语的概念隐喻分析：以《人民日报》元旦社论为例 [J]. 江淮论坛，2013 (5).

8. 刘悦明.《人民日报》元旦社论语篇评价手段历时分析 [J]. 西安外国语大学学报，2012 (2).

9. 卢洁.《人民日报》元旦社论的话语分析 [D]. 武汉：湖北大学，2011.

10. 汪茂.《人民日报》元旦社论的历史解读（1950—1999）[D]. 武汉：华中师范大学，2009.

11. 王维维.《人民日报》国庆日头版报道的新闻语言研究 [D]. 南京：南京师范大学，2012.

12. 徐莉. 建国以来《人民日报》元旦国庆社论研究 [D]. 太原：山西大学，2007.

Analysis of the Language Features of
the New Year's Day Editorial in *People's Daily* From 1949 to 2019

Guo Fuliang[1]   Gao Pengwei[2]

(1. *College of International Exchange and Education*, *Hebei University*,

Baoding, 071002; 2. *College of Literature*, *Hebei University*, *Baoding*, 071002)

Abstract：*People's Daily* was published in June 1948 and has a history of more than 70 years. This article takes the New Year's Day editorial of *People's*

Daily from 1949 to 2019 as the object of investigation. It makes an exhaustive analysis of the New Year's Day editorial text in 71 years. It uses a combination of quantitative statistics and qualitative analysis, objectively investigate the language characteristics of the New Year's Day editorial from three aspects: vocabulary, sentences and rhetoric.

Key Words: New Year's Day editorial; vocabulary; sentence rhetoric

现代汉语词汇中的"羡余"①

孙银新②

（北京师范大学文学院　北京　100875）

摘　要："羡余"作为语言的研究对象，不仅要明确其适用范围，还要区别其适用层次。在汉语词汇中，"羡余"可以是语音形式上的"羡余"，也可以是语义内容上的"羡余"，还有作为形式和意义相结合的定型结构——词的"羡余"，因而其是现代汉语中客观存在的一种常见现象。就汉语的词而言，语音形式上的"羡余"和语义内容上的"羡余"主要表现在词的构造关系上。词的"羡余"则表现在词的用法上，具体包括一些习惯表达和特定语境下的修辞格构成方面。研究汉语词汇中的"羡余"现象对于分析汉语词的构成理据、编纂辞书、注释词义、选词造句以及提升表达的修辞效果具有积极的意义。

关键词：羡余；构词法；造词法；词的释义；修辞格

一、引言

语言羡余或者叫羡余信息，这一用语源于信息论。在汉语引进过程中曾经有过不同的译名，除了"羡余"以外，还有"冗余""多余""剩余"等不同的提法。作为专业术语，现在学界大都倾向于用"羡余"。

汉语研究中，自 20 世纪中期（1956）赵元任先生提出汉语构词中的某些成分为羡余成分之后，在后来的研究中，羡余一直被作为一种重要的语言现象，为学者们所重视。③ 伍铁平（1983）将羡余性与模糊性、生成性并列在一起，概括为语言的三大本质特征。而在其主编的《普通语言学概要》中又使用了"多余机制"和"多余成分"的提法。④ 后来，具有代表性的学者如韩陈其、潘先军，都在这一问题上进行了具体的探索，形成了较为系统的论述，并且各自先后出版了关于"羡余"研究的专著：《汉

---

① 本文为国家社科基金项目"现代汉语常用词的构成理据研究"（项目编号：13BYY123）的阶段性成果。

② 作者简介：孙银新，文学博士，北京师范大学文学院教授、博士生导师，中国修辞学会副会长，中国语文现代化学会两岸语言文字研究会副会长兼秘书长。

③ 潘先军. 现代汉语羡余现象研究 [M]. 北京：北京语言大学出版社，2012：6 - 7.

④ 伍铁平. 普通语言学概要 [M]. 北京：高等教育出版社，1993：55.

语羡余现象研究》（2001），《现代汉语羡余现象研究》（2012）。两书分别结合古代汉语和现代汉语中的语言事实，描写了汉语中被视为"羡余"的语言现象，给出了一些带有规律性的解释。其他各种论文或者学位论文也有不同程度的研究。不仅汉语重视对"羡余"现象的研究，英语中也同样很重视，研究内容不断深入，研究力度也不断加大。

综观现有的研究成果，至少可以得到三点认识：一是"羡余"是一种客观存在的语言现象。二是汉语中的羡余现象古已有之，现在同样存在。也就是说，羡余随着汉语的历时发展在语言中相应地传承延续。三是羡余现象的存在对于语言自身是有特定意义和价值的，值得研究。

不过，也还存在可以进一步研究的问题。比如：

汉语中的"羡余"，范围究竟有多广，也就是说，我们可以在多大范围内用"羡余"来分析解释语言现象。比如，修辞学上的辞格反复，能不能当作"羡余"来分析。既然认为"羡余"在一定的语境作用下对于语言的信息具有提示强调作用，那么反复是否也可以认为是顺应表达中的突出强调的需要而出现的"羡余"呢？如果不是，那么判定"羡余"的理论原则和根据又是什么呢？

语言是有层级性的，不同的层级有不同的语言单位。那么"羡余"在语言单位中的分布是否也同样具有层级性的特点呢？如果有层级性的特点，那么在语言单位的分布上又是怎样体现的？

羡余总是相对的。有羡余，那就总该有一个已有的形式和语义都能自足的单位存在，并与之互相参照。二者在语言中的位置关系怎样？结合语序分析，羡余的格式是不是单一的模式？有没有不同的情形？羡余成分的存在对于汉语词的理据构成具有怎样的意义？

可见，关于羡余，值得进一步探讨的问题还有不少。本文拟从汉语词汇研究的角度，在汉语词汇系统中探讨"羡余"问题。分析的角度有三个：一是"词"内，也就是从"词"的内部结构中观察分析"羡余"，这涉及词的形式和意义。二是从词的整体功能上观察；三是从词的组合功能上，在词的外部或者说词的语用中观察"羡余"的情况。

二、关于"羡余"

我们所理解的"羡余"是针对语言单位中的特定成分而言的。凡是从语言表述经济简练的原则看，某一个语言成分既可以独立为一个语言成分，也可以和其他成分组合为一个整体，并且在组合前后对于语言表达和理解都没有产生直接影响的现象，就可以视为"羡余"。相应地，具有这样的变化特征的成分就是羡余成分。

这样，"羡余"就有两个意义了。一是语用中发生了动态的变化，这个意义上显示的是动作意义或者是动态过程。在这一层意义上的"羡余"具有动词性。二是指发生了羡余变化，并且已经在语言结构中具有了这样一种变化特点的语言成分，所以是名词性的。

如"买房"中的"房"之于"房子"，"有房有车"中的"房"和"车"之于"房子"和"车子"，从表达和意义明确的角度看，"房子"和"房"，"车子"和"车"都没有实质性的差别。这里的"～子"即为羡余成分。从语言发展看，汉语中的词先有单音节形式的"房""车"，后有双音节形式的"房子""车子"，由单音节变化为双音节，增加了汉语词汇系统中词的音节形式的类别，也是汉语造词法的需要；而从表达的意义上看，二者并没有发生实质性的变化，所以就是一个动态的羡余过程。

由此，我们可以从中归纳出汉语"羡余"的构成要件，也就是说必备的三个特点：

第一，羡余总是应该在一定的语言成分的参照下，才能成为"羡余"。

第二，互相参照的语言成分在结构上总有简单和复杂之分。当然，这里的简单和复杂是相比较而存在的，同时也应该是相对的，而不是绝对的。所谓简单与复杂，一是体现在结构成分的有无上，一个不含羡余成分，另一个则含有羡余成分；二是体现在结构关系的层次上，含有羡余成分的总比不含羡余成分的至少要多一个构造层次关系。

第三，含有羡余成分的结构体和不含羡余成分的结构体，从语言单位结构形式或类型上看应该有明显的不同，但在其语法属性或句法功能上应该具有一致性。

前面两个条件比较容易理解，第三个条件，结构形式或类型应该有明显的不同，这也好理解。可是，这里为什么又要强调语法属性和句法功能上也要具有一致性呢？因为在汉语里，有些语言成分的意义是一样的；从形式上看，也貌似"羡余"。但是实际上，组合搭配的情况还是有着明显的不同。如"牛角尖"和"钻牛角尖""钻牛角""钻牛犄角"。从《现代汉语词典》（以下简称《现汉》）的释义看，它们的意思是一样的：①比喻费力研究不值得研究的或无法解决的问题。②比喻固执地坚持某种意见或观点，不知道变通。实际上，"牛角尖"还只是名词性的，而"钻牛角尖""钻牛角""钻牛犄角"等则是动词性的。日常生活中我们可以说"别老钻牛角尖"，但不说"别老牛角尖"。因此我们不应该将"牛角尖"和"钻牛角尖"对应，将二者看成有"羡余"关系。只能将"钻牛角尖""钻牛犄角"与"钻牛角"视为有对应关系，看成有羡余关系。

类似的还有"哈哈"和"打哈哈"，"龙门阵"和"摆龙门阵"，"马虎眼"和"打马虎眼"，"赤脚"和"打赤脚"，"赤膊"和"打赤膊"，"冲锋"和"打冲锋"，"招呼"和"打招呼"，"照面儿"和"打照面儿"等，也都不应该视为羡余关系。

"下坡路"和"走下坡路"，有时意义是一样的，但同样也不应该视为羡余关系。至于像"胖"和"胖子"，"瘦"和"瘦子"，本身的意义就有差别，词性也不同，当然更不能看成羡余成分。同样，"张"和"小张""老张"也不作羡余看待。

依照上述条件，我们可以对现代汉语里的多种特殊现象进行讨论，借以判定是不是羡余。

（1）构词法中的成分，哪些是羡余，哪些不是？

（2）造词法中的成分，哪些是羡余，哪些不是？

（3）构形法中的成分，哪些是羡余，哪些不是？

（4）汉语句法层面，哪些是羡余，哪些不是？

（5）汉语语用层面，哪些是羡余，哪些不是？

三、汉语中的形式"羡余"

形式羡余仅仅体现在语音层面。汉语的儿化韵因为音节上的不自足、不完整，在一定意义上讲，可以看成音节形式上的羡余。特别是有些词在口语中的读音往往会有儿化的情形。如"小三"，口语中读成"小三儿"，意义上没有区别，都同样指"破坏他人婚姻关系的第三者"。其他如"小票"和"小票儿"，"小青年"和"小青年儿"。

不仅如此，汉语普通话中的词处在连续语流中，由于受到相邻的音节的影响，后一个音节中可以出现增加音素的情形。这种增音现象也是音节形式在音素上的一种羡余。

比如：

啊［ɑ］：来啊（呀）［iɑ］！

啊［ɑ］：看啊（哪）［nɑ］！

啊［ɑ］：好啊（哇）［uɑ］！

啊［ɑ］：什么字啊［zɑ］？

啊［ɑ］：冲啊 ngɑ！

啊［ɑ］：是啊 rɑ！

汉语中添加词头词尾的形式，就是一种形式上的羡余。如"有汉""有周""有明一代""有苗"等，这里的"有"是羡余成分。

"串门"和"串门儿""串门子"，都是表示"到别人家去闲坐聊天儿"的意思，然而音节上不一样，羡余的表现形式不同。这说明同一个词在汉语里可能有多个不同的羡余形式。这是词的羡余形式上的一个重要特点——多样化。

拟声词中的"哗"和"哗哗"，"哗啦"和"哗啦啦"，"呜"和"呜呜"，"嘀"和"嘀嘀"，"哎哟"和"哎哟哟"，这类情况也都属于音节羡余。

对于一些附加式合成词中的成分而言，从古今汉语的对比中可以看到，也会有意义上的羡余。如"虽然""既然""已然""仍然"中的"然"，现代汉语的"虽然""既然""已然""仍然"，相对于古汉语的"虽""既""已""仍"，也都是等义的，因此现代汉语里的"然"就是羡余的。由于在现代汉语里，"然"字一般都不显示意义，仅留下一个音节形式，和别的词素构成双音节词，因而可以视为在音节形式上的羡余成分。

与此类似的一种音节形式上的羡余，存在于汉语的偏义复词中。在现代汉语里，由于偏义复词的一个构成成分完全不显示意义，整个词的意义与其中的一个词素的意义一致，因此，对于不显示意义的词素而言，在偏义复词中也只是一种仅保留了语音形式而不具有意义的成分，可以算作词的表现形式在音节上的一种羡余。如"国家""窗户""动静""忘记""干净"，这其中的"家""户""静""记""净"也都成了羡余形式。

其他的情况如"老虎""老鼠""老鹰"中的"老~"，"石头""骨头""舌头""跟头"中的"~头"，"房子""桌子""椅子""凳子""鼻子"中的"~子"，这些是附加式合成词中的词缀。这些词缀在显示合成词的词义上也很微弱，近乎是语音形式上的羡余成分。

当然也有一些结构关系很特殊的词在音节上存在羡余现象。如"耳朵""花朵"的"朵"，"而立"的"而"，"属于"的"于"也都是羡余成分。

四、汉语中的意义"羡余"

意义羡余在汉语词中的表现有以下两种情况：形式不同而只是意义相同的羡余；形式相同而且意义也完全一致的羡余。

意义相同的两个词素形成的并列式合成词，由于其中的任何一个词素的意义都和整个词的意义一致，也都可以通过任何一个词素获得整个词的意义，因而其中存在着词素义的羡余。如"道路""美丽""巨大""修改"。

补充式合成词中，因为有的词素之间存在概念意义上的专指和类指关系，所以就复指关系而言，就有了羡余，而且是意义上的羡余。如"杨树""梅花""芹菜""茅草""玉石"。

以下这一类复合词，其羡余成分在汉字偏旁上都有明确的显现："马驹""牛犊""羚羊""羊羔""羔羊""鲫鱼""鲤鱼"。

不同的是，这些羡余成分在词中所出现的位置也就是词素的先后顺序上有区别。"杨树""梅花""芹菜""茅草""玉石"等属于羡余成分后置，而"马驹""牛犊"等是羡余成分前置。

以上这些就是形式不同而只是意义相同的羡余。

有一种情况比较特殊，就是形式和意义兼有羡余的情况。这就是重叠式的合成词。因为从词素意义的角度看，单纯词及其词素和重叠式的合成词意义也都一样，所以是羡余。如亲属称谓的词都有单音节和双音节之分，意义也都一致。如"妈—妈妈""姐—姐姐""哥—哥哥"。一些双音节重叠形式的副词如"刚—刚刚""常—常常""偏—偏偏""恰—恰恰""仅—仅仅"，这些词的羡余成分因为形式一样、意义一样，和整个词的词义也都一样，所以能够看成词的形式和意义都有羡余的双重情形。

意义的羡余还表现在音译加意译的词中。由于音译成分在汉语中独立表意的倾向越来越明显，相对而言，原先为了凸显词义而特意添加的意译成分逐渐发展为羡余成分。如"芭蕾"原本是一种舞蹈名称，时常也说"芭蕾舞"，这样"舞"就是一个羡余成分了。其他的词如"卡—卡片""卡—卡车""吉普—吉普车""扑克—扑克牌""卡通—卡通画"，这里的词素"片""车""牌""画"就是词里的羡余成分。

下面这些词的情况不是羡余。因为单从形式上看，它们是单音节和双音节的区别，而且单音节和双音节里的每个音节也都一致，可是单音节形式的意义和双音节形式的意义完全不同。如"太—太太""熊—熊熊""蠢—蠢蠢""斤—斤斤""区—区区"。

可见，意义的羡余在构词中的表现也是多元的。既有形式不同而只是意义相同的羡余，也有形式相同而且意义也完全一致的羡余。因此，如果仅仅是形式相同而意义不同，则不能称为羡余。"太"和"太太"就是这样的情况。

五、汉语语用中的"羡余"

汉语语用上的羡余主要表现为表达中的"羡余"。这首先体现在句法组合中的搭配关系上。比如，修饰语和中心语从语义上看，就有羡余的情况存在。语言表达中常见的一些说法如"人生的道路还很漫长""给你一个意外的惊喜""中国跳水队员今天的表现非常完美"。这样的表达中都含有羡余成分。跟前面的情况不同的是，前面分析的羡余成分是被包含在同一个词之内，而这里给出的例子中的羡余成分则在词外，或者说是处于某一个句法结构中的一个词和另一个词之间。以上的羡余成分是构词成分，是词素。而这里的语用中的羡余成分是现成的独立的词，本身独立于另一个词之外。只有通过词与组合搭配或者句法结构的上下文语境才能看出是羡余成分。

如"人生的路还很漫长"。在现代汉语里，"漫长"本来就是指"长得看不见尽头的（时间、道路等）"，可见词中本来就已经具有了"长"的意义，加不加程度副词"很"都已经能够清楚地表达这个意思了。现在即使加上了"很"修饰，我们也并不觉得就比"漫长"更为久远。因而，这样使用的"很漫长"，其"很"就是羡余成分。这是程度副词"很"在状语条件下的羡余。

同样道理，通常说得比较多的"非常完美"也是如此。就"完美"本身而言，其已经表达了"完备美好；没有缺点"的意思。从量的角度看，应该说百分之百合乎要求。这时候，再加上一个程度副词"非常"，意在突出其意义。实际上，这样使用的"非常"，除增强了音节上的和谐之外，在意义的强调上也还是收效甚微。"完美"和"非常完美"的意义应该是一样的，所以，"非常完美"中的"非常"也就是羡余成分了。这同样也是状语位置上的成分羡余。

再看"意外的惊喜"。这也是人们日常生活中的一个常用的习惯表达形式。"惊喜"原本的意思就是"又惊又喜"。当然，这也正是事先没有想到或者估计到的结果。所以，"意外"加在"惊喜"的前面作为修饰语，肯定就是一种羡余的成分。生活中也不可能会有"意料中的惊喜"或者"能够预想得到的惊喜"。这个"意外"可以看成修饰语定语位置上的成分羡余。

除了上面这种修饰语性质的成分羡余，还有一种反复性质的羡余。这在修辞上就是反复修辞格。如国歌歌词的最后一句："冒着敌人的炮火前进，前进，前进，进！"这其中就包含多个成分多个层次的羡余。首先，最后一个"进"，本身就有一定的意义内容"向前"，所以"前进"一词本身就已经有了羡余成分"前"，这是属于词内部的构成成分的羡余。不仅如此，连续三次出现的"前进"，自然还是对于"前进"的反复羡余。这样的羡余也就是跨越多个层次上的连续羡余了。

六、"羡余"的位置

根据以上分析可知，无论是词法层面，还是句法层面，都有羡余成分现象。这既可以证明羡余现象在语言中的普遍存在，也可以看到现代汉语的词法和句法层面上的又一个共性特点。

不仅如此，羡余现象在词法和句法层面还有一个共同特点，即从语序上看，羡余成分所占据的位置也有一致性的特点。就词法来看，羡余成分可以前置，也可以后置。而句法成分的羡余也可以前置，也可以后置。

上面所分析的例子中，羡余成分"意外"对于"惊喜"，"非常"对于"完美"，都是居于被羡余成分之前，所以是一种前置性的羡余。通常，在句法层面上，定语或者状语等修饰性成分的羡余都是前置羡余。反之，句法层面的常见说法如"凯旋而归""荣归故里"，这其中的"归""故里"实际上也都是在"凯旋""归"原有意义上的羡余，所以是一种后置羡余。句法层面上的羡余一般较多地出现在宾语、补语等成分中。如"哭瞎了眼睛""哭哑了嗓子""哭红了眼睛""震聋了耳朵"，这里的"眼睛""嗓子""耳朵"也同样都是后置的羡余成分。

当然，在词法层面上，无论是词根性质的羡余成分还是词缀性质的羡余成分，在词中的位置都是可前可后的。例如，"前进""后退"里的"前""后"就属于前置羡余；而"窗户""忘记"中的"户""记"就属于后置羡余。一些前缀性质的成分羡余则要出现在词首的位置，所以是一种前置羡余。如"老虎""老鼠"中的"老～"。一些后缀性质的成分羡余则要出现在词的末尾，所以是一种后置羡余。与此相反，"窗子""房子""屋子"的"～子"就是后置羡余。

可见，羡余不仅是语言的一个重要的性质特点，还是显示词法和句法具有一致性、共同性的又一个重要特征。

七、"羡余"对汉语构词理据的影响

羡余对于分析词义和词的理据有重要的影响。因为对于词而言，理解了羡余成分，也就不会给词义增加多余的语义信息，这会更加有利于准确恰当地理解词义。从释义的角度看，也会给我们理解词义多提供一种上下文语境提示或者更多的语义暗示，也不至于将带有羡余成分的词原有的意义解释错。比如解释翻译陶渊明《桃花源记》中的句子："问今是何世？乃不知有汉，无论魏晋。"就有人由于不了解"有汉"的"有"并不是动词，而只是一个羡余成分，因此就错误地解释为"问现在是什么朝代，竟然不知道有汉朝，更不要说魏和晋了"。这样解释就纯属望文生义，明显不符合语言的历史发展规律。可见正确理解和分析汉语中的羡余现象，有助于准确理解词的构成理据，同样也是正确理解词义不可缺失的一个重要环节。

结合羡余现象分析汉语词的构成理据，首先需要注意的是，在构词层面，这种羡余现象一般在复合词中较常出现，但这也并不意味着羡余只在复合词中出现，单纯词里就没有。前面说过，单纯词中，因为有的是音节形式上的羡余，所以有的拟声词的构成理据应该是一致的，这就是说，我们可以将有羡余形式和没有羡余形式的词看成具有相同的构成理据的词。如"哗啦"和"哗啦啦"，"叮当"和"叮叮当当"，虽然各是音节数量不同的词，但都是拟声词，也都具有同样的理据，表示对声音的模拟。

再如"桑拿"和"桑拿浴"，一为单纯词，一为合成词，尽管词的结构不同，构成成分也有不同，但是这个不同的成分恰好就是羡余成分，也正好是这两个词共有的构词理据。通过这个理据"沐浴"，外加译音成分"桑拿"，就很容易获得这两个词共有的词义：起源于芬兰的一种利用蒸汽排汗的沐浴方式。其他如"摩托"和"摩托车"，"芭蕾"和"芭蕾舞"，"弥陀"和"弥陀佛"等也都属于这类情况。

对于"马驹""牛犊""羊羔""羔羊""鲫鱼""麋鹿""蚕蛾""蚕蚁""蚕蛹""叔父""伯父""姨妈""母亲"等词，其中的羡余成分是表示类别意义的事物大类名称，因此这些词的构成理据就是对专属某一特定类别的事物所属大类的判定。

对于同义并列式合成词，由于其中的构词词素意义相同，其构成理据也就是两个词素的意义为容所共同指称的对象、性质或者动作等。如"师长""短小""修建""修长""修筑""修饰""修订""修剪""修理""修补""回归""高大上""白富美""短平快"等。

对于附加式合成词与单音词，同样也因为有附加成分的合成词中有羡余成分存在，所以能够现为具有相同的理据。如"骨"和"骨头"，"舌"和"舌头"，"鼻"和"鼻子"，"踝"和"踝子骨"。当然，这几组例子中，带有羡余成分的词与不带羡余成分的词都两两匹配成对，它们的构成理据都一样，也就是说，它们都是同一理据的词。

八、"羡余"与辞书释义的关系

进一步分析可以发现，在辞书中，羡余成分也有其特定的意义和价值。一方面，有无羡余现象可以使得汉语表达同样意义的词具有不同的词形，获得不同的音节形式。这样，它们都可以各自单独作为一个条目而出现在辞书中。另一方面，由于羡余有特定的提示或者强调突出语义的功能，因此，在一定意义上可以对词语的训释起到提示语义信息的作用。这也会使得辞书对于某些词的释义化繁为简。对于有羡余成分的词来讲，羡余成分在释义过程中可以本着经济精练简明的原则，不必对羡余成分的词素意义给予解释。如《现汉》对下面这些词的释义：

房：①房子。②房间。
房屋：房子（总称）。
房子：有墙、顶、门、窗，供人居住或做其他用途的建筑物。
房间：房子内隔成的各个部分。
屋：①房子。②屋子。
屋子：房间。

在这一组词中，"房""屋"都是不带羡余成分的单纯词，"房子""房间""屋子""房屋"则都是带有羡余成分的词。可以看到，《现汉》在对词义进行训释时，都是直接用带有羡余成分的词对不带有羡余成分的词进行释义。而对有羡余成分的"房屋""房间""屋子"进行释义时，也是尽量使用了带有羡余成分的词进行释义。仅有一个词"房子"，是用了下定义的方式进行释义。这在辞书释义上是有一定道理的，可以避免逻辑上循环释义的现象出现。可见羡余成分在词的释义上也是有着积极作用的。又如：

窗：窗户。
窗户：墙壁上通气透光的装置。
窗子：窗户。

可见，在这一组三个词里，带有羡余成分的"窗户""窗子"和不带羡余成分的"窗"采用了两个词互相训释，只在"窗户"的释义中使用了一次下定义的方法，既简明扼要，又避免了循环释义。再如：

进：向前移动（跟"退"相对）。

前进：向前行动或发展。

这两个词中，一个有羡余成分，一个没有，《现汉》都是采用了描述释义法，作了近乎同样的释义。

退：①向后移动（跟"进"相对）。②使向后移动。

后退：向后退；退回（后面的地方或以往的发展阶段）。

这一组词的释义跟上面的一组大体相同，不同的是，"退"列出了两个义项，而"后退"仅列出了一个义项，在词的义项上不一致、不对称。

芭蕾舞：一种起源于意大利的舞剧，用音乐、舞蹈和哑剧手法来表演戏剧情节。女演员舞蹈时常用脚趾尖点地。也叫芭蕾、芭蕾舞剧。［芭蕾，法 ballet］

这里，尽管"芭蕾"和"芭蕾舞""芭蕾舞剧"都是一组等义词，可是《现汉》在释义处理方面跟前面几组词的处理方法不一样。这里只选取了带有羡余成分的"芭蕾舞"作为词条，然后直接用下定义和描述结合的方法进行释义。在释义的最后附加上了不带羡余成分的"芭蕾"和带有羡余成分的"芭蕾舞剧"，用"也叫……"的体例方式说明了这三者之间的等义关系。

此外，有的词可能不止一个羡余成分，对这样的词进行释义时，《现汉》也同样采用了经济简明的原则，直接用不带羡余成分的词训释。如：

踝子骨：〈口〉 名 踝。

这里，"踝子骨"中的"～子"和"骨"都是羡余成分。也就是口语中的"踝"，《现汉》直接用这个口语词对该词条进行释义，言简意明。

当然，还有几个同样理据的词互相释义的情况。如：

信件：书信和递送的文件、印刷品。

函件：信件。

信函：书信。

这就给了我们一个启发，从《现汉》的释义中，我们也可以根据不同词间的释义关系，如互训，发现不同的词里特有的羡余成分。就上面这一组词来讲，"信件""函件"中的"件"，"信函"中的"函"，也都是羡余成分。

总之，羡余成分对于辞书编纂、辞书中词的释义，都有着积极的意义和影响，羡余成分对于确保辞书条目内容的经济简明，有着不可低估的重要作用。

九、结语

"羡余"无论是作为语言中普遍存在的一种现象，还是作为语言的一个重要特征，或者作为语言交际中用于增强表达修辞效果的一种重要的表达方式，都很值得研究。"羡余"现象存在于词法层面，也同样存在于句法层面；既能体现词法句法上的一致性和共同性，也对汉语词的理据构成分析和辞书释义有重要的影响。从汉语词的理据分析和辞书释义来看，运用语义分析和形式分析相结合的方法，识别提取词中所包含的羡余成分，是词汇学和词典学研究必不可少的一项基础性工作。同样，研究"羡余"现象及其在语言中的特点和规律，也是全面准确地理解语言具有经济性原则，提升语言表达的修辞效果所面临的必须解决的重要课题之一。

参考文献
1. 韩陈其. 汉语羡余现象研究［M］. 济南：齐鲁书社，2001.
2. 潘先军. 现代汉语羡余现象研究［M］. 北京：北京语言大学出版社，2012.
3. 伍铁平. 普通语言学概要［M］. 北京：高等教育出版社，1993.
4. 中国社会科学院语言研究所词典编辑室. 现代汉语词典［M］. 7 版. 北京：商务印书馆，2016.

"Redundancy" in Modern Chinese Vocabulary

Sun Yinxin

(*School of Chinese Language and Literature, Beijing Normal University, Beijing, 100875*)

Abstract："Redundancy", as an object of linguistic research, whose scope of application should be clarified and whose applied level should be distinguished. The article considers that "Redundancy" in Chinese vocabulary embodies in both phonetic forms and semantic contents, as well as in the word, which is a definite structure combining form and meaning. Thus, it is a common phenomenon existing in modern Chinese. As far as the vocabulary of Chinese is concerned, the "Redundancy" of phonetic forms and semantic contents are mainly reflected in the structural relationships of words. And the "Redundancy" of a word itself is reflected in its usage, including some idiomatic expressions and elements of rhetoric in specific contexts. Studying the phenomenon of "Redundancy" in Chinese vocabulary has positive significance in many aspects, such as analyzing motivations of words, compiling dictionaries, explaining lexical meanings, wording and phrasing, and improving the rhetorical effects of expression.

Key Words: Redundancy; word formation; word coinage; statement of the meaning of a word; figures of speech

汉语引用修辞文本建构的动因及其表达效果

周卫东[①]

（复旦大学中文系　上海　200433；
江苏信息职业技术学院基础部　无锡　214153）

摘　要：汉语引用修辞文本的研究由来已久，对其研究主要是从定义、分类、表达效果等方面去探讨，但对引用修辞文本建构的动因研究相对较少。本文主要基于Verhagen 的交互主观性模型，探讨引用修辞文本建构的动因和表达效果。引用修辞文本通过在修辞文本中引入"他者"，使引用修辞文本显得似乎与源文本脱节、不协调。但随着说写者、他者、听读者三者之间共同场景范围的扩大，在三者之间关系的协调过程中，引用修辞文本的凸显性和可理解性逐渐加强，体现了引用修辞文本"借他人之口言己之意"的语言交互主观性的作用。

关键词；引用修辞文本；动因；交互主观性；表达效果

一、引言：修辞的"主观性"

我们说话或写作时，在说写的作品中，会传达出自己对该作品的评论或者态度等，在作品中打上自己的印记，也就是"主观性"[②]。修辞是一种达意传情的手段，说写者通过这种修辞手段来传达自己的意与情，在言说手段和方式中融入自己的意与情，表达对客观事物的主观判断。汉语中修辞的诸多定义处处都体现出语言的这种主观性，但只有说写者的这种主观性为听读者所识解才能实现达意传情的目的。陈望道在《修辞学发凡》中指出，"修辞原是达意传情的手段，主要为着意与情，修辞不过是调整语辞使达意传情能够适切的一种努力"，"但写说本是一种社会现象，一种写说者同读听者的社会生活上情意交流的现象。从头就以传达给读听者为目的，也以影响到读听者为任务的。对于读听者的理解，感受，乃至共鸣的

---

① 作者简介：周卫东，复旦大学中文系在读博士生，江苏信息职业技术学院讲师，研究方向为汉语修辞学、语用学、现代汉语语法研究。

② 沈家煊（2001）提到"说话人在说出一段话的同时表明自己对这段话的立场、态度和感情，从而在话语中留下自我的印记"，他在文中指出这段话引自 Lyons（1977）。但在原文中，Lyons 只提到说话人对所说的话发表评论和表明自己的态度，并未提及立场、感情等。但沈家煊所列更为全面。

可能性，从头就不能不顾到"。陈望道提出的修辞除了关注达意传情的"适切"，也就是适应"题旨情境"，还将听读者的感受、引起听读者共鸣等因素考虑进云。其他学者在修辞学研究中，也将听读者的接受反应考虑进去，关注交际效果，如陈介白的"激动读者"，黄庆萱、董季棠、陈正治的"共鸣"，吴礼权的"快于意""惬于心"，强调了修辞在传情达意过程中说写者和听读者之间的一种互动关系。

作为积极修辞的引用修辞文本①，不仅体现出语言的主观性，由于其"借他人之口言己之意"，更体现出修辞的交互主观性。在言语交际中，我们通常只是关注说写者和听读者之间的互动。但在引用修辞文本中，说写者"夹插先前的成语或故事"来向听读者传递一定的交际信息，而引用的"先前的成语或故事"已有其建构主体，也就是引用文本的作者。因此，在说写者与听读者之间插入一个"他者"——引用文本的作者，使说写者的信息传递借由"他者"传达给听读者，这样就出现了"说写者与他者""听读者与他者""说写者与听读者"三对关系。"他者"的介入如同"节外生枝"，打乱了修辞文本的正常节奏，必然会导致信息在传递过程中的损耗，增加解读的障碍和误读的概率，但说写者仍然选择引用修辞文本来达意传情，"借他人之口言己之意"，这种曲线表达方式反而使说写表达更精练、更生动和更具说服力。

在汉语修辞学中，引用修辞文本是出现最早和使用频率最高的辞格之一，其源头可上溯至《诗经》，《庄子·寓言篇》中首次以"重言"称之，而《文心雕龙》中对"事类"即今之引用修辞文本进行了全面而深入的系统论述，对后世影响深远。前贤们对引用修辞文本的研究主要从定义、分类、运用原则以及表达效果等方面展开，取得了较为丰硕的成果。但对引用修辞文本建构的内在动因以及表达效果的理论探讨不足，我们主要借鉴Verhagen 的交互主观性模型，探讨说写者如何建构引用修辞文本，"借他人之口言己之意"，进而企及其交际意图。

二、引用修辞文本与语言的交互主观性

在话语中"夹插先前的成语或者故事"，打乱了说写的正常逻辑，"将听读者的注意力导向一个外在的实体，从而告知某人某事"（Verhagen，

① 所谓"修辞文本"，就是特指表达者（说写者）为了特定的交际目标，适应特定的题旨情境，运用某种特定的表达手段而形成的具有某种特殊表达效果的那些言语作品（吴礼权，2016）。在文中我们用引用修辞文本指包括引用文本及其上下文在内的言语作品，作为引用辞格、引语、用事、事类等的总称。

2005），体现出语言的交互主观性。在引用修辞文本的建构中，由于其中置入了引用文本，引用文本的作者也参与到引用修辞文本的建构过程中，因此，引用修辞文本建构的意图，需要建构者、引用文本的作者和识解者三方共同去协商，赋予引用文本以新的解读，在协商的过程中，对说写者的建构意图达成共识，产生共鸣。

（一）语言的交互主观性

人类与动物在交流上的最大区别就是人类能够站在他人的角度看问题（Verhagen，2005）。Tomasello（1999）提到人类的演化史时指出，儿童首先将他人看作跟自己一样，是一个意识主体，每个行为背后都有一种意图。后来其又将自己看作一个心理主体，有自己的信念和思想。每个人的信念和思想无须都相同和正当（转引自 Verhagen，2005）。人类的演化从一开始就呈现出主观性。这种主观性有两层含义：一是同客观性相对立，强调的是信念和思想同现实的差异，个人对情景的评价或识解；二是表示"个人的""非共享的"。Langacker（1978）用"识解"来表示这种关系，就是说话人（或听话人）形成一个情境的概念，并对该情境进行描写，说话人（或听话人）与该情境之间的关系就是识解关系。识解关系涉及焦点调整和意象①，如图1所示：

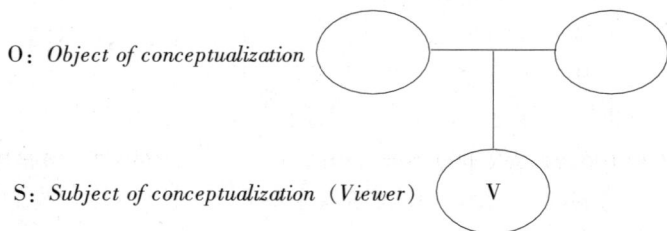

O：*Object of conceptualization*

S：*Subject of conceptualization（Viewer）*　V

图 1　观察方案（Verhagen，2005：5）

这种主观化的识解关系一方是个人（说话者或听话者）（S），另一方是构想的场景（O），中间的竖线表示一种识解关系。这种识解通常体现在视角上，涉及以个人为参照点的时间和空间关系，如这里/那里、语法上的时体等。事物都是处于一定的时空关系之中，我们可以将个人作为参照点，对个人与他人、外界情景的认知都看作识解关系。如：

①　术语的翻译及引文主要参考：兰盖克. 认知语法基础：第一卷　理论前提 ［M］. 牛保义，等译. 北京：北京大学出版社，2013.

（1）子贡问曰："有一言而可以终身行之者乎?"子曰："其恕乎! 己所不欲，勿施于人。"（《论语·卫灵公》）

（2）为无为，事无事，味无味。大小多少，报怨以德。图难于其易，为大于其细。天下难事必作于易，天下大事必作于细。是以圣人终不为大，故能成其大。夫轻诺必寡信，多易必多难。是以圣人犹难之，故终无难矣。（《道德经·第六十三章》）

在例（1）中，"己所不欲，勿施于人"只是孔子对"恕"的进一步解释，回答的虽然是子贡的问题，但实际上表明的是自己的观点和态度，只要按照"恕''己所不欲，勿施于人"去做，终身行之则可，这是一种信息的传达和交换。而例（2）只是表明老子对为人处世、安身立命之道的态度和看法，以达意为主。它们传达的是言说者对外界的人或事物的看法，是对客观世界的一种识解。

（二）引用修辞文本中的识解关系

概念化主客体之间的识解关系并不停留于此，识解过程并不是一个人的"独角戏"。人际交往总是涉及说写者和听读者，在后来的著作中，Langacker（1987）在识解过程中引入了"言语场景"（Ground）这个概念，包括交际事件的整体，如参与者、交际环境等。Verhagen（2005）将Langacker 的识解模型进行了扩展，如图 2 所示：

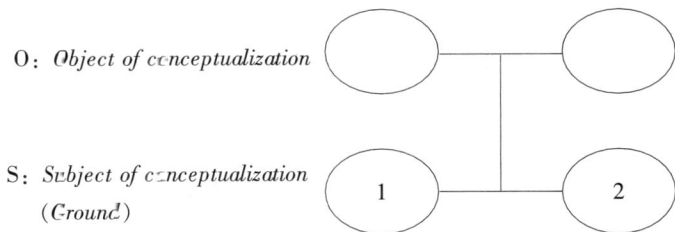

O：*Object of conceptualization*

S：*Subject of conceptualization*
（*Ground*）

图 2　识解配置及其元素（Verhagen，2005：7）

在这个升级版的识解关系中，概念化主体由图 1 的观察者（Viewer）转变为言语场景（Ground）。在言语场景中，概念化主体包括第一位概念化主体，指发话者，通常是说写者；第二位概念化主体，指言语的解读者，通常是听读者。交互主观性就是在交际场景中，交际双方通过话语对概念化客体进行认知协调的过程。在认知协调过程中，说写者通过言语去影响听读者的想法、态度，甚至当下的行为。而对听读者来说，认知协调过程在于弄清说写者拟对其施加何种影响，并决定接受与否。我们再以孔子的"己所不欲，勿施于人"为例：

（3）因为扩大了合作和贸易，就有更多的协商和谈判，从而避免冲突。中国文化历来主张"己所不欲，勿施于人"，我们希望的是和为贵。（2018 年"两会"后李克强总理答中外记者问）

李克强总理在回答记者的提问中，引用孔子在《论语·颜渊篇》（又《论语·卫灵公篇》）中的这句话，意在邀请提问的记者对这句话进行识解，至于能识解到何种程度则不得而知。但在识解的过程中，交际双方通过认知协调对公共场景进行了更新。李克强总理最后一句中提到"和为贵"，也是对公共场景更新所作的一种言辩引导（Verhagen，2005），或是一种"控制工具"（Hinzen & Lambalgen，2008），其隐含的意图就是我们不希望跟别人起冲突，也不想去制造冲突，中国文化崇尚"和为贵"。

在引用修辞文本中，交际对象除了说写者和听读者之外，还明示或暗示有个"他者"的存在，即引用文本的作者。这样说写者通过修辞文本达意传情，通过"他者"的中介，间接地传达给听读者。整个交际过程涉及以下三对关系：说写者与"他者"、听读者与"他者"、说写者与听读者。其关系如图 3 所示：

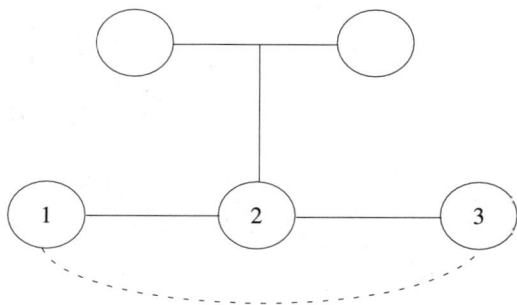

O：*Object of conceptualization*

S：*Subject of conceptualization*
　　(Ground)

（注：1：说写者；2：他者；3：听读者）

图 3　引用修辞文本的交际主体

在这种扩大的识解关系中，"他者"直接与说写者和听读者进行认知协调，而说写者与听读者之间则借由"他者"来间接进行认知协调。正如例（3）中，李克强总理诉诸"己所不欲，勿施于人"这一引用文本，构建了一个他本人、孔子以及在场记者的三方交际圈，为自己的话语留有足够的回旋余地。

（三）交际场景的共建

宗廷虎（2015）指出，由于人们在长期的引用远程中，对被引用资源的"言"和"事"的意义、内涵、色彩等，或沿用，或削减，或拓展，或改变，亦即不断增减、变换新的文化元素等。面对同样的引用文本，引用文本的作者的意图跟说写者和听读者对其理解会存在差异。因此，在引用修辞文本的建构过程中，首先是说写者在言语作品中构建一个引用修辞文本，说写者与"他者"之间由于在认知或者文化上的共享，通过认知协调，也构建了一个共同交际场景 A。而听读者在识解文本时，跟"他者"之间构建了一个交际场景 B。同时，为了交际意图的传达或解读，说写者与听读者之间也构建了另一个交际场景 C。这样，A、B、C 三个交际场景之间呈现一种交错重合关系，它们三者之间的交集形成一个新的交际场景D。其交际场景图如图 4 所示：

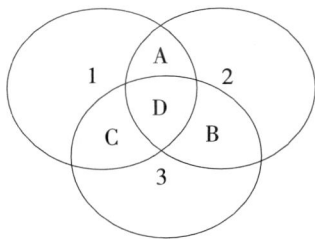

（注：1：说写者+交际场景；2：引用文本作用+交际场景；3：听读者+交际场景）

图 4　聚合的交际场景

说写者在建构引用修辞文本的时候，在适应题旨情境的同时，需尽量设法扩大交际场景 A 的范围。也就是说，说写者对引用文本的理解越深入，可输出的信息量就越多，交际场景 A 的范围就越大，反之则越小。听读者与"他者"、说写者之间的交际场景 B、C 以及他们共同的交际场景 D 亦同样如此。我们也可以说 D 是三方共同编织的逻辑之网，共享的识解背景。总而言之，在建构引用修辞文本时，尽量扩大 D 的范围是交际双方或多方需要企及的目标。如：

（4）所谓"天下之事必作于细"。在放宽市场准入方面，今年要在六个方面下硬功夫，你也可以把它形象地说成是六个"一"，那就是企业开办时间再减少一半；项目审批时间再砍掉一半；政务服务一网办通；企业和群众办事力争只进一扇门；最多跑一次；凡是没有法律法规规定的证明一律取消。（2018 年"两会"后李克强总理答中外记者问）

"天下大事必作于细"这句话引自老子《道德经》第六十三章。李克强总理对这个引用修辞文本的建构是建立在对这句话原文的深入理解基础之上的，同时也考虑到听读者的知识背景、认知水平等因素，后面详细列举六个"一"，可作为"天下大事必作于细"的"细"的言辞引导。而听读者在识解的时候，对说写者建构这个引用文本的意图并不明了，必须结合对引用文本的理解以及引用文本出现的语境去追溯说写者的交际意图。在对共同交际场景的共建和共享过程中，说写者和听读者对引用文本进行认知协调，对交际意图进行更新，进而达成共识，企及相应的交际目标。

三、余论

引用修辞文本的构建充分体现了言语交际过程中说写者和听读者之间的"对象差"和矛盾。无独有偶，倪宝元（1994）曾指出：

所谓交际活动，就是说写者以指令的组合话语为手段，控制听读者的定向思维，使之达到预期目的的一个系统工程。从修辞学的任务出发，我们也以说写者为中心。在交际活动中，他只能按照自己的语言知识、修辞技巧、说写习惯来编码，可又得适应对象的语言知识和社会文化修养。保持自我特色和适应对象的特点，便成了说写者在交际活动中所面临的一大矛盾。同样的矛盾也存在于听读者身上，一方面他只能根据他自己的模式和习惯来编码，另一方面他又必须努力按照说写者的模式和习惯来解码。这一矛盾同样是难以克服的。在说写者一方面，他的大脑中的交际对象同现实的交际对象又不可能完全一致，毫无差异，这便形成了"对象差"。在听读者一面，他的大脑中说写对象同现实中的说写对象也不可能完全一致，毫无差别，这又形成了另一种"对象差"。[①]

前文所述的新异性也是造成"对象差"的一个原因。心理学中提到，信息储存了一段时间后，就会被吸收到自己的知识储备中去，同时信息的来源往往会从记忆中消退（Aksu & Slobin，1986）。这种同化了的信息则不具备新异性，成了一个人的一般世界知识的一部分。所以引用修辞文本的

---

① 倪宝元. 大学修辞［M］. 上海：上海教育出版社，1994：17.

构建需要在求新求变上下功夫，无外乎"旧瓶装新酒""新瓶装新酒""新瓶装旧酒"。这样扩大和缩小"对象差"就成为一对矛盾，交织纠结在引用修辞文本的使用上。"对象差"的弥补和矛盾的解决，取决于说写者、听读者和他者之间共建的交际场景 D 范围的扩大。基于此，除了诉诸听读者耳熟能详的大众俗语，其他引用修辞文本的识解一般都会通过引用修辞文本上下文或者加注或加按语的形式来扩大共建的交际场景，它们弥补了"对象差"，扫除了识解的障碍。如李克强总理所说的"天下大事必作于细"，在下文中对"细"作了条分缕析的说明，使听读者对这句引用文本的理解更加具体和深刻。吴礼权（2016）指出，不管表达者的"达意传情"是否圆满、适切，也不论适切的程度如何，只要表达者是有意识地朝着力图提高语言表达效果的方向努力，都是一种修辞努力。通过共建交际场景来弥补"对象差"的言语行为也是一种修辞努力方式。

引用修辞文本是说写者通过引入"他者"共建交际场景而构建起来的。张弓（1993）对引语下定义时指出，引语式是引用社会现成话语以说明新问题新道理，表达自己的思想感情，反映自己的见地。只有自己的思想感情和自己的见地被听读者所理解和接受，我们才可以说引语式收到了相应的交际效果。听读者对说写者的思想感情和见地接受与否拥有绝对的主动权，但引用修辞文本建构之巧妙即在于"他者"的强行介入，听读者只有先解读了引用文本传达的意义后才能识解出引用修辞文本中说写者的交际意图。

参考文献

1. 陈望道. 修辞学发凡［M］. 上海：上海教育出版社，1997.

2. 陈正治. 修辞学［M］. 台北：五南图书出版股份有限公司，2003.

3. 倪宝元. 大学修辞［M］. 上海：上海教育出版社，1994.

4. 沈家煊. 语言的"主观性"与"主观化"［J］. 外语教学与研究，2001（4）.

5. 吴礼权. 修辞心理学［M］. 修订版. 广州：暨南大学出版社，2013.

6. 吴礼权. 现代汉语修辞学［M］. 3 版. 上海：复旦大学出版社，2016.

7. 宗廷虎，李金苓. 引用辞格审美发展的社会文化动因［J］. 湖南科技大学学报（社会科学版），2015（1）.

8. AYHAN A A & SLOBIN D I. A psychological account of the development and use of evidentials in Turkish. In WALLACE C & JOHANNA N（Eds.）. EVIDENTIALLY：the linguistic coding of epistemology Norwood：Ablex Publishing Corporation，1986.

9. HINZEN W & LAMBALGEN M V. Explaining intersubjectivity. A comment on Arie Verhagen，constructions of intersubjectivity［J］. Cognitive linguistics，2008，19（1）.

10. VERHAGEN A. Constructions of intersubjectivity：discourse，syntax，and cognition［M］. Oxford：Oxford University Press，2005.

A Probe into the Motivation and Expressive Effect
of the Construction of the Figure of Speech of Quotation

Zhou Weidong

(*Department of Chinese Language and Literature*, *Fudan University*, *Shanghai*, 200433;

Fundamental Courses Department, *Jiangsu Vocational College of Information Technology*,

Wuxi, 214153)

Abstract: The study of the Chinese figure of speech of quotation has a long history, the traditional study of which is mainly approached from its definition, classification and expressive effect, but pays little attention to the construction motivation. Based on the model of intersubjectivity by Verhagen, we aim to probe into its motivation and expressive effect. Through the misplacement of time and space, the figure of speech of quotation introduces "the third party" to the rhetoric text, which causes a seemingly separation and disharmony. However, with the expansion of the common Ground between the speaker and writer, the third party and the listener and reader, in the process of relationship negotiation between them, the salience and understandability of the text where the figure of speech of quotation rests have grown enhanced, which demonstrates its intersubjective effect of "convey one's intention by means of another person's words".

Key Words: figure of speech of quotation; expressive effect; motivation; intersubjectivity

非典型性别词汇造词理据探析

姜　露[1]　袁梦溪[2]①

（1. 暨南大学翻译学院　珠海　519000；2. 暨南大学华文学院　广州　510610）

摘　要：近年来，汉语中涌现出一批非典型性别词汇，包括具有男性度的女词、女性度的男词以及同性性取向的词语，如"女汉子""伪娘""男同""草莓男"等。通过对 2006—2017 年《汉语新词语》中非典型性别词汇的考察，我们发现其造词理据为性别实体上呈现的或整体或局部、或显性或隐性的冲突概念，即两性原型性别对比、同一性别内范畴或等级的有序划分、同一性别内范畴或等级的无序融合、目标性别承载对立性别特征。对立关系并非只对应反义联合式，在非典型性别词汇中，还对应偏正式的构词模式。逻辑关系内部的复杂性决定了逻辑规律与词汇结构之间并非简单的一对一或一对多的对应关系。

关键词：非典型性别词汇；对立关系；逻辑关系；构词模式；符号化理据

一、引言

从理论上较早提出造词理据的是葛本仪（1985），她认为人们的认知水平和思维规律决定被造词的根本面貌。造词的思维规律的可理解性赋予了构词规律的可分析性，造词和构词有共同的逻辑基础，造词法和构词法也有共同的逻辑规律。② 随后涌现了很多从具体造词法角度分析造词理据的专著和文章，如王艾录、司富珍（2001）在专著《汉语的语词理据》中，将"理据"解释为"在语言的这一自组织运转过程中，每一个促动或激发语言存在、变异和发展的动因"，并区分了理据和内部形式的关系，"内部形式作为一个结构实体，它是理据在语言符号系统内的影射"。③ 章宜华（2003）从宏观理据和微观理据分析了新词语 Irangate（伊朗门事件）、Contragate（尼反门事件）、Koreagate（韩国门事件）是如何从 Watergate（水门事件）中得到继承和发展的，但是缺乏对原型词 Watergate 造词

---

①　作者简介：姜露，武汉大学文学博士，暨南大学翻译学院讲师，研究方向为社会语言学、英汉对比研究、外语教学与研究。袁梦溪，香港城市大学文学博士，暨南大学华文学院讲师，研究方向为汉语语法、形式语义学。

②　葛本仪. 汉语词汇研究 [M]. 济南：山东教育出版社，1985：75 – 76.

③　王艾录，司富珍. 汉语的语词理据 [M]. 北京：商务印书馆，2001：1 – 3.

理据的分析，即事件（概念）是如何符号化为 Watergate 的认知机理。① 徐国珍（2007、2008）分析了仿拟造词法的内部理据和外部理据。② 以上文章，除葛本仪的专著外，均缺乏从认知、逻辑关系的视角考察词语结构的理据，尤其缺乏对原创新词语理据的分析。

葛本仪（2014）在《现代汉语词汇学》（第 3 版）中，以现代汉语双音词为例，列举了汉语造词构词的八大逻辑基础：同一关系、同位关系、对立关系、从属关系、限定关系、支配关系、判断关系、重合关系，绘制了构词规律与逻辑规律的对应表，指出"由于语言和思维毕竟是不同的，所以语言的规则和逻辑的规律也不可能完全等同，因此，词素之间的逻辑关系反映在构词规律上，就不可能形成一对一的简单的吻合，而是表现为一种错综复杂的对应"。但是我们注意到书中对立关系对应的构词规律仅为反义联合，提出"汉语中凡是在这种对立关系的基础上造成的词，反映在构词上，就是联合式中反义联合式的词。如：多少、呼吸、来往……"③ 我们非常赞同葛本仪对逻辑关系与构词规律是一种错综复杂的对应的论断，也同意书中矛盾概念和反对概念的对立关系在构词上表现为反义联合式词语，如"生死""多少""长短"。但是对立关系是否只对应反义联合式词语，值得商榷。当对立关系附着到实体上，是否会出现复杂的情况？比如：这种对立是两个实体之间的整体对立，两个实体中部分特性的对立，还是一个实体内部不同特性的对立？对立关系是隐性还是显性？对立关系投射到词形上，是否会产生并非单一形式的构词模式？

本文以《汉语新词语》（2006—2017）④ 中收录的非典型性别词汇为研究对象，从逻辑关系、认知结构原型的角度探讨人们如何命名具有男性度的女性、具有女性度的男性和同性性取向的人，论证对立逻辑关系对词语结构并非反义联合的多样态塑形作用。

---

① 章宜华. 信息时代新词的产生与构造理据 [J]. 辞书研究，2003（5）：4–5.
② 徐国珍. 论仿拟造词法的内部理据：汉语造词法理据探析的个案研究 [J]. 汉语学习，2007（6）：35–39；徐国珍. 仿拟造词法的外部理据：造词法理据探析的个案研究 [J]. 修辞学习，2008（1）：49–52.
③ 葛本仪. 现代汉语词汇学 [M]. 3 版. 北京：商务印书馆，2014：88–98.
④ 周荐. 2006 汉语新词语 [M]. 北京：商务印书馆，2007；侯敏，周荐. 2007 汉语新词语 [M]. 北京：商务印书馆，2008；侯敏，周荐. 2008 汉语新词语 [M]. 北京：商务印书馆，2009；侯敏，周荐. 2009 汉语新词语 [M]. 北京：商务印书馆，2010；侯敏，周荐. 2010 汉语新词语 [M]. 北京：商务印书馆，2011；侯敏，邹煜. 2012 汉语新词语 [M]. 北京：商务印书馆，2013；侯敏，邹煜. 2013 汉语新词语 [M]. 北京：商务印书馆，2014；侯敏，邹煜. 2014 汉语新词语 [M]. 北京：商务印书馆，2015；侯敏，邹煜. 2015 汉语新词语 [M]. 北京：商务印书馆，2016；侯敏，邹煜. 2016 汉语新词语 [M]. 北京：商务印书馆，2017；侯敏，邹煜. 2017 汉语新词语 [M]. 北京：商务印书馆，2018.

二、"非典型性别词汇"的释义

"性别词汇"的提法在国内最早见于杨文海、王庆祝、郑红（1994）的《英语性别词汇及女性言语特色》列举了英语性别词汇的表现形式，但并未定义"性别词汇"的内涵。[①] 后来，虽有学者采用"性别词汇"或"性别词语"的提法，如樊斌（2005）[②]、李泽莹（2008）[③]，但均未对其进行科学的定义。多本著作在谈到性别语言中的词汇问题时，大多绕开"性别词汇"或"性别词语"的提法，而惯用"词语中的性别歧视现象""词语与性别关系""汉语词汇的性别差异"，如庄和诚（1990）[④]、陈丛耕（2008）[⑤]、孙汝建（2012）[⑥] 等。国内首次具体阐释"性别词汇"概念的是钱进（2004），他认为"性别词汇"包括三层意义：一是语言中用来区别或者指称男性和女性的词汇；二是描写男性和女性时使用的具有性别特征的词汇，即"与性别相关的语言"；三是男性和女性使用的具有性别特征的词汇，即所谓的"男性语言"或者"女性语言"。[⑦] 本文的研究属于性别词汇的第一层意义，即语言中用来区别或指称男性和女性的词汇。

本文将"非典型性别词汇"定义为生理性别与被期待的社会性别相违背的性别词汇，具体分为四类：具有男性度的女词；同性性取向的女词；具有女性度的男词；同性性取向的男词。"性度"是性差心理学的一个特殊概念，指一个人除了生物学意义上的性差之外的性别程度，也就是说，它抛开了男女在解剖生理方面的差异，从他们的各种心理特征和行为表现来区分男女性别，也称为划分男女性的第三性征，以表示男子气—女子气的程度（洪德厚，1990）[⑧]。男性度女词即是带有男性社会属性的女性词语，表现为"男性社会属性（显性）+ 女性社会属性（隐性）+ 女性生理属性"，词汇表层凸显男性社会属性和女性生理属性，隐藏女性社会属性，如"女性爷""大爷女"。女性度男词是带有女性社会属性的男性词语，表

① 杨文海，王庆祝，郑红. 英语性别词汇及女性言语特色 [J]. 河北师院学报（社会科学版），1994（1）：116–122.

② 樊斌. 基于汉语语料库的性别词汇研究 [D]. 武汉：武汉理工大学，2005.

③ 李泽莹. 基于商务英语语料库的性别词汇研究 [J]. 暨南学报（哲学社会科学版），2008（2）：110–114.

④ 庄和诚. 英语词语中的性别歧视现象 [J]. 外语研究，1990（3）：28–34.

⑤ 陈丛耕. 汉语词语与性别关系研究 [D]. 南京：南京师范大学，2008.

⑥ 孙汝建. 汉语性别语言学 [M]. 北京：科学出版社，2012.

⑦ 钱进. 语言性别差异研究综述 [J]. 甘肃社会科学，2004（6）：46.

⑧ 洪德厚. 群体心理差异：性别差异的研究 [J]. 上海教育科研，1990（6）：37.

现为"女性社会属性（显性）+ 男性社会属性（隐性）+ 男性生理属性"，词汇表层凸显女性社会属性，隐藏男性社会属性，如"草莓男""奶嘴男""伪娘"。我们收集了《汉语新词语》（2006—2017）中所有的非典型性别词汇，其中男词 12 个，女词 6 个。按照上述标准，分类如下：

表 1　非典型性别词汇

非典型性别词汇	例词
男性度女词	食男兽、虎妈、虎妻、女性爷、大爷女、女汉子
女性度男词	草莓男、奶嘴男、妻奴、宠物男、玩具男、乙男、伪娘、奶瓶男、类同男、女子男、瓷男
同性性取向男词	男同
同性性取向女词	/

三、非典型性别词汇符号化理据

随着社会上"具有女性度的男性""具有男性度的女性""同性性取向的人"的人数不断增多，如何命名这类新兴的社会人群，即概念如何通过逻辑关系投射到词汇上，形成怎样的构词模式，是本文试图打开的黑匣子。

施春宏（2012）[①] 认为词义是有结构的，构成成分及其关系是分析任何结构的两个必要方面，认知结构决定构成成分进入词义结构的方式和形成特定结构关系的机理。词义结构、概念结构是认知过程结构化的产物。男性具有男性度、女性具有女性度、异性恋是常态，男性具有女性度、女性具有男性度、同性恋是异态，本质为生理属性与被期待的性度的冲突性。因此，我们将非典型性别词汇的词义结构统一抽象化为"冲突结构"，逻辑上表现为对立关系，核心效应为塑造"冲突感"。"冲突"通常关涉不同事物或者同一事物内部不同成分或因子的矛盾与不和谐。就性别而言，塑造冲突感的途径有四个：一是两性原型性别对比（图 1）；二是同一性别内范畴或等级的有序划分（图 4）；三是同一性别内范畴或等级的无序融合（图 6）；四是目标性别承载对立性别特征（图 7、图 8）。性别词汇上表现为两性生理属性与社会属性不一致，即女性生理属性 + 男性度社会属性，男性生理属性 + 女性度社会属性，同性性取向（⟸⟹表示"冲突"）。以

---

① 施春宏. 词义结构的认知基础及释义原则 [J]. 中国语文，2012（2）：117.

"冲突结构"为认知基础，对立关系为逻辑基础，产生了与之相对应的四种语素组合模式。

（一）反转语素＋级差性别语素/级差性别语素＋目标性别语素

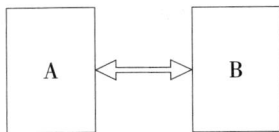

图1　两性原型性别对比

图1中 A 为生理属性与社会属性相一致的女性，B 为生理属性与社会属性相一致的男性。两性的冲突表现为原型性别对比，词汇表征上显现为女性语素与男性语素的对举，即同时出现女性语素与男性语素，具体表现为与目标性别相反的性别语素，并配之以表示否定意义的语素，实现性别反转，这类词语有"女汉子""女性爷""女子男""伪娘"；对立目标性别语素与目标性别语素相搭配，如"大爷女"。

刘顺（2003）在《现代汉语名词的多视角研究》一书的"部分名词的程度性特征"中，首次提出"程度性名词"的概念，将其表述为"其前可用程度副词限制，这种意义显然具有程度上的差别，在句法功能上接近于性质形容词"①，如"权威""绅士""淑女"，并认为这类名词在意义上体现出来的是性质义，在功能上体现出来的是非定量形容词的特点，可以接受"有点""比较""相当""很""十分""最"的修饰。石毓智（2001）提出非定量形容词的概念，能够用"有点、很、最"这一系列程度词序列分别加以修饰的形容词叫非定量形容词②。通过对这类性别词汇中表语义重心的性别语素的考察，我们发现"汉子""爷""娘""男"均能单独成词，除"男"以外，其他都属于程度性名词，可以受"有点""比较""相当""十分"等程度副词的修饰，如"相当汉子""十分爷（们）""有点娘"。但是刘顺先生提出的程度性名词，是就其词语自身内部的程度差别而言的。这些词语进入性别语义场后，不仅自身具有程度差别，而且相互之间构成级度差异。我们将性别语素分为原型性别语素和级差性别语素。"原型性别语素"即指男、女，"级差性别语素"指以原型性别语素为

---

①　刘顺. 现代汉语名词的多视角研究［M］. 上海：学林出版社. 2003：91－103.

②　石毓智. 肯定和否定的对称与不对称［M］. 增订本. 北京：北京语言文化大学出版社，2001：120.

潜在指向，但在语素蕴含的社会属性（特指男性度和女性度）上存在单向的程度差异。原型性别语素和级差性别语素处于同一连续统中。

《现代汉语词典》（第7版）将这些词语释义为：

汉子：【名】①男子。②〈方〉丈夫。

爷：①〈方〉【名】父亲。②【名】祖父。③【名】对长一辈或年长男子的尊称。④旧时对官僚、财主等的称呼。⑤民间对神的称呼。

爷们：〈方〉【名】①男人（可以用于单数）。②丈夫。

娘：①〈口〉【名】母亲。②称长一辈或年长的已婚妇女。③年轻妇女。

从地位、年龄上看，"爷"比"汉子"更具有男子气概。"爷"除了表亲属称谓，还可用于官称、对尊贵者的称呼和自称。自称的"爷"，主要用于缺乏文化教养的粗俗之辈，表现出一种盛气凌人的架势，甚至是一种无赖相（董树人，1994）。[①] 同理，"娘"比"女"更具有女子气。

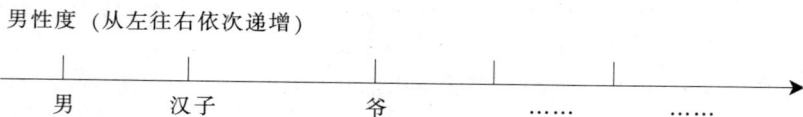

男性度（从左往右依次递增）

男　　汉子　　爷　　……　　……

图 2　男性度级差轴

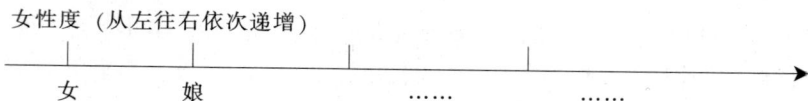

女性度（从左往右依次递增）

女　　娘　　……　　……

图 3　女性度级差轴

以上分析表明，以两性原型性别对比方式构成的词汇，在构词形式上表现为"反转语素＋级差性别语素"。从语义特点上看，这些性别词汇的语义重心都是与目标性别相反的级差性别语素，如"汉子""爷""男""娘"，而与之配对出现的是目标性别语素"女"，或否定语素，如"伪"。目标性别语素和否定语素均起到了性别反转的功能。因此，目标性别语素和否定语素统称为反转语素。当反转语素为目标性别语素时，反转功能在词语的结构层面表现为定语的后置，如"女汉子""女性爷"，表义为像汉

---

① 董树人. 北京方言中的语素"爷"：从方言透视地域文化 [J]. 汉语学习, 1994 (3)：49－52.

子一样的女性、像大爷一样的女性；当反转语素为否定语素时，反转功能表现为常规的"定语+中心语"模式，这与否定语素是形容词的属性有关，如"伪娘'。由此可见，当词语以两性原型性别对比的方式呈现时，这种对立关系由于附着在"非男即女"的实体上，因此，即使是整体的对立，语义仍然落脚在某一性别上，构词模式上表现为偏正式。

（二）表序列的语素＋目标性别语素

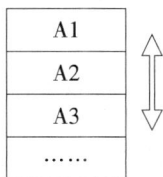

图4 同一性别内范畴或等级的有序划分

图4中A1、A2、A3……为女性/男性按照某一社会属性进行的有序的内部分层，各层级之间的冲突表现为男女性度比率的不一致。词汇表层显现为表序列的语素与目标性别语素的搭配，如"乙男"。《汉语新词语》对"乙男"的释义为"指具有某些女性爱好，又不失阳刚之气的男性"。显然，语素"乙"蕴含了一整套完整的序列"甲、乙、丙、丁……"。从定义上看，该词的男性度仍然占有较大的比重，女性度比重较小。这就为"甲男、丙男、丁男……"的孕育提供了可能性。若将"乙男"视为A2，那么"甲男"则为A1、"丙男"为A3。就"乙男"系统而言，A1、A2、A3……男性度和女性度的比例处于此消彼长的状态，男性度不断下降，女性度不断增长。A1为具有纯爷们特征的男性，A2为女性度较小的男性，A3为女性度比较明显的男性，依此类推。这种对立关系囿于同一性别内，因此，在构词模式上表现为偏正式。

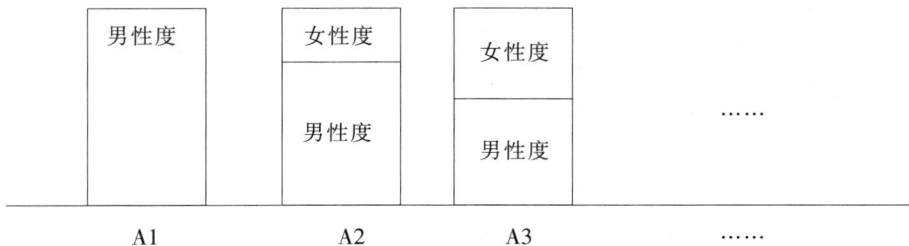

图5 各层级内部男女性度的比例

（三）类目标性别语素＋目标性别语素／目标性别语素＋类目标性别语素

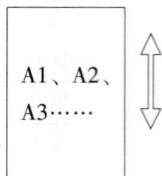

图6　同一性别内范畴或等级的无序融合

图6中A1、A2、A3……为无序混沌的融合，生理属性、社会属性出现内部混乱。词汇表层显现为"类目标性别语素＋目标性别语素"。"类目标性别语素"既可以指概括性的语素，如"同""类同"，也可以是重复性的目标性别语素，如"女同性恋"通常被称为"拉拉"。"拉拉"是lesbian的音译，其中，"拉"就是重复性的目标性别语素。这类词语有"男同""类同男"。由于这种逻辑关系仍然囿于同一性别内，因此，在构词模式上表现为偏正结构。

（四）对立性别特征的语素＋目标性别语素

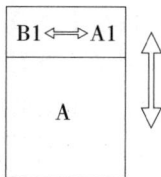

图7　目标性别承载对立性别特征　　图8　目标性别承载对立性别特征

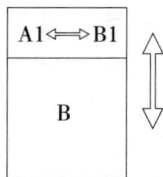

图7、图8中A为女性，B为男性，A1为部分女性社会属性，B1为部分男性社会属性。图7表明部分男性社会属性（B1）侵入女性闭合体（A），与相对应的部分女性社会属性（A1）产生冲突。图8表明部分女性社会属性（A1）侵入男性闭合体（B），与相对应的部分男性社会属性（B1）产生冲突。"闭合体"指由生理属性以及与生理属性相对应的被期待的社会属性构成的一个完整体。词汇表层表现为"对立性别特征的语素＋目标性别语素"，这类词语有"虎妈""虎妻""草莓男""奶嘴男""宠物男""玩具男""奶瓶男""瓷男"。表示对立性别特征的语素多为名词语素，可以进入"具有像……一样特质的"框架。以"草莓男"为例，

《汉语新词语》将其释义为"相貌英俊而充满脂粉气的年轻男性，含戏谑意"。"草莓"蕴含的脂粉气本属于女性特质，但当这种特质侵入男性闭合体，必然与男生不施脂粉的社会属性相冲突。这种冲突概念投射到构词模式上，表现为典型的定中偏正结构。

表 2　以"冲突结构"为认知基础的非典型性别词汇的语素组合及构词模式

冲突概念	语素组合模式	构词模式	词语
赤裸裸的两性原型性别对比	反转语素＋级差性别语素	偏正式	女汉子、女性爷、女子男、伪娘
	级差性别语素＋目标性别语素	偏正式	大爷女
同一性别内范畴或等级的有序划分	表序列的语素＋目标性别语素	偏正式	乙男
同一性别内范畴或等级的无序融合	类目标性别语素＋目标性别语素	偏正式	男同、类同男
目标性别承载对立性别特征	对立性别特征的语素＋目标性别语素	偏正式	虎妈、虎妻、草莓男、奶嘴男、宠物男、玩具男、奶瓶男、瓷男

在所搜集的 18 个非典型性别词汇中，以"冲突结构"为认知基础的构词模式涵盖了 16 个，具有较强的构词能力。其中，"对立性别特征的语素＋目标性别语素"的构词能力最强。对立性别特征的语素是一个开放的集合，而级差性别语素、表序列的语素以及类目标性别语素都是一个相对封闭的集合，因而这些模式的词汇能产性较弱。

以上四种对立冲突概念投射到构词模式上，并没有出现反义联合式，而是偏正式，这与葛本仪提出的"汉语中凡是在这种对立关系的基础上造成的词，反映在构词上，就是联合式中反义联合式的词"的观点相违背。当对立关系附着在男女性别实体上时，出现了整体间的对立、整体与整体间的部分对立、同一整体内局部之间的对立。在非典型性别词汇中，除整体间的对立关系为显性外，其余均为隐性。非典型性别词汇的造词理据是性别实体上呈现或整体或局部，或显性或隐性的冲突概念。由此可见，对立关系不仅可以对应反义联合式，还可以对应偏正式。由于语言的规则和逻辑的规则不可能完全等同，因此，对立关系会造成词汇的多样态塑形。

四、结语

从非典型性别词汇的符号化理据的分析可以得到如下启示：对立结构关系并非只对应于联合构词模式，当它附着到实体上，会出现复杂的对立情况，如两个实体之间的整体对立、两个实体中部分特性的对立、实体内部不同特性的对立；对立关系既可以是隐性，也可以是显性；对立关系投射到词形上能产生并非单一形式的构词模式。逻辑关系内部的复杂性决定了逻辑规律与词语结构之间并非简单的一对一或一对多的对应关系。

参考文献

1. 陈丛耕. 汉语词语与性别关系研究 [D]. 南京：南京师范大学，2008.

2. 董树人. 北京方言中的语素"爷"：从方言透视地域文化 [J]. 汉语学习，1994（3）.

3. 樊斌. 基于汉语语料库的性别词汇研究 [D]. 武汉：武汉理工大学，2005.

4. 葛本仪. 汉语词汇研究 [M]. 济南：山东教育出版社，1985.

5. 葛本仪. 现代汉语词汇学 [M]. 3 版. 北京：商务印书馆，2014.

6. 洪德厚. 群体心理差异：性别差异的研究 [J]. 上海教育科研，1990（6）.

7. 周荐. 2006 汉语新词语 [M]. 北京：商务印书馆，2007.

8. 侯敏，周荐. 2007 汉语新词语 [M]. 北京：商务印书馆，2008.

9. 侯敏，周荐. 2008 汉语新词语 [M]. 北京：商务印书馆，2009.

10. 侯敏，周荐. 2009 汉语新词语 [M]. 北京：商务印书馆，2010.

11. 侯敏，周荐. 2010 汉语新词语 [M]. 北京：商务印书馆，2011.

12. 侯敏，杨尔弘. 2011 汉语新词语 [M]. 北京：商务印书馆，2012.

13. 侯敏，邹煜. 2012 汉语新词语 [M]. 北京：商务印书馆，2013.

14. 侯敏，邹煜. 2013 汉语新词语 [M]. 北京：商务印书馆，2014.

15. 侯敏，邹煜. 2014 汉语新词语 [M]. 北京：商务印书馆，2015.

16. 侯敏，邹煜. 2015 汉语新词语 [M]. 北京：商务印书馆，2016.

17. 侯敏，邹煜. 2016 汉语新词语 [M]. 北京：商务印书馆，2017.

18. 侯敏，邹煜. 2017 汉语新词语 [M]. 北京：商务印书馆，2018.

19. 李泽莹. 基于商务英语语料库的性别词汇研究 [J]. 暨南学报（哲学社会科学版），2008（2）.

20. 刘顺. 现代汉语名词的多视角研究 [M]. 上海：学林出版社，2003.

21. 钱进. 语言性别差异研究综述 [J]. 甘肃社会科学，2004（6）.

22. 施春宏. 词义结构的认知基础及释义原则 [J]. 中国语文，2012（2）.

23. 石毓智. 肯定和否定的对称与不对称 [M]. 增订本. 北京：北京语言文化大学出版社，2001.

24. 孙汝建. 汉语性别语言学［M］. 北京：科学出版社，2012.

25. 王艾录，司富珍. 汉语的语词理据［M］. 北京：商务印书馆，2001.

26. 徐国珍. 论仿拟造词法的内部理据：汉语造词法理据探析的个案研究［J］. 汉语学习，2007（6）.

27. 徐国珍. 仿拟造词法的外部理据：造词法理据探析的个案研究［J］. 修辞学习，2008（1）.

28. 杨文海，王庆祝，郑红. 英语性别词汇及女性言语特色［J］. 河北师院学报（社会科学版），1994（1）.

29. 周荐. 2006 汉语新词语［M］. 北京：商务印书馆，2007.

30. 庄和诚. 英语词语中的性别歧视现象［J］. 外语研究，1990（3）.

An Exploration of the Grounds of Creating Atypically Gendered Words

Jiang Lu[1]   Yuan Mengxi[2]

(1. School of Translation Studies, Jinan University, Zhuhai, 519000;

2. College of Chinese Language and Culture, Jinan University, Guangzhou, 510610)

Abstract：Recently, there appeared a certain number of Chinese new words denoting females with masculinities, males with femininities and queers, such as *nv hanzi*（女汉子）, *wei niang*（伪娘）, *nan tong*（男同）and *caomei nan*（草莓男）, etc. Through analysing atypically gendered words in *Chinese New Words* from 2006 to 2017, we find that the ground of the word formation lies in the conflicting concepts attached to the gender wholely or partly, visibly or invisibly. These conflicting concepts are displayed in the following ways：gender contrast, orderly or disorderly classifications of gender attributes within female/male, targeted gender with the opposite gendered characteristics. Opposite relation doesn't merely correspond with combined structure in word formation. In atypically gendered words, opposite relation also shapes the attributive structure. The complexity of logic connotates that the corresponding relations between logic and word formation could not be one-to-one or one-to-many.

Key Words：atypically gendered words; opposite relation; logic; word formation; symbolization mechanism

叙事修辞研究

时空越位中的叙事链接

祝敏青①

（福建师范大学协和学院　福州　350117）

摘　要：叙事时空对故事时空的超越是一种叙事策略，它融入了叙事者的艺术布局，以超越客观现实秩序的时空状态参与了叙事。其中，有叙事时空对故事时空的超越、虚幻时空与真实时空的链接、时空视点交错移位的叙事结构等表现形式。

关键词：叙事时空；故事时空；越位；叙事链接

时空是叙事的重要参构因素，它决定了人物的活动、情节的发展，甚至决定了文本叙事结构，因此，它成为考察叙事文本的重要考察视点。叙事文本中的时空可能以符合客观规律的状态展现，也可能以背离客观现实的状态展现。本文拟对超越客观现实秩序的叙事时空状态进行探讨。

叙事文本中的时空是一个多层面的复杂问题。曹文轩曾指出："在小说这里，时间有两个既关联又独立的系统，一个是故事时间，一个是叙述时间。前者是以年、月、日来计算的，后者则是以行数、页数来计算的。然而构成时间框架的却是后者，前者只有落入这一框架的命运。"② 这说明，小说中的时间具有两个不对等的含义，故事时间与叙述时间是不相对应的，故事时间融入叙述时间中，为叙事时间所左右、所结构。殷国明则将空间加入，指出了叙事时空的心理属性："应该说，当人的心理活动一旦在小说中获得自己独立的时间和空间，就意味着一种新的小说时空观念的诞生，从而大大拓展了小说创作的自由天地。心理时间取代了恒常的自然时间，能够把瞬间无限制地延展开去，也可以把几十年乃至几千年的历史聚集在一个瞬间。空间亦然。小说家进而突破了时间和空间按自然顺序排列的限定，根据自己的美学意图来构建新的小说时空框架，实现多种时间和空间的巧妙结合。"③ 由此可见，故事时空具有自然属性，它是物理现象。而叙事时空则是人为现象，是一种心理属性。这就为我们考察叙事时空对故事时空的超越提供了理论基点。

---

① 作者简介：祝敏青，福建师范大学协和学院教授、博士生导师，兼任中国修辞学会副会长。

② 曹文轩. 小说门 [M]. 北京：作家出版社，2003：146.

③ 殷国明. 小说艺术的现在与未来 [M]. 上海：上海文艺出版社，1990：237-238.

一、叙事时空对故事时空的超越

故事时空是与人物活动相关的时空，带有物理的客观性。叙事时空则是叙事者布局下的时空，因叙事者的主观性而常常偏离了故事时空的自然规律，呈现一种对故事时空的颠覆和超越。

超时空的叙事链接常以对时空的非常态呈现或链接为表现形式。时空在叙事中或者提前或者推后，甚至以一种荒诞的形式表述出来。张抗抗的《赤彤丹朱》开头叙事者也就是故事中人物的"我"向人们展现了母亲朱小玲出生时的情景："她一直在拼命地嚎啕大哭。我听见她的哭声压倒了窗外的知了叫。知了声声如雨，她和知了都已精疲力竭。她哭是因为她随时有可能被扔进马桶里溺死，我对此也提心吊胆，如真是那样的结局，我从妈妈出生的一开始，就失去了在七十年后，来饶舌地写出这一切的可能。"作为女儿，对母亲出生的情景"我听见""我对此也提心吊胆"的先知先觉显得荒诞异常，将"我"置身于母亲出生的时空是时空穿越，时空悖反。"如真是那样的结局"的推论，更是将时空越位了七十年的推断。时空的穿越导致人物出现的叙事时空异常，非常态的人物出场增添了叙事的生动性、情趣性。苏童在《飞越我的枫杨树故乡》中写道："一九五六年我刚刚出世，我是一个美丽而安静的婴孩。可是在我的记忆里，清晰地目睹了那个守灵之夜。"而后具体描述了"那个守灵之夜"的具体情景。"刚刚出世"的"我"能"目睹"幺叔死亡的"那个守灵之夜"，"听见一个雪白雪白的男孩在敲竹梆"，"第一次看见了溺水而死的幺叔"。"灵场离我远隔千里，又似乎设在我的摇篮边上。我小小的生命穿过枫杨树故乡山水人畜的包围之中，颜面潮红，喘息不止。溺死幺叔的河流袒露在我的目光里，河水在月光下嘤嘤作响，左岸望不到边的罂粟花随风起伏摇荡，涌来无限猩红色的欲望。一派生生死死的悲壮气息，弥漫整个世界，我被什么深刻厚重的东西所打动，晃晃悠悠地从摇篮中站起，对着窗外的月亮放声大哭。"回忆中"刚刚出世"的"我"不但具有视听知觉，而且具有感知知觉，还具有生动的描写功能。幺叔灵场的情景活灵活现地再现了，"我"的举动更是超越了故事时空的一种荒诞的叙事时空体现。

在叙事中，无论是顺叙还是倒叙、插叙，总是以某种秩序呈现，是有序的。但在叙事文本中，却常出现一种无序状态。这种无序颠覆了时空出现的"有序"，而以一种叙事时空的现实荒诞无理呈现。仅以苏童为例，时空的无序穿越就多种多样。有预知将来式的，如《已婚男人杨泊》："元旦这天后来成为冯敏记忆中的一个可怕的日子。"《飞越我的枫杨树故乡》：

"我将在河边路遇幺叔养的那条野狗。我听见狗的脚步声跟在后面，我闻见它皮毛上的腥臭味越来越浓地扑向我。"立足于现在时，遥想将来时，都是把将来要发生的事件提前到当前时刻来预见，这就超越了当前时间的局限性和现实性，以被打乱的时序将故事的结局和人物将来的命运揭示出来。具有预言性的表述使句子弥漫着诗性叙事风格。时空的无序穿越还有回顾以往式的，如《妇女生活》："娴后来回忆当时的情景总说她有一种眩晕的感觉，她似乎预知孟老板的出现会改变她以后一生的命运。""回忆"套合着"预知"，是一种时空的交错组合，立足于当前，既涉及过往时空，又有过往的预想前瞻。又如《外乡人父子》："许多年以后我还记得那个高大的身影在暮色中散发的孤独气息。"回忆的特定时空中的知觉实际上是超越了现实的感受，因此也可以说是一种叙事时空中的错位。语句仍然是线性排列，但叙事时空显然已超越了线性组合的规则。再如《一九三四年的逃亡》："我回忆起从前有许多个黄昏，父亲站在我的铁床前，一只手抚摸着我的脸，一只手按在他苍老的脑门上，回过头去凝视地上那个变幻的人影，就这样许多年过去我长到二十六岁。"以现在时为起点，回忆的时段跨越二十六年，应该说是叙事时空对故事时空的高度浓缩。有时回忆的时空穿越不局限在一个人物，而涉及多个人物。如《一九三四年的逃亡》开头以"我"的口吻展开对往事的回忆："我属虎，十九岁那年我离家来到都市，回想昔日少年时光，我多么像一只虎崽伏在父亲的屋檐下，通体幽亮发蓝，窥视家中随日月飘浮越飘越浓的雾障，雾障下生活的是我们家族残存的八位亲人。"引出父亲便引出了父亲的回忆。"父亲"醉酒后异常安静的回忆带出了"我"家的诸位亲人："充满酒气的嘴唇贴着我的耳朵，慢慢吐出那些亲人的名字：祖母蒋氏、祖父陈宝年、老大狗崽、小女人环子。"他反反复复地说："一九三四年，你知道吗？"并大声传递了"一九三四年是个灾年"的信息。父亲的追忆话语将叙事引入一九三四年。一九三四年的逃亡故事由父亲的追忆、"我"的讲述构成了跳跃时空中的故事时空展现。这些无序甚至荒诞的叙事时空描绘，展现了苏童笔下的魔幻色彩，增添了作品的诗性感染力。

二、虚幻时空与真实时空的链接

虚幻时空是对真实时空的超越，在某种意义上说，它也体现了叙事时空对故事时空的超越。叙事时空是叙事者制造的时空，它在对真实时空的超越中又有着现实的基础，所以它是对真实时空的变形反映。

在叙事中，可能出现整个文本都处在虚幻时空的情景，但更多的是虚幻时空穿插在真实时空中，作为叙事的一个部分呈现。林白《说吧，房间》中的故事发生在 N 城、北京、深圳，这是南红与"我"（多米）两位女性生活、工作、交往的故事发生地，是人物生存的现实空间，但在这些现实时空的叙事中，却以大量篇幅穿插了一个虚幻时空——非洲（南非）。之所以说是虚幻时空，是因为它是人物未曾涉足之地，作为实体地域的非洲（南非）在文本叙事中只是以虚拟的状态呈现，它出现在人物的话语与叙事者的描述中。南非是"南红最大的理想"，它贯穿在南红 N 城、北京、深圳各个实体地域的现实活动中。在边陲省份的省会 N 城，出现关于非洲的想象："对于南红一如既往地想念非洲我一直感到奇怪，她写诗的时候声称毕业后要去非洲工作，迷上服装设计也说将来要去非洲，到了学油画她还是说：我将来肯定是要去非洲的。我说你去做什么呢，去画画吗？她说我反正是要去的，去干什么工作都可以，有时间就画画，没时间就不画。这样的对话在 N 城有过好几次。"在北京还是离不开非洲：

冬天的时候南红从深圳来，她从声音到外貌都发生了巨大的变化，我以为她的非洲也早就消失干净。结果她还是说：我将来要到南非去。

就像非洲就生长在她的身体里，生长得像那些健康细胞一样正常，只要一息尚存，非洲就不会丢失。唯一的区别是，非洲具体成了南非。

听到南非我有些陌生，反应不过来南非就是当年南红的非洲中的一个国家。她提醒我说，我不是一直就要到非洲去的吗？南非出产黄金和钻石。她说她将来准备移民南非，她的珠宝知识会使她很容易在珠宝业找到工作。她还认识了一个男朋友，是南非一家大公司的代理，她可能跟他一起去。她正在托人办理有关南非的事，快的话明年就可能去成，慢的话等几年也没关系，这样她小时候的愿望就实现了。

在深圳，非洲还是以一种话语形式再次出现："现在在深圳，在赤尾村，空气中是海的气息。当我再次碰到南非这个词，它所携带的海洋般的蓝色忽然被热带的阳光所照耀，隔着它和南红的浩瀚的印度洋明亮地显现了，那些蓝色的波浪一浪又一浪地从南红的身体发出，直抵南非，它们推动时发出的一阵又一阵钟声般的涛鸣向我展示了一条灿烂的航道，某艘童话中才有的白色宫殿般的巨大客轮无声地滑动在波涛之上，大朵大朵的海星结缀在南红的肩膀上发出彩虹的光芒，海风腥咸的气味使她变得像海水一样浑身蔚蓝。"尽管"深圳赤尾村的南非在南红的枕头边或抽屉里"，"她的全部关于南非的线索仅仅是一本简易的世界地图册和两份有关南非的剪报"，"南红所知道的南非就是这些。这不是一个真实的南非，在她到达南非之前，无论她拥有多少南非的资料她都无法拥有一个事实中的南非。南非浸泡在海水中，镶嵌在黄金和钻石里，浓缩在南红的身体内。南红体内的南非，有着红色的山和蓝色的海，有大片大片的草地和绵羊，有大片大片的玉米地，玉米宽大的叶子曾经出现在南红蹩脚的诗歌和素描中，它们的沙漠跟三毛的撒哈拉沙漠差不多，它的黑人跟N城的农学院的黑人差不多"。但是，这个"南非"始终伴随着南红，与她所经历过的时空相组合，构成了这个人物一生的生存空间。这个实际上没法去的南非，却是南红多次表示"我将来要去"的目的地。南非交织在人物所经历的N城、北京、深圳，协同构成了人物活动的叙事时空，以虚实相间的方式参与了叙事，表现了人物执着的生存幻想。"南红在深圳混了两三年，对诗歌、绘画以及一切跟文学艺术沾上边的东西统统都丧失了热情，唯独对南非的向往没有变，这是她最后的一点浪漫情怀，一点就是全部，就因为她还有这点东西，我觉得她还是以前那个南红。"南非的重笔描绘以大篇幅的叙事时空呈现，体现了人物的理想信念与追求，是参与人物形象建构的重要一笔。

虚幻时空也是叙事时空对故事时空的超越。它以虚拟的时空模式超越了现实的故事时空。苏童在《妇女生活》中写娴怀孕时因为不肯去做人流手术，遭孟老板抛弃，只能从豪华公寓搬出来时的情景："一个初夏的早晨，娴离开了那座豪华公寓。天空高而清澈，微风吹动公寓门口的夹竹桃的红色花朵。娴跟着脚夫走向黄包车前，她回头仰望着八层的那个窗口，天鹅绒的窗帘依然半掩，她听见窗内有人在哭泣，那个女人就是她自己。娴用手捂住耳朵，哭泣声仍然持续。娴真的听见自己在八层公寓里大声哭泣，那不是幻觉而是另一种现实。"娴在公寓门口"听见自己在八层公寓里大声哭泣"是一种虚拟的幻象，它超越了现实的故事时空，却呈现了娴被人包养又遭遗弃的悲哀凄凉。虚幻时空中有着现实的基础，现实故事在虚拟的叙事时空中得以展现。虚幻时空以高度跳跃的形式呈现叙事时空的跳跃链接。莫言的《红高粱》中写奶奶临死前的幻象："多少仇视的、感激的、凶残的、敦厚的面容都已经出现过又都消逝了。奶奶三十年的历史，正由她自己写着最后一笔，过去的一切，像一颗颗香气馥郁的果子，箭矢般坠落在地，而未来的一切，奶奶只能模模糊糊地看到一些稍纵即逝的光圈。只有短暂的又粘又滑的现在，奶奶还拼命抓住不放。奶奶感到我父亲那两只兽爪般的小手正在抚摸着她，父亲胆怯的叫娘声，让奶奶恨爱潓灭、恩仇并泯的意识里，又溅出几束眷恋人生的火花。奶奶极力想抬起手臂，爱抚一下我父亲的脸，手臂却怎么也抬不起来了。奶奶正向上飞奔，她看到了从天国射下来的一束五彩的强光，她听到了来自天国的、用唢呐、大喇叭、小喇叭合奏出的庄严的音乐。"以现在为立足点，连接"过去的"与"未来的"，时间跨度"奶奶三十年的历史"。过去的事件、人物以跳跃式呈现："奶奶躺着，沐浴着高粱地里清丽的温暖，她感到自己轻捷如燕，贴着高粱穗子潇洒地滑行。那些走马转蓬般的图象运动减缓，单扁郎、单廷秀、曾外祖父、曾外祖母、罗汉大爷……"用短小的叙事篇幅，浓缩了漫长的故事时空。故事时空与叙事时空在呈现的形式量上是不对等的，而在体现的内容上却是相互融合的。

三、时空视点交错移位的叙事结构

叙事视点可以是单一的，也可以是多样的、交错的。叙事视点在一定程度上决定了叙事的结构。单一视点脉络清晰，但易流于单调。时空视点交错移位为叙事结构提供了多样性、丰富性。

时空视点交错移位将视点投射到人物活动的不同空间地域，尤其是不同空间地域的无序链接，使文本叙事结构灵活多样。王小波《黄金时代》时空视点的交错移位便形成了文本的特殊结构，文本所表现的故事时空有两个，一是七十年代的云南，二是九十年代的北京。这是王二和陈清扬交往的两个时空。云南又包括了王二和陈清扬从农场逃上山之前的时空，王二和陈清扬逃上山之后的时空，王二和陈清扬回到农场，在人保组接受审查的时空。从第一章到第四章基本是以顺叙为主，讲述王二和陈清扬在七十年代云南的交往、遭遇。从第五章开始就出现了视点的交错移位。先是以"最后我们被关了起来，写了很长时间的交代材料"为开端，叙事时空是二人从山上回到农场接受审查。而后跳跃到二人逃上山之前的往事，又回到受审查写交代、逃上山。整章叙事时空在云南的三个时空段间无序转换。"最后""晚上""那天上午""那天下午""傍晚时分""晚上""半年以后"等时间提示语给人一种眼花缭乱的无序的跳跃感。从第六章到第十一章，则在七十年代的云南和九十年代的北京之间进行时空转换，时间与空间都是大幅度的跨越。第六章在回到人保组受审的时空视点中穿插了"后来我又见到陈清扬，已经到了九十年代"，时空跨度二十年，云南到北京近三千公里。在这个跨越中，又穿插了久别重逢后二人对往事的回忆。九十年代北京重遇的时空视点多次穿插在云南时空视点中。"我和她在饭店里重温旧情，说到这类话题，她就有恐慌之感。当年不是这样。""我后来又见到陈清扬，和她在饭店里登记了房间，然后一起到房间里去，我伸手帮她脱下大衣。""我和陈清扬在饭店里又做了一回案。""我和陈清扬在饭店里做案之前聊了好半天。""我和陈清扬在饭店里重温伟大友谊，说到那回从山上下来，走到岔路口上。那地方有四条岔路，各通一方。"这些零星的叙述交织在对云南往事的回忆中，连缀起两个跨越幅度遥远的时空。文本的时空跳跃好似将故事时空敲碎了进行重组，这种重组给了阅读者一种新的阅读体验，在凌乱无序的时空跳跃中去寻觅人物事件的时空走向，增添了阅读快感。同时，与其所描绘的那个荒诞年代的荒诞故事构成形式上的呼应。

时空视点交错移位以多种形式体现了其丰富多彩的叙事结构。叙事时空移位的链接点往往是作家精心选择配置的关键所在。严歌苓在《雌性的草地》自序中对文本的写作手法作了总结："明显的，这部小说的手法是表现，而不是再现，是形而上，而不是形而下的。从结构上，我做了很大胆的探索：在故事正叙中，我将情绪的特别叙述肢解下来，再用电影的特写镜头，把这段情绪若干倍放大、夸张，使不断向前发展的故事总给你一些惊心动魄的停顿，这些停顿使你的眼睛和感觉受到比故事本身强烈许多的刺激。比如，在故事正叙中，我写到某人物一个异常眼神，表示他看见了什么异常事物，但我并不停下故事的主体叙述来对他的所见所感做焦点叙述，我似乎有意忽略掉主体叙述中重要的一笔。而在下一个新的章节中，我把被忽略的这段酣畅淋漓地描写出来，做一个独立的段落。这类段落多属于情绪描写，与情节并无大多干涉。这样，故事的宏观叙述中便出现了一个个被浓墨重彩地展示的微观，每个微观表现都是一个窥口，读者由此可窥进故事深部，或者故事的剖切面。""再现"与"表现"的不同可以说是故事时空与叙事时空的不同展现。故事时空具有客观性，其展现可称为"再现"；叙事时空带有作者的主观性，是作者在现实基础上经过加工改造的产物，因而是"表现"。其中所说的"停顿"实际上就是视角的切换点，以停顿表示前一视角的中断、后一视角的开端。文本的叙事时空切换主要有两个，一是叙事者旁白与叙事内容的切换，二是小点儿和牧马班女子的切换。文本叙事的总体结构是有着偷窃、乱伦、凶杀行为的少女小点儿混入女子牧马班，开始以小点儿的视角来观察、讲述这个女子牧马班的故事。小点儿和牧马班女子的切换贯穿于文本始终。女子牧马班是特殊年代的产物，为了实践军区首长"女娃敢放军马"的指令，她们与大草原融为一体，放牧军马。把这一群稚嫩的柔弱的女子放置于地老天荒的草原戈壁，从人性层面看是荒诞的，从精神层面看却充满了崇高肃穆。交织着荒诞与崇高的群体，最终以自己的青春年华、自己的肉体与灵魂作为荒诞年代的祭品。小点儿也在这荒诞的崇高中荡涤了自己短暂生命中的污浊，去寻求心灵的净化。文本叙事在小点儿和女子牧马班之间转换。开篇以几个"你可别信"的叙说，引出了小点儿：

假如说以后的一切都是这个披军雨衣的女子引起的，你可别信。正像有人说，草地日渐贫乏归咎母牲口，它们繁衍生养没个够，活活把草地给吃穷了，你可别信。

到处有人讲这女子的坏话，你可别信。正像她说她自己刚满十六岁是个处女，这话你千万别信。你要信了，就等于相信这枚雪白的头盖骨确实空空荡荡，里面并没有满满地盛着灵魂。

这种近似定性总结似的话语，将小点儿这个人物隆重推出。而后在对小点儿与姑父短暂交谈的叙事后，以"于是，这个披军雨衣的女子潜入了草地，背向她的退路，背向她的历史"为切换点，暂停小点儿的叙事，转入女子牧马班。这一转换虽然隐去了小点儿，但实际上为她与女子牧马班的链接作了铺垫。叙事由"很远很远，你就能看见女子牧马班那面旗，草地最掩不住红色"衔接，转入牧马班柯丹、沈红霞、张红、李红、赵红等人与红马的叙事。叙事突然终结在"一匹绝好的马的历险故事就此开了头"，由马的目光引出了"有着银灰肤色"的小点儿，小点儿就此与牧马班链接。接着是沈红霞和红马未归，柯丹、毛娅、杜蔚蔚等人的回忆性叙事。对牧马班的叙事又一次中断于小点儿的出现："这个披军雨衣，叫小点儿的女子开始侦察草地和女子牧马班。她有她不可告人的打算。她所到之处，总种下一把向日葵籽，像狡猾的兽类那样善做标记。当她猛抬眼睑，你会觉得她一只浅蓝一只深棕的眼睛妙不可言。"小点儿的叙事与小说开篇与姑父的见面衔接，交代了在幺姑生病中，其与姑父的乱伦，"温暖而肮脏的窝"，等等。小点儿进入牧马班后，双方的叙事时空视点合并融合，开始了以小点儿视角对牧马班的审视。

《雌性的草地》中叙事时空移位的链接点还有一个重要特色，那就是叙事者旁白与叙事内容的切换，叙事者突然跳出叙事的故事时空，昭示自己的叙事者身份，甚至与故事中人物交际，这在文本中有多处表现。如：

（1）其实距离女子牧马班那段故事，已经许多年过去了。我一摊开这叠陈旧的稿纸，就感到这个多年前的故事我没能力讲清它，因为它本身在不断演变，等我决定这样写的时候，它已变成那样了。这天我发现面前出现一位来访者，我猜她有十六七岁。她用手捻了一下发髻，使它们在耳边形成一个可爱的小圈。这个动作正是我刚写到稿纸上的，我一下明白了她是谁。我不知怎样称呼她，她是二〇〇〇年以前的人，照此计算该是长者，而她又分明这样年轻。她也打量我，确信我就是这部小说的作者；正因为我的脑瓜和笔，才使她的一切经历得以发生，无论是无耻的还是悲惨的。

（2）"原来你给我设计的家是个贼窝！"她叫的同时用毒辣辣的眼神看着我和我的稿纸。她估计她的过去在那摞写毕的厚厚的稿纸里，而她的未来必将从我脑子里通过一枝笔落到这摞空白稿笺上。我将两手护在两摞稿纸上，无论写毕的或空白的都不能让她一怒之下给毁了。二十世纪六十年代末的人什么都干得出来。

然后我把结局告诉了她，就是她的死。她勾引这个勾引那个最终却以死了结了一切不干不净的情债。

现在让我把这个故事好好写下去。她走了，没人打搅我，太好了。

（3）我翻开我早年的人物笔记，上面有如上记述。

（4）我没想到他和她会一块儿来见我。两人都是一头一身的草地秋霜；俩人身上都有股血味和牲口味。我刚才正写到他们堕落那节，有个好句子被打断了。

甚至出现了叙事者"我"与作品人物的直接对话：

我不同意她现在死，我的小说不能半途而废啊！
她跟我争夺那把刀："老子才不为你的狗屁小说活受罪地熬下去！……放开我！"
"你怎么回事？！我原先设计的你可是一心要活下去的顽强女子！"
她对我叫嚷："这样活是顽强还是死皮赖脸？！"

叙事时空在叙事者"我"与作品中人物之间别出心裁地转换。将叙事者投入文本中，与人物直接对话，探讨人物的发展趋势、情节走向，这就间离了故事时空的讲述，而将叙事时空与故事时空对接，使所描绘对象的性格特征更为凸显，增添了人物的鲜活感。《雌性的草地》着力于叙事时空的移位链接，除了这两个主要的叙事时空切换，还有虚实时空视点的切换，主要表现在沈红霞与女红军芳姐子、青年垦荒队陈黎明见面的虚幻时空。这两个时空出现的篇幅很大，除了对早已逝去的人物的出现作仔细描绘外，甚至还出现沈红霞与"三十多年前将自己永远留在草地的女红军"芳姐子、牺牲的青年垦荒队陈黎明的大段对话，将虚幻时空表现得惟妙惟肖。"她忽然觉得有个人蹲在水洼对面。仔细看，果真是个人，并是个女性。她没发现沈红霞，正一心一意拨开水面的脏东西，用手掬水喝。她想告诉她，那下面的水也脏得厉害，难道闻不出它冲脑子的臭？但她很快诧住了，因为那女子正隔了水洼把她定定盯着。""现在她与她面对面站着了，中间隔着三十多年的光阴。女红军与沈红霞相比显得矮小干瘪。她用手背抹抹嘴，显然对刚才的畅饮感到满意。沈红霞想起红军什么水都喝，甚至喝牲口尿。"虚幻时空将穿越三十多年的光阴链接，情景描绘极为逼真。将不可能出现的虚幻时空作大篇幅逼真的描绘，切断了沈红霞追赶红马的真实时空的叙事，它所链接的实际上是沈红霞的思绪、理想、追求，这从对沈红霞的心理描写中可以看出："她很想向她请教点红军的事。她们年龄相仿，而她在她身上看到了真正的壮烈。历史将献身的机遇给了这个年轻的先辈，她亲眼看见她的致命伤在流血。大股大股的血在寒夜里散发轻微的热气。""女红军极固执地朝自己认准的方向走。沈红霞想提醒她，往那个方向会遇上一个红土大沼泽。但她估计她不会在意沼泽的，她毕竟经历了最壮烈的牺牲。她整个背影鲜血淋漓，月光稀薄，浸透血的身影鲜红鲜红。这形影，这永不枯竭的血，使沈红霞认为自己的一切实在是太平凡了。"因而，看似沈红霞追赶红马的故事时空被切断，但实际上虚幻时空所链接的依然是与沈红霞这个人物密切相关的信念思绪、情感指向。

参考文献

1. 曹文轩. 小说门 [M]. 北京：作家出版社，2003.
2. 殷国明. 小说艺术的现在与未来 [M]. 上海：上海文艺出版社，1990.

Narrative Links in Spatial-temporal Transgression

Zhu Minqing

(*Concord College*, *Fujian Normal University*, *Fuzhou*, 350117)

Abstract：The transcendence of narrative space-time to story space-time is a narrative strategy, which incorporates the narrator's artistic designing of plots and participation in the narrative with a spatial-temporal state beyond the order of objective reality. In this regard, the narrative structures include the transcendence of the narrative time and space to the story time and space, the link between the unreal time and space and the real time, and the staggered displacement of time and space.

Key Words：narrative space-time; story space-time; transgression; narrative link

电影《穿普拉达的女王》的对比叙事修辞策略

李　娟①

（闽江师范高等专科学校　福州　350108）

摘　要：《穿普拉达的女王》是一部讲述主人公安迪蜕变成长的美国电影。在影片中，安迪始终被放置在一个对比的场域里，以对比的方式出场，又在对比中完成自我形象的重塑。对比，作为影片最为突出的叙事修辞策略，其主要形式有：平行对比、重复对比、隐喻对比，这些形式在不同层面上强化了人物刻画和主题表达。

关键词：《穿普拉达的女王》；对比；叙事；修辞

美国电影《穿普拉达的女王》讲述了刚踏出学校的女大学生安迪因机缘巧合进入一家顶级时尚杂志社，给主编米兰达当助理的故事。在影片中，她经历了初入职场的迷惑、几经挫折的反思、自我形象的重塑，最后成为一个出色的职场与时尚达人。作为一个以人物成长蜕变为主基调的影片，"变"是关键词，这也为《穿普拉达的女王》确立了一个叙事修辞方向，那就是对比。什么是对比？所谓对比，"是一种说写中将相反、相对的两种事象组合于一处，从而互相映照、互相衬托，以突出强化某种语意的修辞策略"②。

从历时层面看，影片从开始到结束，主人公安迪都被放置在一个对比的场域中，以对比的方式出场，又以对比的方式叙述职场的起起落落，当安迪蜕变成"女王"时，又是在对比中定格画面，这是纵向对比。从共时层面看，安迪的成长是在不同时空、场景、角色的切换对比中完成的，这是横向对比。本文主要从共时层面来探讨对比叙事修辞策略在影片中的运用。

一、平行对比

平行对比，就是将不同时空或同时异地发生的两条或两条以上的相对独立的情节线索并列对比。这几条线索平列表现，相互烘托，形成对比。

《穿普拉达的女王》是一个以时尚界为叙事背景的电影，时尚元素必

---

①　作者简介：李娟，文学硕士，闽江师范高等专科学校副教授，兼任中国修辞学会理事。

②　吴礼权. 传情达意：修辞的策略［M］. 长春：吉林教育出版社，2004：111.

不可少。电影开篇就以大量的平行对比镜头来展示炫目的时尚与素朴的非时尚，由此引出主人公安迪的出场。安迪是一个刚从学校毕业想当记者的女孩子，清新单纯，能吃苦，有才华。在寻找工作无果的情况下，偶然的机会，她获得了一家顶级时装杂志社面试的机会，影片就从安迪晨起准备面试展开故事的叙述。当一段激越欢快的音乐响起时，主人公安迪特写画面出现，她披着湿漉漉的头发，大大咧咧地刷着牙，观众丝毫不能从这样一个行为中看出她将参加一个顶级时尚杂志的面试。接着，电影把镜头切换到时尚女郎穿衣的大特写画面，接着又把镜头切换至安迪，影片在来来回回平行空间的切换中让我们看到了安迪这个"丑小鸭"的毛毛躁躁与时尚女郎们的精致形成的强烈对比：

表1　不同场景下安迪与时尚女郎们的对比

场景	安迪	时尚女郎们
场景一：穿衣	从零乱的抽屉里抓取一条普通白色内裤，顺手从衣柜里剥下一件中长厚外套，动作麻利但很粗糙。整体着装不讲究色彩、款式以及服装的材质。上装内搭一件白衬衫，中间是紫色V领薄线衫，外套一件杏色灯芯绒短西装，出门时再穿上一件呢外套，典型的混搭	精心装扮，即便是内衣选择也十分讲究色彩搭配，其款式造型凸显身材的曼妙性感。时尚女郎们都有专门的衣帽服饰间，并分门别类整整齐齐地挂着、放着衣物、首饰等。在穿搭上，她们会在镜前比对选择，极具审美眼光
场景二：化妆	随手从桌上拿起和手机、笔记本放在一起的唇膏，边走边涂，没有佩戴任何饰品	有专用的化妆品抽屉，各色各式高档的化妆品分类放置。对镜画眼描唇，动作娴熟细致，讲究耳饰佩戴
场景三：穿鞋	一双咖啡色粗跟鞋	性感高跟鞋，款款有风情，尽显女性的妩媚婀娜
场景四：出门	手提公文包，边走边吃三明治，不打车，快步走	挎上高档皮包，拿起色彩漂亮的手机，套上手套，打车上班

在密集的画面切换对比中，我们获得了对安迪的第一印象：大大咧咧、不修边幅、不懂时尚。我们也获得了对时尚的第一印象：奢华、精致、性感。影片把安迪的出场放置在一个时尚叙事大背景中，凸显了她与时尚的格格不入。她是一个"不和谐"的叙事因子，随性粗糙，着装混搭，缺乏品味。可以说，在影片时尚语境里，她是反常规的存在，更具戏

剧性的是，她将参加一个顶级时尚杂志的面试。这看似反常的叙事，恰恰隐藏着导演的匠心，它吊足了观众的观影期待："丑小鸭"会变成"天鹅"吗？她将怎么蜕变成"天鹅"？与此同时，导演也在平行对比的叙事场景中插入了一个镜头细节，当影片从时尚女郎们佩戴耳饰的画面切换到安迪的画面时，安迪在翻看她的报道作品（安迪在大学时曾任《西北日报》主编，还获得过全国大学生记者竞赛第一名，连续揭露校工团体的不法剥削行为），这个画面细节恰恰平衡了看似"不和谐"的叙事，安迪虽不修边幅，但她有才华，有能力，有一颗纯良的心。她不懂时尚，却敢于挑战时尚、挑战自我。她以自己的朴实解构时尚，又将在未来职场的成长中重构时尚。那么，时尚到底是什么？这就是影片对比叙事修辞策略的高妙，它让观众在享受精美绝伦的时尚元素的同时，又铺设悬念，把观众带入故事中。

在这个三分十五秒的晨起片段中，镜头语言的对比也十分突出，拍摄安迪画面时多用近景或中景，拍摄时尚女郎画面时多用特写镜头，甚至是大特写。我们知道，电影是用镜头语言说故事的艺术，苏联电影理论家库里肖夫说："影片中，动作是通过电影画面远近不同的景别顺序的交替而叙述出来的。"[1] 不同景别传递的信息和给观众的视觉刺激是不同的。在拍摄时尚女郎、呈现时尚元素时，导演运用特写、大特写镜头，不仅可以增强视觉效果，还可以让观众近距离地感受时尚的精致、魅力与诱惑，进而加深对时尚的认知。而拍摄安迪时，导演多用近景和中景，在一定程度上会弱化观众的感受，这也预示着刚迈出大学校门的安迪只是一个不起眼的小人物。导演用中近景镜头也表达出了在强大的时尚圈里，安迪是一个还未踏入职场的新人，她不是关注的焦点。同时，导演在对比镜头的运用中，放大了时尚这个影片叙事语境，也增强了观众的审美期待。

二、重复对比

重复对比是有意识地将某些镜头在影片中反复安排出现、形成对比，以创造出强调、渲染的修辞效果，从而塑造形象、深化主题。正如陈望道先生所说："人们对于事物有热烈深切的感触时，往往不免一而再，再而三地反复申说。"[2] 重复对比的叙事表达独特而富有视觉冲击力。影片在相同的时间（早晨上班）和空间（办公室）里"一而再，再而三"地重复

①　陈思慧. 影视艺术欣赏［M］. 2版. 北京：清华大学出版社，2016：49.
②　陈望道. 修辞学发凡［M］. 上海：上海教育出版社，2002：203.

出现米兰达到办公室把包和外套摔在安迪桌上并布置工作的画面，这个画面在影片中重复叠加出现18次。快速的镜头切换，米兰达令人眼花缭乱的服饰变化，给安迪密集的任务安排，让观众"热烈深切"地感受到了《天桥》时尚杂志女主编米兰达对助手安迪的苛刻、无情。可以说，安迪的职场生存环境与内心愿望产生了强烈的对抗，但是导演却要"让人物和环境闹别扭，让人物不舒服，走投无路，大祸临头，使人物常常处于一种危机或灾难之中。用反复出现的极端的危难来考验人物的智慧、勇气和品性"①。我们可以在重复的镜头里对比一下安迪的"危难"。

表2　米兰达的任务与安迪的动作表情变化

米兰达的任务	安迪的动作表情变化
我没见着我的早饭，鸡蛋呢？我要的鸡蛋呢	瞪大眼睛、紧张惊恐
去内衣设计那取偏光板	手抚前额、头昏脑涨
去检修刹车	笑容勉强、表情尴尬
我昨天早上拿到的那份文件呢	眉头紧蹙、心慌神乱
双胞胎需要新的冲浪板或者趴板	匆匆忙忙、无奈叹息
去布朗尼克取我的鞋，然后去接派奇特	一脸疑惑、不知所措
去买我在曼蒂森看中的那张小圆桌，为今晚晚餐定一家评价好的餐馆	依旧疑惑、迷茫无助
人都去哪儿了，为什么没人在工作	疲倦憔悴，瘫在桌上

　　《穿普拉达的女王》又译为《时尚女魔头》，从表2中，我们领略到了女魔头米兰达的"风采"。她每天进办公室前先把外套、包扔给助理安迪，一边扔一边开始布置任务，安迪每天的工作就从女魔头冰冷、傲慢的命令开始。在影片中，米兰达每次把外套、包扔到安迪桌面时，都是用力扔甩，目不正视，表情冷峻，喋喋不休，这就是安迪噩梦般的职场生存状态。在上下级关系之间，安迪如履薄冰，战战兢兢。从安迪变化的表情可以看出，作为高端时尚杂志《天桥》主编的助理，她要面临许多突如其来、毫无准备的挑战。她不仅是工作上的助理，还是生活上的助理；她不仅要面对米兰达冷漠的质问，还要面对米兰达无厘头的安排。安迪从最初的面带微笑向米兰达问好到最后疲倦乏力地瘫在桌上，影片非常巧妙地通过相似镜头的叠加，并通过对叙事节奏的调度，让观影者在不断加快的画

---

①　孙绍振. 经典小说解读［M］. 上海：上海教育出版社，2016：47.

面速度中感受到扑面而来的职场压力感，从而转化为心理层面上对安迪到了崩溃边缘的同情和对米兰达刁钻刻薄的憎恶。伴君如伴虎，面对这样苛刻无比的职场生存处境，安迪凭借什么得以坚持？又凭借什么获得女魔头米兰达的最终信任，带上她去参加巴黎时装周并为她写亲笔推荐信？也许这正应合了"置之死地而后生"的生存法则，置于"死地"后的重生是对环境的战胜，更是对自我的战胜，这就是生存的悖论。女魔头的"魔性"反而锻造了安迪，成就了安迪。我们知道，星星只有在暗夜里才能闪现光芒，安迪就是职场那颗最亮的星。

在影片中，重复对比这一修辞策略不仅让叙事更富张力，同时也让观众享受到一场视觉的盛宴。在重复的时间和空间里，米兰达的服饰绝不重复，每一次的亮相都那么惊艳，米兰达是时尚的风向标，她精致的穿搭、百变的风格，都彰显了她的女王气质与风范。

三、隐喻对比

隐喻对比是指影片通过隐喻的方式将有形的画面或无形的题旨进行类比，从而含蓄生动地表达影片拍摄所寄寓的意义。隐喻不仅是表达的修辞策略，还是人类认知世界的修辞方式，隐喻"建构了我们的感知，构成了我们如何在这个世界生存以及我们与其他人的关系"。"这些支配着我们思想的概念不仅关乎我们的思维能力，它们也同时管辖我们日常的运作，乃至一些细枝末叶的平凡细节。……我们每天所经历所做的一切就充满了隐喻。"[1] 美国著名语言学家乔治·莱考夫的观点道出了隐喻与生活、隐喻与人际的关系。可以说，我们生存在一个隐喻的世界里，隐喻是我们与世界相处的一种方式。在《穿普拉达的女王》中，隐喻被很自然地渗透在主人公的日常生活里，它是影片润物无声的存在。我们通过电影画面的视点聚焦，会发现隐喻巧妙地参与了电影的叙事表达，由此洞见人物关系的微妙变化。

（一）细节的隐喻对比

影片在叙事上善于通过细节来展示人物的性格以及内心世界。在安迪第一次上班场景中，电影在不同角度的镜头里七次出现安迪电脑桌面的大幅荷花壁纸，这样频繁出现的"荷花"是导演有意而为，"荷花"是影片

---

① 乔治·莱考夫，马克·约翰逊. 我们赖以生存的隐喻 [M]. 何文忠，译. 杭州：浙江大学出版社，2015：1.

的一个隐喻，它是我们窥探安迪内心世界的一个物象、一条通道。

在中国，荷花被称为花中仙子，高雅芳香。周敦颐在《爱莲说》中盛赞荷花的高洁品性："予独爱莲之出淤泥而不染，濯清涟而不妖，中通外直，不蔓不枝，香远益清，亭亭净植，可远观而不可亵玩焉。""莲，花之君子者也。"荷花自古以来就深受人们喜爱，它体现着圣洁、纯净与美好。荷花在人们心中是真善美的化身，它既属于中国，也属于世界。《穿普拉达的女王》是一部美国电影，"荷花"元素在影片中的运用也说明了"荷花"的世界性身份，其寄寓的美好意义被不同文化背景的人们认同。由此，我们就读懂了导演让"荷花"壁纸参与影片叙事的意图，透过"荷花"我们看到了安迪纯美善良的心灵。

与"荷花"形成鲜明对比的是艾米莉的电脑壁纸——璀璨的巴黎凯旋门夜景。作为米兰达第一助手的艾米莉，她梦想着参加巴黎秋季时尚周。巴黎是世界上最时尚最浪漫的都市，那里有最美的服饰、最好的设计师，还有顶级的时装模特，巴黎是许多时尚爱好者的梦想。艾米莉渴望穿大牌设计师的服装，渴望参加所有的时装表演和聚会。凯旋门壁纸是她梦想的隐喻，也是实现愿望的图像激励。为此，她处心积虑地压制安迪，迎合米兰达，结果却梦想落空，她所有的心机化为乌有。而当米兰达决定让安迪陪同她去参加巴黎时尚周时，善良的安迪难过地对米兰达说："艾米莉会死的，她全部的生活都是围绕着巴黎，为这她已经好几个星期没吃东西。我不能……这样做，米兰达，我不能去。"影片借助电脑壁纸这一细节隐喻意象的对比，既暗示安迪和艾米莉心性的不同，也暗示了米兰达的最终选择。她选择了无心而为、心地善良、能力出众的安迪去参加巴黎时装周，而一心想圆梦巴黎、挖苦安迪、能力欠缺的艾米莉最终无缘巴黎时装周。

（二）题旨的隐喻对比

《穿普拉达的女王》的英文名是 The Devil Wears Prada，"Devil"意为恶魔、精力充沛的人。The Devil Wears Prada 的中文翻译有两种：一种是直译，如《穿普拉达的女魔头》；一种是修辞化的意译，如《穿普拉达的女王》把"Devil"翻译成"女王"是基于电影叙事角色，《时尚女魔头》把"Wears Prada"翻译成时尚，因为"Prada"是享誉世界的奢侈品牌，它是时尚的代名词。从几个不同的中文翻译名可以提炼出影片题旨的两个关键词——"时尚"和"女王"。

什么是时尚？"时"是一个时间概念，即指时下，一个时间段内；"尚"，有崇尚、领先之义。《现代汉语词典》（第7版）这样解释"时尚"：当时的风尚；时兴的风尚。"时尚"在影片中以不同的方式诠释着：一是时尚的服饰，影片开头以大量的短镜头、快节奏的叙事方式向观众展现琳琅满目的时尚元素——各种高端品牌的服装、耳饰、鞋帽、包袋、化妆品等，时尚服饰是贯穿影片的一道靓丽风景线。二是时尚活动，影片中有时尚杂志社举办的时尚系列活动，有顶级的巴黎时装周活动等。三是从事时尚工作，影片围绕一个刚毕业的女大学生安迪进入一家顶级时尚杂志社当主编助理展开叙事，时尚杂志社是叙事的空间语境。不论"时尚"以什么样的姿态呈现，它对观影者的视觉、心理都产生了强烈的诱惑，影片的"时尚"是炫彩多姿的物质世界的隐喻，它使我们的感官失控，使我们心底激起无限的欲望，时尚是一面魔镜，它可以照见善，也可以照见恶。回溯安迪的成长历程，她从"丑小鸭"变成了时尚界的"白天鹅"，她用自己的坚韧与能力走出了一条时尚之路。但是，她并没有沿着这条竞争残酷的路走向茫茫远方，当她发现友情、爱情悄然离她而去时，她幡然醒悟，华美的时尚光环只不过是虚无的幻象，她要找回失落的友情、亲情，找回失落的自己。影片结尾，安迪离开《天桥》杂志社，换上干练利落的夹克牛仔，她不刻意包装自己，而是回归朴素、回归自我。安迪终于破茧成蝶，完成了自我的终极蜕变，她走出了物质的时尚，走向了精神的时尚。香奈儿女士曾说："你可以穿不起香奈儿，你也可以没有多少衣服供选择，但永远别忘记一件最重要的衣服，这件衣服叫自我。"《穿普拉达的女王》这个"Prada"的时尚符号不只是物质的，更是精神的。影片通过安迪在时尚圈成长变化的对比，也揭示了影片"时尚"这一题旨隐喻的深刻意义。

影片题旨的另一个关键词是"女王"，从片名翻译看，《穿普拉达的女王》这一译名更贴合影片双主角的人物设计。女主角之一是时尚杂志社女主编米兰达，女主角之二是米兰达的女助理安迪，两个截然对立的叙事角色，到底谁是"女王"？是米兰达还是安迪？"女王"又包含了什么样的隐喻意义？我们对比一下米兰达和安迪的人生轨迹：米兰达是个时尚达人，她精力充沛、追求完美、敏锐善变，不择手段地保住自己的主编地位；而安迪则是巧合入圈，她性格温和、善良坚韧、恪尽职守，当看清时尚圈弱肉强食的真相时，她毅然转身，华丽蜕变。我们可以说米兰达的"女王"身份是功利化的职场竞争的隐喻，而安迪不是"女王"却超越"女王"，她的"女王"身份是自我成长、升华的隐喻，她是观众心目中真正的"女王"。

《穿普拉达的女王》运用对比叙事修辞策略，把职场奋斗与自我成长结合，把时尚与爱情友情结合，让影片散发出迷人的智慧与魅力。

参考文献

1. 吴礼权. 传情达意：修辞的策略［M］. 长春：吉林教育出版社，2004.
2. 陈思慧. 影视艺术欣赏［M］. 2 版. 北京：清华大学出版社，2016.
3. 陈望道. 修辞学发凡［M］. 上海：上海教育出版社，2002.
4. 孙绍振. 经典小说解读［M］. 上海：上海教育出版社，2016.
5. 乔治·莱考夫，马克·约翰逊. 我们赖以生存的隐喻［M］. 何文忠，译. 杭州：浙江大学出版社，2015.

A study on Narrative and Comparative Rhetoric Strategies in the Movie *The Devil Wears Prada*

Li Juan

(*Minjiang Teachers College*, *Fuzhou*, 350108)

Abstract：*The Devil Wears Prada* is an American movie about the girl Andy's personal growth. In the film, Andy is always placed in a field of comparison, appearing in the contrasting scenes and reshaping her self-image in a contrasting way. Rhetorical comparison, as the most prominent narrative and rhetorical strategy in the film, has its main forms: parallel comparison, repetitive comparison, and metaphorical comparison. These rhetoric strategies highlight the portrait of characters and the theme of the movie.

Key Words：*The Devil Wears Prada*; rhetorical comparison; narrative; rhetoric

小说语篇中的时间语境系统

张　伟①

（广东海洋大学文学与新闻传播学院　湛江　524088）

摘　要：时间语境系统是小说语境的一个重要组成部分，是小说中与语言使用相关的所有时间要素。小说中的时间表现形式丰富多样，有时间名词、时间副词、时间代词、动态助词、方位词等。小说中时间语境的表达原则有：宏观时间与微观时间相互结合、显性时间与隐性时间相互交错、精确时间与模糊时间相互补充、叙事时间与故事时间相互融合。研究时间语境系统具有突出的修辞意义。

关键词：小说语篇；语境；时间表达式；修辞

小说语篇是作者利用言语形式同读者进行交流的一种特定方式。小说语境指的是与小说语体相适应的各种言语因素和非言语因素，包括与语词相关联的上下文、时间、空间、情景以及人物的心态、身份、素养等。②小说语篇是一种典型的叙事语篇，更是创作者与解读者之间进行交流的载体。在对小说语篇进行研究的过程中，对语境系统进行分析，有助于人们把握小说语篇的生成机制，更有助于对小说语篇进行合理的阐释和解读。

语境是一个由诸多要素构成的复杂层级系统，时间系统是其中不可缺少的一个环节。时间语境指的是与语言使用有关的所有时间要素。③小说的时间语境是小说语境的一个子系统，是作者根据需要在时间表达方面作出的修辞选择。④小说中的时间语境可以是小说描写的时代背景，也可以是某一个具体的时段、时刻。它可以通过作品内容表现出来，也可以通过与之相关的语言表达形式表现出来。

时间语境在小说中具有突出的作用，在内容上能让小说带上特定的时代色彩，在叙事审美方面还具有决定性意义。"时间修辞不但决定了一部作品的叙事长度、结构，也决定了作品的结局和美学性质，会影响和规定一部作品是喜剧、壮剧还是悲剧。"⑤本文以老舍的小说为例，从小说语篇

① 作者简介：张伟，博士，广东海洋大学副教授，主要研究方向为汉语修辞学。
② 祝敏青. 小说辞章学［M］. 福州：海峡文艺出版社，2000：191.
③ 祝敏青. 文学言语的多维空间［M］. 福州：福建人民出版社，2005：7.
④ 孟建安. 小说话语的时间表达系统［J］. 汉语学报，2010（4）：18 – 27.
⑤ 张清华. 时间的美学：论时间修辞与当代文学的美学演变［J］. 文艺研究，2006（7）：4 – 13.

中时间语境的表达形式、表达原则及表达作用三个方面来分析时间语境系统。

一、小说语篇中时间语境的表达形式

时间语境在小说中最直接的表现形式就是时间表达式。小说文本中的时间表达要借助于常规的表达手段。这些表达手段因作家写作习惯不同会有不同的表现。下面以老舍小说为例，从直接时间词语和间接时间词语两个方面分析时间表达式。

（一）直接时间词语表达式

直接时间词语是最常见的时间表达形式，是带有显性时间意义的词语。具有代表性的有：时间名词、时间副词、时间量词、时间代词等。可将其简单分类如下：

时间名词：白天、晚上、不久、当时、过去、初秋、冬天、后来、今天、平常、小时候、早晨、中秋、一会儿等。

时间副词：在、本来、才、从、刚、将、即将、已经、立刻、仍然、随时等。

时间量词：次、多半天、岁、夜、段、年、天、月等。

时间代词：此刻、那时、那天、这会儿、这时候、这时节等。

（二）间接时间词语表达式

间接时间词语虽然没有直接指明时点、时段等概念，但是在同别的词语组合后也能表示时间意义。

表示时间的序位连词：接上、接着、先是、然后、同时等。

表示时间的动态助词：着、了、过。

表示时间的方位词：后、前、之后、之前、以后等。

表示时间的介词：当、从、自从等。

序位连词能够表示事情在时间轴上发生的先后顺序，体现了时间流程。动态助词"着""了""过"虽然没有明确表示时间，但可以表示事件、动作等已经完成、正在发生、过去经历等情状，而这些情状都带有时间意义。方位词附加在别的词语后构成方位短语，能够表示时间，如"辞职以后""叫骂了一大阵之后"。介词用在其他词语前边，构成介词短语，也能表示时间意义，如"自从他有了这所房"表示的是时点意义。

二、小说语篇中时间语境的表达原则

小说时间语境的表达原则呈现出复杂化特征，通过归纳整理，其中的原则有：宏观时间与微观时间相互结合、显性时间与隐性时间相互交错、精确时间与模糊时间相互补充、叙事时间与故事时间相互融合。

（一）宏观时间与微观时间相互结合

语篇是一个层级系统，由小句、句子到段落再到语篇。小说语篇的时间语境系统也是一个较为复杂的层级系统，可以分为宏观时间系统和微观时间系统。宏观时间系统指的是一部小说的总体时间框架，是就整部小说语篇而言的。微观时间系统指的是总体时间框架内的具体时间点或时间段，也是小句之间（包括连续小句和非连续小句）和段落之间的时间系统。

《四世同堂》讲述的时间从 1937 年 "七七事变" 开始到 1945 年日本投降结束，中间持续了整整八年时间。该小说语篇基本上按照时间顺序来布局，依照小说情节的发展过程，梳理其宏观时间顺序如下：卢沟桥的炮声，七七事变（1937 年）—天很热，北平陷落（夏天）—八·一三上海开战—八月十三，祁老太爷七十五岁生日—中秋，八月十五—钱孟石病故—钱默吟被释放—保定陷落—太原失陷—上海失守—南京陷落—春天来了（1938 年）—快到清明了——晃儿已是五月节—夏天—"七七"一周年（1938 年）—秋—已是深冬—芍药盛开的时节（1939 年）—这是个风云万变的夏天—这已经到了秋天—入了十月—冬天到了—快到阴历年—冬天过去了—春把北平的冰都慢慢地化开（1940 年）—春天过去了—夏天—又到 "七七"（1940 年）—又到了中秋节—秋天—西北风刮来了冬天—乍起的春风忽冷忽暖（1941 年）—春天，美军轰炸日本本土—夏天—钱默吟又被捕入狱—意大利投降—白巡长想起七年前抓钱先生那会儿的事情（1943 年）—瑞宣承担了宣传任务—德国无条件投降—第一颗原子弹在广岛投下—天很热—妞子饿死，八年的战争痛苦都集中在她身上（1945 年）—日本投降（1945 年）—瑞全回家，钱默吟出狱—结束。

《二马》中的宏观时间为一年多。具体表现为：四月底的天气—倒退至一年前—正是四月底的天气（到英国）—第二天早晨（到英国的第二天）—春天随着落花走了，夏天披着一身的绿叶儿在暖风儿里跳动着来了—五月—温都母女去歇夏—从入秋到冬天—快到圣诞节了—圣诞节前几天—圣诞节前一天—圣诞节—圣诞节的第二天早晨—除夕—除夕的第二天—三月中间—四月中。

宏观时间是小说故事展开的时间段，也就是小说的总体时间轴线。从作品中使用的时间词语可以看出，《四世同堂》人物繁多，线索多样，其时间跨度最长。小说以小羊圈中各类人物的活动为线索，把人物活动的起因、经过、结果全部在时间链上交代得清清楚楚，从而将各种不同的时间参照点联系成一个有机的整体。《二马》的时间跨度比较短，从二马去伦敦到一年后，时间跨度刚好为一年。在这个时间段内，小说围绕两位马先生在伦敦的一系列活动展开，把不同时间参照点联系起来，从而勾勒出小说故事的主要发展脉络。

微观时间是小说中描述的具体事件的发生时间，也是事件在宏观时间系统中的具体节点。微观时间使小说内部的时间线索清晰明了，能够突出事件的连贯性和完整性。微观时间在小说中的表现形式非常多样化，上文在论述时间表达形式时已有详细的分类说明。

宏观时间能突出小说的时代背景，增强小说的历史感，同时也揭示了小说叙述的时间走向。微观时间能清楚地展示具体事件的前因后果，凸显事件自身的连贯性。宏观时间与微观时间相互结合，既有小说叙事的时代大背景，又有事件自身的独立性和完整性，兼顾了整体与局部。

（二）显性时间与隐性时间相互交错

显性时间指的是有显性时间标记的表达方式，如"这几天""1937年7月7日""中秋节""除夕"等。隐性时间指的是虽然没有显性时间标记词语出现，但是从侧面体现了时间概念的表现方式。显性时间带有很强的标记性，容易被读者理解和接受。隐性时间则具有较强的隐蔽性，需要通过比较分析来理解。隐性时间可以通过景物描写、人物活动和空间转换表现出来。

1. 景物描写体现隐性时间概念

景物描写要符合季节、气候等特征。小说中虽然没有交代具体的时间，但是读者能通过解读景物的特点来把握相应的时间信息。如：

（1）水流得相当的快，可是在靠岸的地方已有一些冰凌。岸上与别处的树木已脱尽了叶子，所以一眼便能看出老远去。（《四世同堂》）

上述例子描写了北京的护城河里"靠岸的地方已有一些冰凌"以及"树木已脱尽了叶子"，说明当时已经是初冬季节。

（2）a. 他看到脚前的地，麦苗儿，短短的，黑绿的麦苗儿，一垅一垅的一直通到邻家的地。（《四世同堂》）

b. 麦苗已经不再趴在地上，都随着春风立起来，油绿油绿的。（《四世同堂》）

上述两个例子都是写常二爷在田间看到的景色。前一个例子中，麦苗儿是短短的黑绿色的，可见当时是麦苗刚破土的冬天。后一个例子中，麦苗已经油绿油绿的，说明当时已是清明过后的时节了。景物描写要符合物候气象条件，在没有明确的时间词语出现时，景物描写也能体现出时间概念。

2. 人物活动体现时间概念

小说中没有出现特定的事件词语，但是依靠人物动作行为的先后顺序也能反映出时间概念。戴浩一（Tai,James）曾经指出过一个汉语的"时间顺序原则"（The Principle of Temporal Sequence，简称 PTS），认为"两个句法单位的相对次序决定于它们所表示的概念领域里的状态的时间顺序"[①]。这一原则说明人们在编排句子的顺序时常常会按照事情发生的先后顺序来进行，而事情的先后顺序往往就对应了时间信息。人物的活动都与时间有关，小说中对人的活动的描写带有指示时间概念的作用。如：

（3）叩罢了头，他立起来，用手掸了掸磕膝上的尘土。（《四世同堂》）

（4）他只穿着个背心，被露水一侵，他感到一点凉意，胳臂上起了许多小冷疙瘩。（《四世同堂》）

例（3）中常二爷接连发出了三个动作：叩头、立起来、掸尘土。三个动作发生的先后顺序体现了时间上的先后顺序，即先叩头，然后立起来，再掸尘土。例（4）中描写的人物瑞全穿着背心，说明当时是夏天，被露水一侵感到凉意，说明当时是深夜，也就是说，从句子中的人物活动描写可看出当时的时间应该是夏末某个深夜。人物的活动及动作的顺序带有隐性时间概念，需要读者进行解析才能理解。

3. 空间位移表现出来的时间接续意义

小说中人物活动的场景会随着故事情节的推进而发生变化。空间的转换同样隐含着时间的变化与推移。《四世同堂》第二十一章中，钱先生被

---

① 戴浩一. 时间顺序和汉语的语序［J］. 国外语言学，1988（1）：10-20.

日本人打伤后回到家的那个晚上，李四爷负责去请医生，涉及三个空间转换，分别是：武定侯胡同—护国寺街口—小羊圈儿。李四爷的活动是从小羊圈儿出门去武定侯胡同请大夫，在护国寺街口遇见敌兵，最后回到小羊圈儿。这一空间的转换伴随着人物活动的变化，隐含着时间上的推进。空间位移一般会持续多个句子、多个段落甚至多个章节，这类空间的变换与时间上的先后顺序相对应，带有隐性时间意义。

显性时间在句子、段落、语篇中都会出现。隐性时间中由景物描写体现出来的时间概念和由人物活动接续引起的时间变换一般出现在连续小句、句子中，由空间位移引起的时间变换一般出现在非连续的句子、段落中。显性时间与隐性时间相互交错，让小说叙事完整、结构紧凑。

(三) 精确时间与模糊时间相互补充

精确时间与模糊时间是一对相互参照的概念。精确时间指的是确定准确的时间，特指清晰表达出某年某月某天某时等的时间。模糊时间则是非准确的、表述较为含糊的时间。精确时间表达方式有"1937 年 7 月 7 日""八月十三日""下午三时""二十五分钟"等。模糊时间表达方式有"出嫁以后""好半天""老半天""不大一会儿""那一年秋天""几个月""四五十年来""自从有了板车以后"等。

小说语篇不能全部使用精确时间，同时，为了使表达通俗易懂，也不能全部使用模糊时间。精确时间与模糊时间相互补充，是使小说话语表达规范与得体的重要条件，是小说时间话语表达的必然选择。作者会结合具体的语境要求，选用合理的时间表达形式，有突出作用的时间则选用精确的时间表达形式，不太重要的时间则选用模糊的时间表达形式。如：

(5) 在瑞宣去看而没有看到钱先生的第三天，他们来捕瑞宣。他们捕人的方法已和捕钱先生的时候大不相同了。(《四世同堂》)

"瑞宣去看而没有看到钱先生的第三天"是精确时间表达形式，它以"瑞宣去看而没有看到钱先生"这件事情发生的时间为参照点。该时间表达形式指出了敌兵逮捕瑞宣的准确日期，因为瑞宣被捕一事，对祁家来说意义重大，对瑞宣的思想转变起到了重要作用，可以说是整部小说的一个重大转折点。作者使用精确时间表达形式能够突出该事件的重要性。"捕钱先生的时候"是模糊时间表达形式，因为钱先生被捕已经是过去了很久的事情，而且此时用作瑞宣被捕的陪衬，所以不适合用精确时间表达形式。

小说语篇根据表达的需要合理使用精确时间与模糊时间。精确时间的运用能体现语言表达的严密性，凸显事件的重要性。模糊时间的运用能让作者暂时摆脱精准时间的束缚，为其提供发挥想象力的空间，从而获得建构艺术话语的自由。精确时间与模糊时间在小说语篇中同等重要，仅有精确时间或仅有模糊时间都是不可行的。精确时间与模糊时间相互补充，实际上是小说语篇建构过程中对语境要求的适应与调配。坚持二者的有机统一，才能使故事情节在时间链条上正常推进，从而让作者和读者在对时间的正常感知过程中进行有效交际。

（四）叙事时间与故事时间相互融合

法国结构主义批评家热奈特在《叙事话语　新叙事话语》一书中指出：时间是一种关系，是一种建立在故事时间与叙事时间之间的相互比较和相互作用的关系。故事时间指的是故事发生的自然时间，叙事时间指的是叙述故事的时间。故事时间与叙事时间的长短距离并不完全等同，二者之间的长短差异就构成了时距。[①]

作者在创作小说的过程中一般会在设定的时间区域内安排人物、事件、场景等，这个设定的时间区域可以看作小说的故事时间。作者出于刻画人物形象、使情节更为完整等目的，有意突破故事时间的设定范围，使用一些偏离的时间表达形式，这些偏离的时间形式可以看作叙事时间。通俗地说，故事时间是"现在"，叙事时间是"过去"。站在"现在"意义的时间段对"过去"曾经置身过的时间进行反思和再现，就形成了故事时间与叙事时间的交叉融合。

《四世同堂》中把叙事过程设定在"七七事变"至抗战胜利的时间段内，这个时间区域内的表达形式是故事时间。作者为了突出祁老人创建四世同堂的不易，简要介绍了老人年轻时的活动；为了衬托大赤包的匪气和无理，回顾了冠晓荷娶尤桐芳时的情形。这些事件发生的时间都在"七七事变"之前，是对故事时间区域以前的事件进行的回忆和追述，其时间内涵就处于偏离时间区域内，是一种叙事时间表达式。《二马》中的故事时间是两位马先生到英国一年之内的时间区域，对老马先生成长过程的补叙是为了更好地说明老马先生的性格；对温都太太年轻时经历的介绍，也是为了使故事情节更丰满。《正红旗下》（未完成）是老舍的一部自传体小说，第一章的叙事顺序较为错杂，叙事时间有很大的起伏和跳跃。小说以

---

① 热拉尔·热奈特. 叙事话语　新叙事话语［M］. 王文融，译. 北京：中国社会科学出版社，1990：10－13.

"我姑母"和"大姐的婆母"争论"我"出生当晚母亲是因生"我"身体虚弱而昏迷还是吸入煤气而昏迷作为开头,这里是故事时间的开端。接下来的叙述中,作者并没有马上进入对"我"出生时的具体情况的介绍,而是转入对姑母过往生活状况的调查与汇报。按照惯常的时间顺序,"我"尚未出生,不可能对姑母的生活情况进行调查分析,更不会知道前因后果,这一叙事顺序背离了现有的时间顺序,将故事时间转为叙事时间。

在小说语篇中,故事时间是其叙述展开的主要时间段,叙事时间是对故事时间的有益补充。姜深香等认为:"由于并置了'现在'和'过去'反复交替的时态关系,不仅扩大了叙事空间,而且也有益于转移和丰富叙事视角,使叙事时间的情境内蕴得到扩张和扩展。"① 故事时间与叙事时间的交叉融合、跳跃变换,突破了故事时间平铺直叙的界限,使得小说时间轴变得丰富多样,小说情节变得跌宕起伏,大大丰富了小说文本的信息容量,也让读者获得了新奇的审美体验。

三、小说语篇中时间语境的表达作用

小说时间语境的功能是多方面的,不仅在修辞学意义上阐述了时间表达过程的系统性和完整性,让读者对小说的叙述过程有一个比较清晰的认识,更为重要的是对帮助读者感受和理解小说修辞文本以外的意义功不可没。

(一)时间语境能反映小说故事发生的背景,大到时代背景,小到具体时间

小说是作者运用特定的艺术手段对现实生活的再创作。作者常常将故事置于较为宏大的时代背景中,设置宏观的时间语境,让读者可以根据真实的时代特征去体会和理解故事的内涵,领悟作者的创作意图,从而实现与作者的情感共鸣。与此同时,作者在叙事过程中为了让事件的脉络清晰明了,增强小说的可读性,帮助读者理解文本,往往会运用微观的、精确的时间形式。宏观时间与微观时间结合起来,精确时间与模糊时间相搭配,可以使小说叙事的真实性与虚构性相互搭配,从而显示出文学作品既与历史时间吻合又有作者的艺术化创造的特性。

老舍在《四世同堂》中把叙事时间定在 1937 年"七七事变"爆发至

---

① 姜深香,周玉玲,马广原. 论北大荒小说的叙事时间 [J]. 文艺评论,2018(2):102-106.

1945 年抗战胜利的八年时间内。抗日战争期间，内忧外患，全中国都是一片萧条破败的景象。不少志士仁人不顾个人安危投身革命，也有很多知识分子瞻前顾后、犹豫不决，还有卖国求荣、企图大发国难财的无耻之徒。这就是小说创作的时代背景。作者通过对四代同堂的祁家在战争中的遭遇的描述，折射出战争对普通平民生活的破坏性影响，以及对革命人士的高度赞扬和对投敌者的尽情鞭挞。在此主线下，小说将每个人物的遭遇及结局交代得特别详尽，例如钱先生是如何由一个只知道写诗作画的诗人变为革命志士的，尤桐芳是如何由贫苦艺人变为吃喝享乐的二太太又成为革命志士的，这些都由具体的时间表达式串联而成。作者把对战争、对人生的思考以及对人性的挖掘都融入作品中的人物身上。这也是小说中的宏观时间语境所提供的重要信息。同理，读者通过对小说时间语境的认知，可以对时代背景形成一个较为全面的认识。随着小说情节的发展，读者仿佛身临其境，与作品中的人物同喜同悲。这无疑能帮助读者加深对作品内涵的解读，并达到对作者创作意图的深刻理解和对作者审美情趣及价值取向的深度认同。

（二）时间语境能构建小说语篇的气氛

时间语境除了能够表明事件的时代背景，还能构建小说话语的氛围、渲染主题。时间表达式烘托的氛围往往通过场景描写来体现，这类情况通常出现在一部小说的开头或者一个章节的开头。《无名高地有了名》的开头是："短短的，只有二十八天的二月，还没来得及表现什么，就那么匆忙地过去了。"这句话开篇即点明了时间——三月初。春寒料峭的二月过去了，迎来了春暖花开的三月，战士们也蓄积够了力量，准备一举拿下无名高地。时间话语烘托了战争来临前的紧张气氛，尤其是"匆忙"一词，表达了战士们打仗前紧张而又兴奋的复杂情感。间接的时间表达式虽然不直接表明时间位置，但是可以通过作用于场景来烘托气氛。《四世同堂》第八十一章以"一阵冷飕飕的西北风使多少万北平人颤抖"作为开头段。句中"冷飕飕的西北风"表明时间应该是秋末冬初，这个季节正是北平天气转冷的时候，一阵西北风就会让北平进入寒冬。此时，战争已经让北平的很多人失去了生命，也让活着的人们陷入穷困潦倒的状态。时间背景构建出阴暗、压抑、沉重的社会场景，更让读者为北平人惨痛的遭遇而揪心。不论是直接的时间表达形式，还是间接的时间表达形式，都具有烘托气氛的功能，能够衬托出人物的生活环境和小说的故事背景。

（三）时间语境能调控小说叙事的节奏

时间范畴有长短之分，能控制小说叙事的节奏。表示时间的"半天"

"老半天""好一会儿""许久"与"霎那""一刹那""转瞬间"所呈现出的时间节奏是完全不同的。前者的时间间隔较长，语气舒缓，节奏缓和；后者的时间间隔较短，语气紧张，节奏紧凑。时间词体现出来的速度快慢、疏密的变化能够反映出叙事的紧张与松弛、激烈与舒缓。

小说通过时间词语的节奏来调控小说叙事的节奏，从而为塑造人物形象服务。《四世同堂》第五章中，"钱先生一气说完，把眼闭上，嘴唇上轻颤"。钱先生说了很多抗敌的话，情绪激动，节奏紧张，中间没有停顿，因而说完后钱先生嘴唇轻颤。时间词"一气"表示时间间隔很短，叙事节奏格外紧凑，体现了钱先生为了抗战愿意牺牲一切的高尚品格。"（钱先生）一声没出的给瑞全开了街门，看着瑞全出去；而后，把门轻轻关好，长叹了一声。"时间词"而后"表示一件事情结束后另一件事情才发生，两事相承，叙事节奏较为松弛。钱先生跟瑞全谈完话后情绪已经平复，用"而后"让叙事节奏慢下来，符合当时的客观环境。综上，时间词语能够反映出叙事节奏的快慢和舒缓，从而塑造人物形象、突出人物的特征。

（四）时间语境能保持小说语篇的衔接与连贯

时间语境能将小说话语连缀成篇，这是语篇衔接与连贯的重要手段之一。时间表达方式的衔接作用，主要表现为：将句子连接起来，进而将句群或段落连接起来，再将整篇小说连接起来。这些连接使得整部小说修辞文本成为一个有机整体。同理，时间表达式能够将一件事情的起因、经过、结果连接起来，进而将一个个小故事连缀起来，再形成整部小说的故事情节。《四世同堂》主要采用顺序的方式，按照宏观时间框架下事情的发展进程来展开叙述，每一件事情、每一个人物都在时间的维度上有清晰的定位。《二马》采用倒叙的方式，回顾了两位马先生在伦敦一年的生活境况。小说中的时间线索能够体现出小说内部的逻辑关联，反映出故事的发展进程，能够让读者看到小说叙述的脉络。

时间语境是小说语境的一个重要组成部分。时间语境不仅是保持小说语篇衔接与连贯的重要手段，还是小说叙事结构、叙事话语的美学特征的重要表现。通过研究时间语境的表现形式、表达原则以及表达作用，我们能够把握小说的叙事进程，体会小说独特的艺术魅力。

参考文献

1. 祝敏青. 小说辞章学［M］. 福州：海峡文艺出版社，2000.
2. 祝敏青. 文学言语的多维空间［M］. 福州：福建人民出版社，2005.
3. 孟建安. 小说话语的时间表达系统［J］. 汉语学报，2010（4）.
4. 张清华. 时间的美学：论时间修辞与当代文学的美学演变［J］. 文艺研究，

2006（7）.

  5. 戴浩一. 时间顺序和汉语的语序［J］. 国外语言学, 1988（1）.

  6. 热拉尔·热奈特. 叙事话语 新叙事话语［M］. 王文融, 译. 北京: 中国社会科学出版社, 1990.

  7. 姜深香, 周玉玲, 马广原. 论北大荒小说的叙事时间［J］. 文艺评论, 2018（2）.

Time Context System in Novel Discourse

Zhang Wei

(*School of Literature and Journalism, Guangdong Ocean University, Zhanjiang, 524088*)

Abstract: Time context system is an important part of novel context. It is all the time elements related to language use in novels. The forms of time expression in the novel are rich and diverse, including time nouns, time adverbs, time pronouns, dynamic auxiliary words, location words and so on. The expression principles of time context in the novel include the combination of macro time and micro-time, the interleaving of explicit time and implicit time, the mutual supplement of precise time and imprecise time, and the mutual integration of narrative time and story time. The study of time context system has prominent rhetorical significance.

Key Words: novel discourse; context; time expression; rhetoric

翻译修辞研究

中国文学外译修辞研究

——以葛浩文英译《青衣》为例

陈毅平①

（暨南大学翻译学院　珠海　519070）

摘　要： 中国文学走出去是中华文化走出去的重要组成部分。文学外译在向世界讲好中国故事使命中具有不可替代的作用。本文以葛浩文和林丽君合作翻译的毕飞宇小说《青衣》英译本为例，从形式、称呼语、文化负载词、成语和俗语、句式和度量衡等方面分析葛译的翻译手法，从忠实、简化、简练、形象与抽象、创造性等方面探讨葛译的翻译修辞特点，希望文学外译工作者合理借鉴，促使中国文学外译工作取得更大更好成效，让中国文学外译作品受到更多国际读者的好评。

关键词： 中国文学；文学外译；文化负载词；称呼语；修辞

一、引言

　　中国文学走出去是中华文化走出去的重要组成部分。文学外译在向世界讲好中国故事使命中具有不可替代的作用。中国现当代文学内容丰富、贴近时代、情节生动、语言鲜活、雅俗共赏，具有高度的认知价值和审美价值。就译者身份而言，文学外译有多种形式，有的以中国学者为主，有的是西方译者单枪匹马，也有中西译者联手合作。一般认为中西合璧是最佳选择，比如翻译古典名著《红楼梦》的杨宪益、戴乃迭夫妇就是翻译界津津乐道的夫妻档。现当代文学翻译领域的模范伉俪则是美国汉学家、翻译家葛浩文与其台湾妻子林丽君②。葛浩文翻译了中国近三十位作家的五十余部作品，被誉为"中国现当代文学首席翻译"。2012 年莫言获得诺贝尔文学奖，与葛浩文的出色翻译有密切关系③。本文以葛浩文和林丽君合作翻译的毕飞宇小说《青衣》英译本（下称葛译）为例，从形式、称呼语、文化负载词、成语和俗语、句式和度量衡等方面分析葛译的翻译手

---

　　① 作者简介：陈毅平，武汉大学文学博士，暨南大学翻译学院教授、硕士生导师、副院长，兼任中国修辞学会副会长。
　　② 葛浩文，林丽君. 翻译不是一人完成的 [J]. 姜智芹，译. 南方文坛，2019（2）.
　　③ 刘云虹. 葛浩文翻译研究·主编的话 [M]. 南京：南京大学出版社，2019：3.

法，从忠实、简化、简练、形象与抽象、创造性等方面探讨葛译的翻译修辞特色，希望文学外译工作者合理借鉴，促使中国文学外译工作取得更大更好成效，让中国文学外译作品受到更多国际读者的好评。

二、形式翻译修辞

从形式上看，葛译与原文的差异主要表现在两方面：一是分节分段，二是采用斜体。

（一）分节分段

《青衣》共八章，第一、六章各分两节，用空行隔开，节下再分段，其余六章不分节，分段。译文八章，有三章分节，用空行表示，节内分段，不完全对应原文段落，一般是将原文比较长的段落分成若干小段。

第一章原文分两节，译文分三节，与原文分节不对应，节下再分段。一般原文较长的段落，译文分若干小段，如原文第一段，译文分成十四小段；原文最后一段，译文分九小段。译文分段有两种情况：一是进行碎片化处理，将原文叙述部分较长的段落分为若干小段，减少段落的阅读时间；有时一句叙述就变成一段。二是原文有叙述，也有对话，将对话和叙述分为若干小段，有时一句对话就成一段，显得交谈更生动，互动性更强。

第二章译文未分节，原文第二段译文分出两段，第一句抽出来单作一段。原文第五段译文分为两段。原文第六段译文分成六小段。原文第七段不长，译文也分出四段。

第三章译文未分节，分段不完全对应原文，开头两段并合为一段，后面也有分小段的。

第四章译文未分节，原文个别较长的段落译文分出若干小段。

第五章译文未分节，原文较长的两段分为若干小段。

第六章原文分两节，译文分三节。原文第一节译文分成两节。

第七章译文未分节，原文个别较长的段落译文分为若干小段。

第八章原文未分节，译文分两节，原文个别较长的段落译文分成若干小段。

（二）采用斜体

原文无表示强调的形式手段，字体统一。译文中重点字词用斜体标记，以示强调。如：

（1）所有的人都看得出，燕秋这孩子的心气实在是太旺了，心里头不谦虚就算了，连目光都不会谦虚了。①

Everyone knew how arrogant the girl was, but now not only did she not *feel* humble, she did not *look* it. ②

（2）"我没有坚持。"筱燕秋听懂炳璋的话了，仰起脸说，"我*就是*嫦娥。"

"I didn't keep at anything." Finally grasping what he was getting at, she looked up and said, "I *am* Chang'e."

（3）李雪芬躺在医院里发过话了，只有筱燕秋自我批评的"态度"让她满意，她才可以考虑"是不是放她一马"。

Li Xuefen had made it clear that she would *consider* letting Xiao Yanqiu off the hook only if she was satisfied with her rival's attitude during her self-criticism.

三、内容翻译修辞

（一）称呼语翻译修辞

《青衣》是中篇小说，约 40 500 字，主要讲述京剧团演员筱燕秋上演《奔月》这部戏前后二十年的曲折经历，塑造了剧团团长、烟厂老板、戏校学生春来、筱燕秋丈夫面瓜等十多位人物，叙述和对话中有不少称呼语。葛译对称呼语的处理采取了多种方法。

"青衣"是"戏剧中旦角的一种，扮演中年或青年妇女，因穿青衫而得名"［见《现代汉语词典》（第 7 版）］。小说篇名"青衣"，指青衣演员、女主人公筱燕秋。但葛译没有使用对应的英语单词，也没有采用直译或意译，而是改头换面，译为 *The Moon Opera*，即对筱燕秋二十年艺术生涯产生重大影响的剧目《奔月》。英文版一开始就出现了《奔月》译名：*Chang'e Flies to the Moon—The Moon Opera*，完整的中文剧名是《嫦娥奔月》，简化为《奔月》，葛译就取简化的 *The Moon Opera* 作篇名。毕竟"青衣"是具有中国戏剧文化特色的称谓，如果直译或音译，外国读者可能莫名其妙，为英语版的阅读和销售造成障碍。而《奔月》是小说女主人公的重轴戏，也是决定她命运沉浮的剧目，将篇名译为 *The Moon Opera* 便于外国读者了解故事背景。小说中多次出现"青衣"字眼，译法也不尽相同。

---

① 中文例句均出自毕飞宇. 中国好小说·毕飞宇［M］. 北京：中国青年出版社，2013.

② 英文例句均出自 Bi Feiyu. The moon opera［M］. Translated by Howard Goldblatt and Sylvia Li-chun Lin. London：Telegram，2007.

有的用音译，如 *Qingyi*（头牌青衣：the top *Qingyi*；前辈青衣：the famous *Qingyi of an earlier generation*）；有的用音译加范畴词（*the Qingyi role*）；有的用音译加解释（青衣：*Qingyi*—chaste women and faithful wives）；还有的用意译，如 maiden roles，female lead。音译时一般用斜体，表示非通用英语词汇。

具体而言，葛译称呼语有以下八种译法：

一是音译。除了上文提到的"青衣"译为 *Qingyi*，还有其他中国特色称呼语也采用音译，如"菩萨"译为 *bodhisattva*，"花衫"译为 *Huashan*。

二是音译加范畴词。如"二郎神"译为 the *Erlang deity*。

三是音译加范畴词，再加解释。如"花旦"译为 the *Huadan* role-bold, seductive women。有时解释在前，如"菩萨"译为 a patron, its own *bodhisattva*。

四是直译。直译指字面翻译，不包括音译和意译。如"燕秋小同志"：that "Young Comrade Yanqiu"；他喊筱燕秋"老师"：Calling her "Teacher", he...；"筱燕秋老师"译为"Teacher" Xiao Yanqiu；"乔团长"译为 Troupe Leader Qiao；"王母娘娘"指西王母，译为 the Queen Mother of the West。

五是抽象化意译。原称呼语具有形象性，涉及比喻，而译文只把意思表达出来，不保留原文的形象和比喻。如：谁把这个狐狸精弄来了？Where did you get that little seductress？原文"狐狸精"具有形象性，指勾引男人的女人，但英译未保留形象，只表达其意。又如"文化局的头头们"译为 Cultural Bureau directors；"追星族"译为 a great admirer；"小蜜"译为 another man's cutie。

六是意译。译者用英语中习见的称呼语翻译，表达原称呼语的意思，字面与原文不对等。如：

(4) 你送筱燕秋老师回家。
Drive Miss Xiao home.

译文称呼语和原文结构相当，头衔＋名字，但内容有变，头衔西化了，改 teacher 为 Miss，相应地把姓名变成姓。又如：

(5) 乔炳璋对小姐招招手，让她给自己换上白酒。
Qiao Bingzhang asked the waitress for a cup of *baijiu*.

111

这里译文称谓"小姐"发生变化，采用了英语读者熟悉的同类语境中的称呼语 waitress。

七是简化。不少葛译称呼语比原文简单，有省略，或者用更简短的词语翻译原文的称呼语。如：

（6）<u>筱燕秋女士</u>主要从事教学工作。
<u>Xiao Yanqiu</u> now spends most of her time teaching.

原文正式，姓名加头衔，译文不正式，省去头衔"女士"，直呼其名。又如：

（7）炳璋端着茶杯，大声对众人宣布："<u>筱燕秋老师</u>感冒了，就到这儿，今天就到这儿了，哈。"
Bingzhang held up his glass and announced loudly, "<u>Your teacher</u> has a cold, so we'll stop here. We're done for the day."

原文的姓名加头衔，译文中变成代词加头衔。
另一种简化是把名词性的称呼语译为代词。如：

（8）乔炳璋的脸上带上了狐疑的颜色，试探性地说："听<u>老板</u>的意思，老板想为我们搭台？"
"Does that mean <u>you</u>'re offering to pay for a performance?"
（9）炳璋捏着酒杯站起身，说："<u>老板</u>可是开玩笑？"
"<u>You</u> aren't trying to be funny, are you?"
（10）<u>面瓜</u>疯了，而<u>筱燕秋</u>更疯。
That night, <u>he</u> went crazy; <u>she</u> went even crazier.

这跟英汉两种语言及其文化的差异有关。中国素有礼仪之邦之称，用名词性的头衔称呼他人是一种尊敬、一种礼貌，英语中则极为简略。从语言使用来看，汉语中名词重复是常态，不嫌其繁。英语一般避免重复，在上下文中不会重复称呼语或其他名词性表达法，会使用其他同义形式，包括最简略的代词，这也是英汉语衔接上的差异。

八是多样化翻译。原文同一个或类似的称呼语在葛译不同上下文中出现不同的译文。最典型的是"烟厂老板"或"老板"，根据不同语境，或翻译成代词 you，或翻译成 tobacco factory boss, factory manager, big man, factory boss，guest of honor 等，体现了译者的主观性和创造性。

（二）文化负载词翻译修辞

《青衣》中有一些具有明显中国文化特色的说法，包括京剧方面的文化负载词。葛译采用了不同的处理方法，主要分为以下六类：

一是音译。用汉语拼音翻译，斜体。如：

（11）白酒

a cup of *baijiu*

（12）出色的演员一个人就能将生旦净末丑全部反串一遍。

The good ones must play all the roles—the *Sheng*，*Dan*，*Jing*，*Mo*，and *Chou*.

二是音译加解释。如：

（13）老生

Laosheng of the Peking Opera

（14）女人的一生总是由药物相陪伴，嫦娥开了这个头，她筱燕秋也只能步嫦娥的后尘。

A woman spends her life in the company of these things，something that started with Chang'e，who stole the elixir of immortality and flew to the moon.

（15）《奔月》阴气过重。

The Moon Opera was too feminine，contained far too much *yin*.

（16）花脸

Hualian，the male painted face role

（17）后羿

Houyi the Archer

（18）是西皮《飞云》还是二黄《广寒宫》？

The *Xipi* tune of "Flying to Heaven" or the *Erhuang* aria "The Vast Cold Palace"？

例（13）译文在"老生"音译后加了介词短语，表明是京剧中的一种角色。例（14）用一个非限定性定语从句解释"嫦娥"其人，点名她是偷食长生丹逃往月亮，也便于外国读者理解《奔月》的基本剧情。例（15）将"阴气"的"阴"翻译成"阴阳"的"阴"，用音译，前面作了铺垫，说明这部戏 too feminine。例（16）（17）在音译后加名词性同位语进行解释。最后一例是音译加范畴词解释。

三是直译。如：

（19）乔炳璋连声说："今天撞上菩萨了，撞上菩萨了。"

"Today I am in the company of a *bodhisattva*," he said, "a true bodhisattva."

（20）水袖

the water sleeves of her costume

（21）李派唱腔

Li Xuefen school of operatic singing

四是直译加解释。如：

（22）整个晚宴凤头、猪肚、豹尾，称得上一台好戏。

Bingzhang had put on a good show, supplying plates of phoenix head, pork belly, and leopard tail, the alpha to omega of any successful banquet.

（23）鬼门关

the gate of hell, a career-ending barrier

五是意译。译者放弃原文中的文化特色，用英语中自然的、现成的表达法来翻译。如：压轴，grand finale；五粮液，hard liquor；亮相，strike a pose。又如：

（24）炳璋在筱燕秋给春来示范亮相的时候找到了筱燕秋。

Bingzhang came to see Xiao Yanqiu when she was teaching Chunlai how to stand for maximum effect.

（25）她笑出了声来，一阵一阵的，两个肩头一耸一耸的，像戏台上须生或者花脸才有的狂笑。

Then she lost it completely, letting out loud belly-laughs, her shoulders rising and falling like a bearded clown laughing wildly on the opera stage.

（26）你要是不肯拜我为师，我就拜你，我拜你做我的学生，你答应不答应？

If you won't study at my knee, then I'll get down on my knee and beg. What do you say?

（27）我们也要建设精神文明。

We also strive to promote <u>a climate of culture</u>.

（28）试妆的时候筱燕秋的<u>第一声导板</u>就赢来了全场肃静。

During the dress rehearsal, everyone fell silent the moment Xiao Yanqiu <u>began to sing</u>.

（29）A挡、B档

principal portrayer, understudy

（30）铜锤花脸

a male singing character

（31）青衣又<u>不是刀马旦</u>。

The maiden role <u>requires no acrobatics</u>.

（32）跷起了四只手指头，慢慢地敲了起来，<u>一个板，三个眼，再一个板，再三个眼</u>。

and curled his fingers to drum the beat: <u>hard soft-soft-soft, hard soft-soft-soft</u>.

（33）"谈"了一些日子，匆匆便步入了<u>洞房</u>。

After doing this for a while, they hurried into the "<u>bridal chamber</u>".

（34）面瓜从妻子垂挂着的睫毛上猜到了这个晚上精彩的<u>压轴戏</u>。

…from the way she let her lashes droop, Miangua could guess that the night would end with a splendid <u>finale</u>.

（35）只要有春来，筱燕秋的<u>香火</u>终究可以续上了。

Her <u>legacy</u> would live on so long as there was a Chunlai.

六是简化翻译。简化翻译是一种意译，但跟一般意译不同的是，译者对原文中的信息进行删减，翻译时抓大放小，不面面俱到。如：唱腔，his voice。

（三）成语和俗语翻译修辞

汉语成语和俗语多具形象性，葛译一般采取抽象化的意译法，不保留原文形象，只再现原义。从语言结构来看，成语的翻译视其在原句中的句子成分，有的译为单词，有的译为词组，还有的译为分句甚至句子。如：

（36）减肥的前期是<u>立竿见影</u>的。

Results were <u>easy to come by</u> at first.

（37）医生拿起了处方，<u>龙飞凤舞</u>。

The doctor picked up his prescription pad, <u>wrote with a flourish</u>.

（38）万一碰上熟人免不了<u>丢人现眼</u>。

...in case she ran into someone she knew; <u>that would be too great an embarrassment</u>.

（39）面瓜<u>文不对题</u>地"嗨"了一声，说："今天是周末了。"

"Hey," he said, <u>incongruously</u>, "it's the weekend."

（40）他的话<u>一言九鼎</u>。

The old troupe leader had been a man <u>whose word carried considerable weight</u>.

（41）她也能镇定自若地、<u>不慌不忙</u>地眨巴她的眼睛。

She'd still be <u>composed</u>, <u>calmly</u> blinking her eyes.

（42）可胡乱的自责不是<u>怜香惜玉</u>又是什么？

If chiding himself in that jumbled, clumsy way of his wasn't <u>a sign of concern and tenderness</u>, what was it?

（43）一个<u>风情万种</u>的女人，一个<u>风月无边</u>的女人，一个她看你一眼<u>就让你百结愁肠</u>的女人。

An <u>enchanting</u> woman, a <u>bewitching</u> woman, a woman who could <u>plunge you into bottomless sorrow</u> with a single look.

（44）在筱燕秋看来，这桩婚姻<u>过了此村就再无此店了</u>。

For her, this union was her only chance; <u>there would be no future prospects</u>.

（45）面瓜<u>心花怒放</u>，<u>心旌摇荡</u>，<u>忘乎所以</u>。

He <u>could not have been happier</u>; <u>lost in pleasure</u>, he <u>forgot everything else</u>.

以下是俗语的翻译。葛译中俗语一般意译，少数情况下采取直译，保留原文意象。如：

（46）最后一定要由组织来<u>拍板</u>的。

Everything had to be <u>finalized</u> by the organization.

（47）连续两次，嗓子就是<u>不肯给筱燕秋下这个台</u>。

But twice more she tried, and <u>twice more she failed</u>.

（48）筱燕秋动摇了，<u>甚至产生了打退堂鼓的意思</u>，却又舍弃不下。

Her resolve wavered and she <u>considered withdrawing</u>; but she couldn't.

（49）炳璋后来把话题终于扯到春来的身上来了，炳璋倒也是<u>打开窗子说起了亮话</u>。

Finally he got around to the topic of Chunlai, and then came straight to the point.

（50）命中八尺，你难求一丈。

If they are fated to have only this much, they must not quest for more.

以上是俗语意译的情况。有时，葛译俗语会忠实原文，原文有形象，译文也保留。如：

（51）吃错药是嫦娥的命运，女人的命运，人的命运。

Ingesting the wrong elixir is Chang'e's fate, it is a woman's fate, and it is humanity's fate.

（52）老将出马，一个顶俩。

A seasoned warrior, who is the equal of two men.

（53）同行是冤家。

Professional rivals are bitter foes.

（54）万事俱备，只欠东风。

Everything was ready, everything but the east wind, that is.

（55）病去如抽丝，病来如山倒。

Getting well can be like extracting thread from a silkworm cocoon, whereas falling ill is like the toppling of a mountain.

（四）句式翻译修辞

从功能来看，句子分陈述句、疑问句、祈使句和感叹句。葛译中存在不对应原文句式的情况，也就是功能语言学所谓的语法隐喻（grammatical metaphor）①。如：

（56）二十年，什么样的好钢不给你锈成渣？

Twenty years, and in that time even the best steel will rust through.

（57）坐在这儿做什么？

Don't just sit here.

例（56）中原文的疑问句变成译文的陈述句。例（57）中原文的反问

---

① 参见汤普森. 功能语法入门 [M]. 黄国文，导读. 北京：外语教学与研究出版社，2000：163 - 175.

117

句在译文中变成祈使句。又如：

（58）大伙儿就向他敬酒，开玩笑说，现在的演员脸蛋比名字出名，名字比嗓子出名，乔团长没赶上。

"Actors these days," a guest quipped, "find their looks are a faster road to fame than their names, and their names will get them there quicker than their voices. Apparently, Troupe Leader Qiao was born at the wrong time!"

上例原文是间接引语，译文变成直接引语。句式和叙事方式都发生变化。

（五）度量衡翻译修辞

中国度量衡和西方不同，习惯使用斤、两、尺、公斤、里、公里等计量单位，西方则使用克、品脱、夸脱、磅、英尺、英里等单位。葛译在度量衡的翻译上采取了归化法。如：

（59）差不多已经是一斤五粮液下了肚子。
…by then had probably downed *a quart* of hard liquor.
（60）七尺须眉
A man six feet tall
（61）截至说戏阶段，筱燕秋已经从自己的身上成功地减去了4.5公斤的体重。

By the time of the opera narration, Xiao Yanqiu had successfully shed ten pounds.

（62）不到二两。
It was only a small cup.
（63）远远地，和筱燕秋隔着一两丈的距离。
She merely kept a proper distance from Xiao Yanqiu.

可见葛译一般采用两种方法翻译中国度量衡：一是转化为西方人熟悉的单位夸脱、英尺、磅等，如例（59）（60）（61）；二是不译，虚化处理，如例（62）（63）。

四、翻译修辞特点

综观葛译《青衣》，翻译修辞有五个特点。

（一）忠实

葛译忠实原文的例子很多，无论是叙述还是对话，无论是形式还是形象，葛译都尽量忠实原文，尤其是在具有普世价值的言语表达上。如：

（64）老团长说："你，你，你，你你你你你呀——啊！"

"You, you, you, you you you you you, why you little！" Words failed him…

老团长对筱燕秋用热水泼人脸的过分行为深感恼怒，但又爱惜这位才华出众的年轻演员，心情十分复杂，一时失语，所以一连用了好几个代词"你"，欲说还休。译文也保留了代词的重复，再现说话人千头万绪不知从何说起的情景。此外，葛译在比喻的处理上也体现了对原文的忠实。如：

（65）她的嗓音还是那样地根深叶茂。

Her singing had the same depth of roots and breadth of canopy as ever.

（66）这年头大街上的老板比春天的燕子多，比秋天的蚂蚱多，比夏天的蚊子多，比冬天的雪花多。

Nowadays, there were more "bosses" on the street than swallows in the spring, than grasshoppers in the fall, than mosquitoes in the summer, or than snowflakes in the winter.

（67）她的体重如同股票遭遇熊市一样，一路狂跌。

Her weight plummeted like stocks in a bear market.

（68）病去如抽丝，病来如山倒。

Getting well can be like extracting thread from a silkworm cocoon, whereas falling ill is like the toppling of a mountain.

（69）没有人知道这个女人的脑子里栽的是什么果，开的是什么花。

They had no idea what was ripening and flowering in her head.

（二）简化

对比原文和葛译，一个明显的印象是原文中一些富于表现力的词语和细节，译文进行了简单化处理，原文形象性、具体性、丰富性都打了折扣。比如称呼语"女民兵"，葛译为 female soldiers，成了"女兵"，省略了"农民"这层含义。再如：

119

（70）筱燕秋突然就是一阵难受，<u>内中一阵一阵地酸，一阵一阵地疼。</u>
...and this thought brought Xiao Yanqiu <u>waves of sorrow and pain.</u>

原文重复使用"一阵一阵地"，突出了主人公的难受劲，读译文看不出来那么难受。又如：

（71）他<u>把中指与食指并在一处</u>，对着筱燕秋的鼻尖晃了十来下。
<u>Wagging two fingers</u> a scant few inches from Xiao Yanqiu's nose, he sputtered...

原文很具体，中指和食指并在一起，但译文只说两个手指，也不知是哪两个，是同一只手上的两个手指，还是一只手一根手指。又如：

（72）左手拉着筱燕秋的右手，右手拉着筱燕秋的左手。
Taking both of Yanqiu's hands in hers.

两人如何手拉手，原文交代得清清楚楚，一目了然，但译文表述笼统，令人不得要领。又如：

（73）好歹也能到晚报的文化版上"文化"那么一下子。
They received a bit of "<u>cultural</u>" coverage in the evening newspapers.

原文在前文"文化版"的基础上把"文化"动词化了，巧妙而俏皮，不无调侃之意。译文只是说上了文化版，虽然 cultural 也打引号，表戏谑，但毕竟味道淡了些。又如：

（74）<u>他用酒杯的沿口往老板酒杯的腰部撞了一下</u>，仰起了脖子。酒到杯干。
<u>They clinked glasses</u>, then Bingzhang tipped his head back and emptied the contents of his glass.

中国人喝酒用杯口碰对方酒杯腰部，是贬己尊人，表示敬意，译文省略了如何碰杯的细节，文化意味消失了，当事人的讨好之态也完全不见了。又如：

（75）她的<u>左手是局长</u>，<u>右手是老板</u>……

…to sit between the Bureau Chief and the factory manager.

中国酒宴文化发达，请客有很多讲究，座位安排是一个重要环节，谁坐谁左手，谁坐谁右手，不是随意的。这里烟厂老板请女主人公坐他的左手边，足见老板对她的尊重。译文只说坐在两个要人之间，汉语文化的意蕴全然不见。当然，纵使翻译出来，不了解中国文化的外国人也不明就里。下例也有类似问题。

（76）他用<u>苍松翠柏般的遒劲魏体</u>……

…known for his talents as a calligrapher.

小说中写的是一位部队首长擅长书法，给女主人公写了一幅字。原文有字体（魏体）、劲道（遒劲）和比喻型描述（苍松翠柏般的），但译文仅笼统地说此人擅长书法，原文丰富的细节都省略了。再如：

（77）1979 年的筱燕秋<u>年方十九</u>。

But that was in 1979, when Xiao Yanqiu was <u>nineteen</u>.

原文的"年方"意表示女生青春年少，但译文只客观陈述主人公年龄，看不出原文包含的怜惜之情。

另外，原文中带比喻的形象性表达法，译文也只是翻译出大意，不见原有的生动。如：

（78）这句话<u>把剧团领导的眼睛都说绿了</u>，浑身坚起了鸡皮疙瘩。

It was a simple comment but one that raised goosebumps on the troupe leader's flesh.

（79）这孩子，<u>黄连投进了苦胆胎</u>，命中就有两根青衣的水袖。

That girl <u>knows the taste of bitter gall.</u> She was born to wear water sleeves.

（80）二十年前的曙光一定会把她的身影重新投射在大地上，<u>顾长、婀娜、娉婷世无双</u>。

The morning light of those days would once again cast <u>her peerless figure</u> onto the earth.

（81）响排过了还得排，也就是彩排。彩排接近于<u>实弹演习</u>，是面对着虚拟中的观众进行的一次公演。

But there is yet more, the dress rehearsal, which approaches <u>an actual public performance</u>, as the actors play to a virtual audience.

（82）筱燕秋每天晚上都要站到磅秤上去，她对每一天的要求都是具体而又严格的：<u>好好减肥，天天向下</u>。

She stepped on the scales each night to see if she had met the strict, self-imposed demand of <u>daily weight loss</u>.

（三）简练

葛译中的简练与简化不同，简化是指译文的内容不如原文丰富，而简练体现在译文保证原信息不减少的情况下，在语言表达上简要精练，字少而表达力强。如：

（83）心里头不谦虚就算了，连目光都不会谦虚了。
But now not only did she not *feel* humble, she did not *look* it.

译文的两个动词 feel 和 look 用得简练有力。又如：

（84）<u>这是迟早的事，早一天晚一天罢了</u>。
It had always been <u>a matter of when, not if</u>.

（85）老板在床上可是<u>冲出了亚洲走向了世界，一下子就与世界接轨了</u>。
Where sex was concerned, he <u>had gone global</u>.

（86）坐了一会儿，<u>没有拉出什么，也没有尿出什么</u>。
...to the toilet, where she sat down, but <u>with no results from either end</u>.

（四）形象与抽象

对比原文和译文，发现原文中很多具体、形象、生动的表达被译为抽象的词语。同时，也有原文抽象而译文形象的情况，不过相对少得多。

原文表达的生动形象分四种情况。少数涉及语音，大多涉及语义，有的与比喻有关，有的与数字有关，有的则涉及多种因素。

一是与调值有关的形象化。汉语是声调语言，不同调值代表不同的字或词，英语不具备这种特点。如：

（87）<u>汤、糖、躺、烫</u>是体重的四大忌。
<u>Liquids, sugar, lying down, and hot foods</u> are the four enemies of weight loss.

　　这里葛译采取的是意译，因为四个汉字同音不同调，英语没有类似的语音手段，译文只能把四个字的意思表达出来。

　　二是与拟声有关的形象化。汉语的拟声词很有表现力，使用得当，能产生绘声绘色的效果。如：

（88）筱燕秋顺手接过剧务手上的搪瓷杯，呼地一下浇在了李雪芬的脸上。

Xiao Yanqiu reached out, took the mug from him, and flung the water in Li Xuefen's face.

（89）像一台空调，凉飕飕地只会放冷气。

Emitting coldness like an air conditioner.

（90）咿咿呀呀地居然进了戏。

…and she drifted into the role.

（91）炳璋歪在椅子里头，没有动。但是，他在暗中唏嘘感叹了一回。

Bingzhang sat sprawled in his chair, not moving yet deeply moved.

　　三是与数字有关的形象化。汉语的一些形象化表达有时用到数字，虽并非实指，但给人具体生动的感觉。葛译常常予以抽象化处理。如：

（92）（当年的柯湘头戴）八角帽

…PLA cap

（93）五粮液

hard liquor

（94）面瓜天生的慢性子，是那种火上了头顶也能够不紧不慢地迈动四方步的男人。

Slow by nature, he was a man who could saunter along even if his head were on fire.

（95）这阵饿是丧心病狂的，仿佛肚子里长了十五只手，七上八下地搣。

It was an insane yearning, as if a dozen hands had risen inside her stomach and pulled at it in all directions.

（96）她这三亩地怎么就那么经不起惹的呢？

How could she be so fertile?

（97）众人的心照不宣有时候更像一次密谋，其残忍的程度不亚于千夫所指。

This felt like a conspiracy, as cruel as <u>an open accusation</u>.

（98）<u>三分像人，七分像鬼</u>。

…<u>was more ghostly than human</u>.

（99）她把李派唱腔的<u>一字一气</u>毫无保留地演示给了筱燕秋。

She had taught Xiao Yanqiu <u>everything</u> there was to know about the Li school of operatic singing.

（100）她把自己的<u>祖宗八代里里外外</u>都骂了一遍。

Cursing <u>everyone in her family, back some eight generations</u>.

（101）只要有一盆好底料，<u>七荤八素</u>全可以往火锅里倒。

So long as he had a full plate of fine ingredients, he could toss everything, <u>meat and vegetables</u>, into the proverbial hot pot.

四是与比喻有关的形象化。汉语中相当多形象化表达带有比喻，葛译一般只是表达原意，不保留原文形象的修辞格。如：

（102）时间不算宽裕，毕竟也没到<u>火烧眉毛</u>的程度。

Not much time, but <u>enough</u>.

（103）这个家离<u>鸡飞狗跳</u>的日子绝对不远了。

It wouldn't be long before <u>their home was turned upside down</u>.

（104）身体现在成了她的终极标靶，一有<u>风吹草动</u>筱燕秋就会毫不犹豫地扣动她的扳机。

It was her ultimate target, and she unflinchingly pulled the trigger whenever <u>the slightest movement</u> caught her attention.

（105）《奔月》是剧团身上的<u>一块疤</u>。

The Moon Opera, <u>long a painful memory</u> for the troupe…

（106）《奔月》当即<u>下马</u>。

The Moon Opera <u>closed</u> before it had opened.

（107）但到了 1979 年，《奔月》第二次<u>上马</u>了。

It was in 1979 that *The Moon Opera* had a second chance; this time <u>it was staged</u>.

（108）《奔月》第二次<u>熄火</u>。

The Moon Opera <u>closed</u> for the second time.

（109）炳璋想听筱燕秋<u>溜溜嗓子</u>，这是必须的。

Bingzhang needed to hear Xiao Yanqiu <u>sing</u>.

（110）用一种愚蠢而又突发性的行为冲着你<u>玉碎</u>。

…was capable of bringing things to a shattering conclusion through sudden and reckless actions.

（111）等着筱燕秋的唇枪舌剑。

Prepared for the verbal assault that was sure to come.

（112）药盒子上全是外文，一副看不到底又望不到边的样子，这一来事态就进一步严峻了。

The printing was in a foreign language, indecipherable to him, which only worsened the situation.

（113）谁能想到春来能赶上这趟车？

And who would have thought that Chunlai would be so lucky as to be part of it?

（114）江山如此多娇。

Our lands are lovely beyond description.

（115）手指已经翘成了兰花状。

She curled her fingers, petal-like.

（116）她像盛夏狂风中的芭蕉，舒张开来了。

Like a leaf in a summer windstorm, she opened up.

（117）炳璋算过一笔账。

After careful calculation, Bingzhang…

（118）不能为了睡名气而弄脏了自己。

One must not soil oneself just to sleep with a famous person.

大多数情况下，形象化的原文变成抽象的译文，但也能发现少量原文抽象变成译文形象的。如：

（119）在命运出现转机的时候⋯⋯

When fate unexpectedly smiles on her…

（120）女儿一点都不像自己，骨骼大得要命，方方正正的，全像她老子。

Born with a large frame and a square face, she did not take after her mother; she was, in fact, a carbon copy of her father.

（121）那时的筱燕秋绝对是一个冰美人。

Back in those days, Xiao Yanqiu had been an ice queen.

（122）老板好酒量，好酒量！

"You're quite the drinker!" Bingzhang cut in. "Like a sponge!"

（123）春来这孩子<u>命好</u>。

Good fortune <u>smiled</u> on Chunlai.

（124）彩排<u>极其成功</u>。

The dress rehearsal was <u>a roaring success</u>.

另外一种情形，原文形象译文也形象，但形象有所变化，原文读者熟悉的形象转变为译文读者习见的形象。如：

（125）只有筱燕秋自我批评的"态度"让她满意，她才可以考虑"是不是<u>放她一马</u>"。

She would consider <u>letting Xiao Yanqiu off the hook</u> only if she was satisfied with her rival's attitude during her self-criticism.

（126）<u>心口</u>也凉了。

...and the chill reached down to <u>the pit of his stomach</u>.

（127）响起了<u>雷鸣般的掌声</u>。

The audience <u>showered her with applause</u>.

（五）创造性修辞

翻译不是简单的、机械的词语转换，好的翻译都具有创造性，葛译也不例外。以语音为例，原文有押韵的诗歌，也有押韵的俏皮话，译文也创造性地再现了语音艺术。如：

（128）攻城不怕<u>坚</u>，攻戏莫畏<u>难</u>，梨园有<u>险阻</u>，苦战能过<u>关</u>。

Fearlessly besiege a city <u>wall</u>/Courageously stage a difficult <u>play</u>/The drama troupe may find it a tough <u>call</u>/But hard work will see you through the <u>day</u>.

原文的押韵格式是 aaba，第一、二、四行押韵，译文则是 abab，第一、三行押韵，第二、四行押韵。又如：

（129）吃油要吃<u>色拉油</u>，说话别找<u>筱燕秋</u>。

We chefs use salad oil whenever we <u>cook</u>, and we avoid Xiao Yanqiu by hook or by <u>crook</u>.

五、结语

在当前中华文化走出去的宏大背景下，加强文学外译修辞研究势在必行。翻译本身就是一种修辞活动，文学外译修辞的特殊困难在于，如何让外国读者理解和接受中国文学，通过文学这种雅俗共赏的形式，了解一个更具体、生动、真实的中国。以《青衣》为例，葛译通过直译、意译、音译、直译加解释等方法翻译《青衣》，为外国读者再造了一个高品质的文学文本，有助于他们认识中国改革开放以来文艺领域的发展变化。西方译者有他们语言上的天然优势，他们对西方读者的文化背景、阅读心理、图书市场等都比较熟悉，对中国文学文化有感情、有研究，在中国文学走出去过程中是一支难得的生力军。但这种译者毕竟人数少，而且像葛浩文这样的顶尖文学翻译家也呈现出青黄不接的态势，远远不能满足中国文学走出去的新时代要求。时代呼吁我们培养一批自己的高水准文学外译人才。我们当代外语学人要不辱使命，勇于担当，不断磨炼，大量阅读，坚持实践，尤其要向葛浩文等老一辈西方文学翻译大家学习，研读他们的译作，吸取其翻译修辞精华，加以批判性借鉴，为丰富世界人民的精神生活作出我们应有的贡献。

参考文献

1. Bi Feiyu. The moon opera [M]. Translated by Howard Goldblatt and Sylvia Li-chun Lin. London：Telegram，2007.

2. 毕飞宇. 大雨如注 [M]. 天津：百花文艺出版社，2017.

3. 毕飞宇. 中国好小说·毕飞宇 [M]. 北京：中国青年出版社，2013.

4. 葛浩文，林丽君. 翻译不是一人完成的 [J]. 姜智芹，译. 南方文坛，2019（2）.

5. 刘云虹. 葛浩文翻译研究 [M]. 南京：南京大学出版社，2019.

6. 汤普森. 功能语法入门 [M]. 黄国文，导读. 北京：外语教学与研究出版社，2000.

A Rhetorical Study of the Translation of Chinese Literature：In Reference to Goldblatt's Translation of *The Moon Opera* by Bi Feiyu

Chen Yiping

(*School of Translation Studies*，*Jinan University*，*Zhuhai*，519070)

Abstract：Chinese literature going global is an integral part of Chinese culture going global. Translating Chinese literature plays an irreplaceable part in telling Chinese stories to the rest of the world. Based on the English version of

The Moon Opera done by Howard Goldblatt and Sylvia Li-chun Lin, this paper analyzes the translation of the format, address terms, culture-loaded words, idioms and sayings, sentence patterns, and weights and measures along with the rhetorical characteristics of the translation in terms of faithfulness, simplification, concision, concreteness and abstractness, and innovation. In so doing, it is hoped that translators of Chinese literature may draw proper lessons from Goldblatt's work and contribute to a better translation of Chinese literature, making it more acceptable to the international readership.

Key Words: Chinese literature; translation of Chinese literature; culture-loaded words; address terms; rhetoric

修辞学史研究

自主创新：中国修辞学发展的必由之路①

段曹林②

（海南师范大学文学院　海口　571158）

摘　要：创新是学科发展之本，对学科创新的评价和指导，必须基于对创新的正确认识以及在此基础上对该学科创新实践的准确把握。创新成就了中国现代修辞学的历史和现状，也决定着它的前景和方向。修辞学创新当前的要务是澄清认识，立足现实，以我为主，彰显自身特色，强化学科优势，走自主创新之路。

关键词：中国修辞学；现状；发展道路；自主创新

20 世纪末 21 世纪初，回顾与前瞻一时成为不少学科各自的热门话题。对于中国修辞学的历史、现状、前景的讨论也颇为热闹，特别是关于修辞学发展现状的评价以及发展方向和道路的选择等问题，更是引发了学科内外的热议，可谓见仁见智，意见纷呈。对此，我们曾做过论评。③

在这一时期的论争中，"繁荣""困境""边缘化"等关键词被较多地用于评价修辞学的现状。由于这些关键词本身就是修辞化的隐喻，带有较大的模糊性和不确定性，相关论辩因此在针对性、明确性、效用性等方面受到影响。摆脱这些概念的束缚，清醒认识学科发展现状，理性探索学科发展的目标、方向、道路等，可谓修辞学发展的当务之急。

本文拟从内涵和外延均相对明确的"学术创新"角度，再次审视修辞学的发展现状，思考应对之策和发展之路。

一、论争：如何看待中国修辞学的现状

关于中国修辞学的发展现状，特别是进入 20 世纪 90 年代以后的状况，学界存在两派说法："繁荣"说和"困境"说，在此二者的基础上又衍生出来了一些其他说法。

---

①　本文得到国家社科基金项目"唐诗修辞史研究"（15XYY013）和海南省高校社科基金项目"海南语言资源开发战略研究"（项目编号：Hnky2015 – 20）资助。

②　作者简介：段曹林，海南师范大学文学院教授、博士生导师，主要从事修辞学和语言应用研究。

③　段曹林. 新世纪以来中国修辞学科建设与发展研究综论［J］. 福建师范大学学报（哲学社会科学版），2015（1）：48 – 52.

起初，这两种对立的看法大致处于均势，后来均势被打破，"困境"说认为修辞学存在问题，甚至是严重危机，已经边缘化或者被边缘化，一度成为占据上风的倾向性意见，学科内外一时"哀声一片"。

为什么"困境"说（或"边缘化"说）的声音会在论争中更多地被圈内外的人们听到，与之相应，围绕"走出困境"的言论也更为多见？

究其根源，这一方面出自修辞学学科内部较强的反省意识和忧患意识，另一方面也跟学科外部主要是语言学邻近学科对修辞学科的较多"关心"相关。而这种外部"关心"，有主动的，也有被动（受邀）的，对修辞学的实际状况了解的程度也不尽一致，大都来自一些拥有较大话语权的名家，他们的言论也大都集中发表在修辞学唯一的专业刊物《当代修辞学》上，也有少量出自语言类专业期刊、重要会议等其他渠道。之所以偏向于"问题"说，既跟以修辞学科身份邀请其他学科学者"查找问题"者参与研讨时所设定的主题有关，也跟语言学界（包括修辞学界）某些掌握话语权者所持"问题"说观点的流行有关。

学科现状评价要做到既科学又切实，不但对评价的标准和尺度的选取、把握要精准而允当，而且对历史和当下事实的调研要完整而准确，乃至对所选取的其他参照和比较的对象也需要有足够的了解，这原本就是一件相当困难的事。唯其困难，对于修辞学科的种种评价，自然也须理性而审慎地看待，不应该也不能简单地判定孰是孰非。更何况，"繁荣""困境"一类主观的感受和隐喻的说法，原本就不易量化，很难做到足够的客观、精确。论著、课题、奖项等的数量多少、级别高低，学科队伍的优劣，学科条件的好坏，学科平台的高低，人才培养的业绩，学科交流的频次等，这些一般通用的学科评价标准既有可以量化的一面，也有难以量化的一面，固然可以在一定程度上体现学科的发展，但真正代表某一学科成就、水平和影响的是学术成果的质量，是内涵与创新。

学术创新是学科发展的根本和灵魂。与其为"繁荣"或"困境"等内涵外延都不甚明了的概念及由此构成的修辞表达争执不休，毋宁着力从学术创新角度查戈业已取得的进展和依然存在的不足，对学科的现状和发展作出切实的评判。

二、审视：中国现代修辞学的创新性

回首历史，中国现代修辞学虽然走过了不平凡的道路，历经长时间的战争、动乱，依然顽强地生存和发展。从学科建立至今，总体上是不断创新的，尤其是进入 20 世纪 80 年代后，无论在创新的广度还是深度上，都有长足的进展。创新是全方位的，修辞观、修辞学理论体系、修辞学研究方法、修辞学研究领域和研究材料等各方面均取得了重要的更新和突破。

（一）修辞观的创新

在此期间，中国修辞学界对修辞的认识逐渐拓展加深，大致经历了由狭义到广义、由静态到动态、由单一到多维的变化。汉语修辞观的狭义和广义大致有三种区分：一是狭义的修辞指修饰言辞，广义的修辞则指包括修饰在内的各个环节、各个方面的言语表达活动；二是狭义的修辞指言语表达活动，广义的修辞则指包括表达在内的言语交际活动；三是狭义修辞指言语活动，广义修辞则指包括通过语言在内的所有符号传输信息的行为。动态修辞观试图摆脱结构主义语言学的影响，用联系和发展的观点看待修辞，把修辞看作特定题旨情境下的具体行为，看作随时空推移而变迁的历史现象。多维修辞观则主张，修辞不仅是话语信息行为，还是人类认知世界、建构世界的重要方式、途径和行为；修辞不仅跟语言世界相关，还跟物理世界、心理世界、文化世界密切相连。修辞观总体朝向广义、动态、多维发展，预示着修辞研究发展的必然趋势和世界潮流，起初多为个别学者所持有或倡导，当前已为越来越多的人所了解和接受。

（二）修辞学理论的创新

这主要表现在两方面：一是代表性修辞学理论的提出和发展，二是修辞学理论体系的丰富和完善。前者主要有：修辞的"两大分野"说、"题旨情境"说、"语言文字一切可能性"说、"同义手段"学说、语言风格理论、"三一"修辞理论[①]等。后者可从两个方面考察：一是修辞学通论体系的多元探索，二是修辞学分支学科体系、专题理论体系的建立和完善。前者的探索大致体现在三个方面：一是尝试建构不同的修辞手法（或手段）体系，影响较大的主要有"两大分野"为纲的体系、"语言运用单位"为纲的体系、"语言要素"为纲的体系、二元对立修辞手法体系（以宗廷虎等《修辞新论》为代表）、同义修辞手段体系、言语组合手段体系等；二是尝试增添特色内容和创新成果，主要涉及语体修辞、风格修辞、篇章修辞、寻常词语艺术化、逻辑修辞手段、形象化手段、修辞学史等；三是在修辞和修辞学一般理论、辞格理论等方面均有所发展和创新，较为

---

① "三一"修辞理论是指王希杰从交际活动中的四个世界（语言世界、物理世界、文化世界、心理世界）、零度和偏离、显性和潜性这三组概念出发，经逻辑推演而创建的修辞学理论，这一理论具有鲜明的创新性，并在王希杰及其他学者的努力下有所发展。

突出的有陈望道《修辞学发凡》构建了"三大理论"①，王希杰《修辞学通论》提出了"三一"修辞理论、《修辞学新论》独创了"辞格论"② 等。后者的探索，则是伴随修辞学诸多分支学科和交叉学科的陆续建立、成长，伴随着部分专题领域研究的拓展和深化应运而生的。初步成型的分支修辞学体系主要有：形貌修辞学、词汇修辞学、句法修辞学、篇章修辞学、修辞史、辞格学、接受修辞学、语言风格学、比较修辞学等；初步成型的交叉学科体系主要有：文艺修辞学、诗歌修辞学、逻辑修辞学、语境学、修辞心理学、修辞美学、文化修辞学等；研究较为深入，体系也相对成熟的，目前只有修辞学史，以及某些专题，如语境适应理论。

（三）修辞学研究方法的创新

这一创新主要体现为两方面：一是研究模式或具体方法使用上的变化，即在对前人或他人涉足过的研究领域和对象进行研究时采取新的视角和方法，或在方法运用上有改进；二是从其他学科领域引入新的研究方法，用于修辞学问题的研究。对此，罗渊《中国修辞学研究转型论纲》、宗廷虎《20 世纪中国修辞学》曾做过专门论述，可以参看。归纳法对中国现代修辞学的建立和发展而言，可谓功不可没。但归纳法无论是对于完整体系的构建，抑或专题领域、个别问题的深度开掘、精度提炼，显然又是不够用的。因此，随着方法意识的自觉，从陈望道到郑远汉、王希杰，演绎法在研究中的比重显著加大了，修辞观和修辞理论的表述也有了长足进展；而倪宝元在熟练运用归纳法之外，还倚重比较法，由此而取得了以作家改笔修辞研究为核心和标志的突出成就；谭永祥、曹石珠等在归纳法运用中注重面广量大和穷尽性考察，因而分别在辞格、辞趣研究和形貌修辞研究中超越前人，贡献突出。辩证法和系统论方法的指导和成功运用，造就了宗廷虎在修辞学理论、修辞学史、修辞史等研究领域的独特地位与卓越贡献；对传统修辞资源的发掘和方法的推陈出新，造就了郑颐寿的"语格"理论和"四元六维结构"理论；对西方叙事学、接受美学、艺术哲学等理论和方法的借鉴吸收，奠定了谭学纯的文学修辞学、接受修辞学、修辞哲学的创新体系。而跨学科方法的引进，则是以张炼强的逻辑修辞、刘焕辉的交际修辞、冯广艺的变异修辞、吴礼权的修辞心理等为代表的交叉研究获得突破的关键。

---

① "三大理论"指学界一般认可的陈望道在修辞理论方面的三大贡献，即"语辞调整"说、"题旨情境"说、"语言文字一切可能性"说。

② 王希杰的"辞格论"的创新主要是提出了潜辞格和显辞格、辞格的深层结构和表层结构等新的辞格理论。

（四）修辞研究领域的拓展和研究材料的创新

研究领域的拓展意味着发现未知领域和已知领域的新问题，而研究材料的创新主要是指用于论证的新资料的发掘和利用。中国现代修辞学发展至今，研究领域得到了极大拓展：由基本局限于文学修辞扩大到几乎所有文体（语体）的修辞，由理论修辞扩大到各种应用修辞，由本体修辞延伸到诸多交叉修辞，由积极修辞延伸到消极修辞，由词句修辞扩展到篇章修辞、语体风格修辞，由表达修辞伸展到接受修辞、交际修辞，由语言修辞推进到非语言符号修辞。用作研究对象和论证资料的范围也大幅扩充：由文言材料为主扩展到文言白话不拘，由古汉语材料为主转向古今汉语材料并重，由书面材料为主扩大到口语书面材料兼收，由普通话语料拓展到方言、"国语"、"华语"语料；由成功修辞为主转向兼顾失败、失误和改笔修辞，由传统媒介修辞扩展到新兴媒体修辞。这种拓展和扩大，首先与修辞观和认识水平的提高有关，如对广义修辞、消极修辞、负偏离修辞的认可，对口语修辞、实用修辞、新兴媒体修辞等的重要性的认可；其次与研究视角和方法更新有关，随着方法意识的觉醒，方法使用更为多样更为科学，视角更具多维和动态，更多的修辞现象及其蕴藏的事实由此被纳入视野和论域，如隐性修辞语料、动态修辞语料、修辞研究的心理学实验和社会学调研材料。

现状是历史运动的结果，受到一定历史条件的制约，现状的评价也须以历史为参照，须置于特定语境下来观照。评价修辞学也当如此，只能立足于学科自身的创新和发展，恰当地选择参照目标和比较对象，不能罔顾历史事实，人为地贬低或拔高。一方面，应该充分肯定中国修辞学在创新道路上业已取得的巨大成就，不必妄自菲薄，或是轻信他言；另一方面，更要认清学科现状，为进一步的创新明确目标和方向，设计路线图。

三、追问：中国修辞学路在何方

令人庆幸和欣慰的是，随着时间的推移，关于中国修辞学历史和现状的评价中，更为理性和客观的声音已经逐渐被人们注意到，相信也将越来越多地被认可和吸取。

创新成就了中国现代修辞学的历史和现状，创新也决定着它的未来和前景。除了继续沿着前贤开创的创新之路坚定前行，中国修辞学发展别无他途。而当前的要务，则是澄清认识，立足现实，以我为主，找准问题，彰显自身特色，强化学科优势。

关于中国修辞学研究中存在的不足,学界有不少评说,大致可概括为四点:一是缺乏重大突破,量大质不齐,低水平重复多,原创性成果少;二是缺乏深度开掘,就事论事多,理论概括不足;三是视角、视野局限大,缺乏大局观和系统观,缺乏理论提升;四是新工具、新方法使用绞少,简单搬用理论或方法,缺乏研究范式创新。高万云的总结大致可以解释这些不足存在的内在根源:"问题意识依然不强""方法意识仍旧淡薄""目的意识还较模糊"。

对此,我们认为,首先,创新是无所不在的,是多元化、生活化的。并非只有重大的理论突破、研究范式创新、发明发现才是创新,创新也并非少数天才人物或具备特殊才能者的专利。因而,修辞学的创新,应主要立足于广大研究者在具体研究工作中的共同努力,积小成大,积少成多。

其次,修辞学创新的当务之急,是要熟知、深谙学术渊源和学术前沿,找准当前主要的学术生长点,即具有较大价值和影响力的学术问题。可能入选的问题当然不是一两个,也不一定是哪一类,本体问题或应用问题,理论问题或方法问题,大问题或小问题,新问题或旧问题,都有可能性。价值可以是学术方面、实用方面或二者兼备的,影响力可以是学科学界内部的,也可以是外部学科或现实社会的,抑或是多方面的。怎么选?撇开个人喜好和专长,从学科角度,我们主张应当优先选择符合修辞研究根本目的和现实目标,利于完成学科当前研究任务的问题。

"修辞研究的目的主要应该放在指导人们的修辞实践上",研究领域和对象的拓展更新、理论方法材料等的选择创新,都应该围绕这一共同目的和具体目标,且力求统一。"学术发展有自己内在的理路,每一个学科在不同的发展阶段都有它的问题,创新要有问题意识,解决问题是学术创新的动力。"修辞学也应该着力思考,当前所处发展阶段亟待解决的问题是什么?在历史和现实、现实和未来、短期和长远、局部和整体之间,如何找到学科发展和学术研究的内在逻辑?

我们认为,应用修辞研究领域那些现实关注度高、传播影响范围广的问题,尤其是那些易于在研究中将修辞的理论和方法、一般和特殊、内部和外部等彼此贯通起来的典型案例,最符合这两方面的要求,应该列入优先研究的对象。以往这类问题其实关注度并不算低,但研究水平较低。因为大多局限于特定领域或个别事实材料,理论指导、理论概括、方法创新等方面存在一定的欠缺,理论修辞学和实践修辞学之间彼此脱节,因而流于表面和片面的多,实际成就和贡献不大,难以真正提升修辞学指导修辞实践的水平。

四、求索：中国修辞学的自主创新之路

为此，当下的修辞创新，首先要摸清家底；其次要"接地气"；再次要从大处着眼，从小处入手。而这些工作，归根结底在于怎样做到自主创新。

摸清"家底"，也就是认清修辞学创新中存在的不足和问题，加强针对性，避免盲目性。当代修辞学在属于自己的论域中存在"缺席"或"失语"现象，主要源于未能建立一整套分辨力强的识别系统和阐释力强的解说系统。中国现代修辞学主要是在引进西方的基础上建立和发展起来的，受西方的结构主义语言学、修辞学、语用学、风格学、阐释学等影响较深，而本土的理论资源和社会发展基础相对薄弱。在借鉴国外和继承传统的理论中存在认知盲区和误区，存在照搬、硬套、贴标签的浮躁做法。对于方法的认识也出现过较大偏差，或者盲目否定所谓的传统方法，或者迷信所谓的新范式新方法，或者片面强调科学主义或人文主义方法，导致在方法的使用上不能收到应有的实效，影响到研究的深广度，在方法问题的研究上也未能建立起成熟的有机体系。发掘传统思想资源，借鉴外来理论方法，立足汉语实际，自主创新，构建、完善中国修辞学的理论体系、方法体系，这是摆在所有修辞学研究者面前共同的历史使命和现实课题。鉴于现状，有必要在现有研究基础上，突出中国修辞学史、中国修辞史的个案研究，包括专书、专人、专题、断代等研究；强化修辞学批评和修辞批评，突出修辞理论和实践创新取得的成就、进展和不足，注重案例分析及相应的理论概括和方法总结。

所谓"接地气"，一是贴近现实生活中语言运用的热点、焦点问题，二是观察、分析、评点和指导贴近实际需要。先看一则笑话：

> 有个城里人去农村，踩了玉米苗，农民心疼地说："同志，你踩了俺的苗了。"城里人不屑地说："没文化太可怕了，这叫踏青。"农民飞起一脚把他踹到了河里："熊样，踏浪去吧！"

这类笑话在时下的网络可谓比比皆是，说它是现实社会语言生活的重要组成部分，一点也不为过。

这里有没有修辞？毫无疑问，有！这里的"踏青""踏浪"都用了别解修辞格，并且是这则笑话的关键所在。城里人把踩玉米苗的侵权损害行为，强解作"踏青"，并反诬受损害的农民"没文化"，是一种行为加话语

的霸权行径，修辞在他这边起到了助纣为虐的作用；农民愤而反击，飞踹对方入水，并将其狼狈落水戏说成"踏浪"，是一种行为和言语上的针锋相对，修辞增添了讥风、嘲笑对手的效力。也许我们还可以建议笑话作者给它加上一个标题：踏青与踏浪，还可以对里面其他重要的用词、造句等发表看法。

这里的修辞重要不重要？我们上边的分析基本还是就事论事，从修辞角度谈论特定言语作品的建构和解构，即修辞方法的运用及其对作品产生的修辞效果。这种分析有什么作用呢？一是可以帮助欣赏和理解。人们在日常听读时碰到的语言困难，修辞方面的问题占据很大比重，特别是对具备一定语文素养者而言，修辞素养往往成为他们听读能力发展的关键。者如本例，以修辞运作为关键点（重点或难点），解决了其中的修辞难点，不但能让人知其然，而且能知其所以然。二是可以帮助表达和创造。对说写者的作品从修辞角度品头论足，给出专业意见和建议，不但可令其知得失，而且可助其在实践中创新。这两方面的作用其实就是提升修辞素养或曰语言素养，只不过角度不同，这正是修辞学分内的现实任务。

但修辞分析不止于此，上述分析基本上是语言世界的，也是修辞学以往着力最多，因而也受到诟病的一种分析模式。更完备而深入的修辞分析内容，还包括根据需要引入不同的角度、不同的方法、不同的条件，不仅看到修辞与语言世界的关系，而且看到修辞与物理世界、心理世界、文化世界等的关系，把修辞分析与自然因素、心理因素、文化因素等结合起来。就本例而言，要回答这则笑话的修辞效果究竟好不好的问题，至少还必须联系当前社会因素，其可能的社会效应以及社会价值观对修辞的制约和影响。如这里用到的称谓"同志"是否恰当，骂语"熊样"是否得体，除词语本身的意思外，还跟说话人、听话人的个人心理有关，以及其他听读者的社会心理有关。"同志"除作为泛称外，还用作特称，在作为泛称的使用频率和范围大幅缩减的社会语境下，被某一方或者双方作为特称使用的可能性则显著增加。当被称呼对象身份不明时，使用"同志"所附带的评价意义（色彩）一般为负面（贬义）。这种社会心理其实要求使用者除非有意为之，则宜慎用"同志"。笑话中的"农民"使用了这一称呼，不管有意或是无心，都存在着被认为故意贬低对方的可能，如此则意味着他有过错在先，后面的言行似乎也不完全合情、占理了。这也许不是笑话编撰者的本意，而只是选词不慎所致，假如选用兄弟、朋友、老板等替代同志，修辞失误带来的初衷偏离，大概就可避免了。"熊样"一般骂人笨，主要是指体态、动作粗笨，也连带用于贬指人的智商低。前文城里人的作为并没有显出"笨"的性状，"笨"本身也不为社会所排斥，反而值得司情甚至被视作可爱，那么骂语来得就没道理。之所以脱口而出，其实是有根据的，它是流行骂语，为人熟知，笑话作者因此信手拈来，习惯快餐阅读的读者，文本大概也就从脑中自然溜过，不愿费心去考虑会不会前后矛盾，是不是经得起推敲。

对这类作品的评判，修辞研究的现状是缺席的。大概因为修辞学者习惯于把眼光投向那些精品、名品，而这些出于无名氏之手的快餐作品，通常被认为品位不高、价值不大而被选择性忽视。虽然现在一般学者也承认修辞有成功也有失败，成功失败也非绝对，其中也有得有失，但在选择研究对象时，依然习惯性地把眼光投注到那些"成功"的修辞作品上。

由于这是所谓的快餐文化、速食类精神产品，如果从事思想健康学、精神营养学、语言审美学的专家们用惯常的标准加以批评指责，似乎显得迂腐，太过认真，但要是对这类快餐、速食不屑一顾，放任自流，不加限制和引导，又未免太过消极，过于超脱，并且有失职之嫌。须知快餐、速食乃至格调不高的"段子"，本是一种古已有之的客观存在，只不过当代社会数量更大、传播更广、影响更深罢了。更何况快餐文化也林林总总，参差不齐，这其中的实际差别还是相当大的，不能一概而论。单从修辞而言，有讲究修辞而修辞不得法的，有修辞得法而社会失范的，即与社会的真善美规范相抵触的，换言之，快餐作品的普遍问题是营养单一和失衡。当下一个突出的事实是，文字类作品，包括文字参与构筑的综合类作品，多见的恰恰是那些靠修辞去取悦而非靠思想去征服、靠情感去打动受众的类型。搞笑类作品之外的另一类快餐，所谓的"心灵鸡汤"，之所以流行泛滥却遭讥讽排斥，正是因为其用华美动人的说辞掩盖了思想的肤浅、情感的廉价，浅尝则味道精美，深品则营养缺失。究其实质而言，多数"快餐"作品走的是一条这样的营销线路：讲究形式，讲究修辞，借此来弥补通常难以避免的内容的贫乏、思想的平庸、感情的廉价。

显然，修辞学者理应关注、重视这类快餐作品。其一，讲究修辞，自然会在修辞方面为我们提供丰富鲜活的范例，呈现大量的成败得失的经验教训；其二，片面强调形式，而在内容、格调等方面存在欠缺和问题，此问题不仅存在于快餐作品中，引发我们再一次关注如何处理好修辞形式和思想内容的关系，降低、避免负面影响；其三，探寻这类作品独特的生存、发展之"道"，并从修辞角度加以积极的引领和指导。

大处着眼，小处入手，则是修辞创新现实策略的一种明智选择。小题大做，案例研究，对小课题、具体问题"解剖麻雀"，分析透彻、解决到位之后，进而才有可能进行理论的提升和方法的推广，从而把研究落到实处，避免大而空、贴标签等常见弊端。

专家现在被有些人说成"砖家"，个别专家的言论也越来越受到人们的怀疑甚至鄙弃，为什么会这样？一般人看到的、想到的，首先是道德问题，因而批评个别专家操守丧失，批判社会风气变糟。其实这何尝不是一个颇有研究价值的修辞问题：引用，这个一向管用的修辞格缘何失效？有无应对之策？

这是个小问题，但有大文章可做。引用现成的话语，又称引言、引语、引证，与用事、用典相对（或分立两格，或合为一格），历来都是一个重要的修辞格。引用专家的言论，又是引语中的一类。由于在所属专业领域具有权威性，这一特殊身份使得专家所发表的专业及相关言论更易于为普通人所认可和接受。因而这类引用也具有增强可信度和说服力的修辞作用。

也许正因为看到了这一点，有不良商家开始重金收买（或其他手段），使个别专家违心发声，做有利于商家的宣传；而更多的商家干脆选择用更廉价的方式，用伪专家、假专家做广告；还有商家及其受雇写手等，大量炮制、篡改、编造、假冒所谓"专家言论"，通过网络等媒体吸引眼球，骗取点击率和关注度。专家的诚信和信誉，受众对专家的信任，一再被利用、践踏、损害，其结果必然是可怕的诚信危机。专家成了被痛恨的"砖家"，专家言论的专业性、权威性也日渐丧失，好端端的引用修辞格也因此被用坏了！须知，此类引言发挥修辞效力的关键要素，一是被引专家身份的可信度，二是被引话语的可信度。专家身份或专家话语的信度一旦受损甚至丧失，所引话语的权威性就自然失去了根基而不复存在。

事实上，引用的另一小类的变化也值得我们注意。那就是借用明星言论做广告以增强感染力和影响力的一类。如果说前一类重在以理服人，后一类则强调以情动人。以情动人，主要借助的是说话人的知名度和感召力，扩大推介对象的关注度和感染力。各行各业都有明星，娱乐界、体育界、媒体界等行业的明星因为媒体曝光率高而入选率明显靠前。由于此类广告以商业性为主，公益性广告也每每和商业营销有某种联系，因此，广告代言人和广告之间就形成了一定的依存和互动，广告在不同程度上传播、美化代言人的形象，而代言人的现实言行、公众形象等反过来也影响到广告的传播效果。广告修辞的双重主体，代言人是直接主体，而间接主体则是广告发布人，发布人为了保证广告达到预期的效应，通常既主导广告修辞和广告语篇的制作，也主导代言人的选聘和取舍。据此，我们发现广告修辞独特的组织方式和运作机制，而在修辞策略的运用上跟一般修辞有所不同。

回眸历史，创新引领、助推了中国现代修辞学的产生、发展和成熟；

正视现实，创新的不足和问题的制约，阻碍了中国修辞学的快步前进和健康发展。中国修辞学的创新，要摸清家底，要"接地气"，还要从大处着眼，从小处入手，当务之急则是澄清认识，立足现实，以我为主，找准问题，自主创新，彰显自身特色，强化学科优势，走自主创新之路，构建立足汉语实际的独立的修辞学理论体系、方法体系，真正拥有学术话语权。

参考文献

1. 段曹林. 新世纪以来中国修辞学科建设与发展研究综论［J］. 福建师范大学学报（哲学社会科学版），2015（1）.

2. 罗渊. 中国修辞学研究转型论纲［M］. 北京：中国社会科学出版社，2008.

3. 宗廷虎. 20 世纪中国修辞学［M］. 北京：中国人民大学出版社，2008.

4. 江蓝生. 谈学术创新：基于语言学个案和人文学视角的解读［J］. 苏州大学学报（哲学社会科学版），2013（3）.

Independent Innovation：the Necessary Way
to the Development of Chinese Rhetoric Research

Duan Caolin

(*College of Liberal Arts*，*Hainan Normal University*，*Haikou*，571158)

Abstract：Innovation is the foundation of discipline development，and the evaluation and guidance of subject innovation must be carried out on the basis of the correct understanding of innovation and the accurate grasp of the innovation practice of this subject. Innovation has forged the history and present situation of modern Chinese rhetoric research，and also determines its prospect and direction. At present，the important task of rhetoric innovation is to clarify understanding，base on reality，focus on ourselves，highlight its own characteristics，strengthen advantages of the discipline，and work on the independent innovation.

Key Words：Chinese rhetoric research；present situation；development road；independent innovation

政治修辞学研究

《讨武曌檄》的政治修辞学分析[①]

谢元春[1]　吴礼权[2②]

（1. 湖南师范大学国际汉语文化学院　长沙　410006；

2. 复旦大学中文系　上海　200433）

摘　要：《讨武曌檄》是唐代文学家骆宾王的代表作之一，也是中国古代讨伐檄文的名篇，对于由徐敬业发起的反对武则天临朝称制的"讨武勤王"战争起了极大的推动作用，堪称千古雄文。《讨武曌檄》作为讨伐武则天的战斗檄文，从本质上说是一种政治修辞文本。而作为政治修辞文本，《讨武曌檄》之所以能发挥其极大的号召力，与作者骆宾王很好地贯彻了政治修辞"知人论事"的原则有关，也与作者在政治修辞技巧上展现的高度智慧有关。作者巧妙地灵活运用排比、用典、示现、设问、仿拟等多种修辞手法，并融会于一体，从而极大地提升了《讨武曌檄》的政治宣传效果，助推了徐敬业"讨武勤王"战争的声势，使之成为中国古代檄文政治修辞的范本。

关键词：《讨武曌檄》；政治修辞；原则；修辞技巧

一

众所周知，中国人在日常生活中凡事都要讲究"名正言顺"，发动战争则要"师出有名"，出兵之前一定要有一个说法来号召将士，以使即将进行的战争行为显得理直气壮，同时也让将士们明白为何而战。那么，如何号召将士们，亦即如何对将士们进行战前动员，在中国古代最有效也是最常用的方法就是由一位修辞高手拟写一篇檄文，历数对方的种种罪恶，陈述己方的正义道义，以使发动战争行为的合理性趋于最大化。

作为政治修辞文本的檄文创作，并不是骆宾王的发明创造，早在先秦时代就已经开始了。如记载于《尚书》中的《甘誓》《汤誓》《牧誓》《费誓》，分别是夏启征伐有扈氏，商汤出兵伐夏桀，周武王集众讨商纣，鲁侯伯禽出兵平定徐、夷等作乱部落的誓师辞，都是战争动员令的性质，可

① 本文为上海高校高峰高原学科建设基金资助项目"政治修辞学"之阶段性成果。

② 作者简介：谢元春，复旦大学文学博士，湖南师范大学国际汉语文化学院讲师，主要研究修辞学与汉语方言学。吴礼权，复旦大学中国语言文学研究所教授、博士生导师，日本京都外国语大学客员教授，中国台湾东吴大学客座教授，湖北省政府特聘"楚天学者"讲座教授，中国修辞学会会长，研究方向为修辞学、语言学理论及中国古典文学。

谓檄文的最早形式，跟后代檄文的差别只是口语与书面语的不同。书面形式的檄文，在骆宾王《讨武曌檄》之前，有西汉末年隗嚣的《讨王莽檄》、东汉末年陈琳的《为袁绍檄豫州文》（又名《讨曹操檄》）、隋文帝杨坚的《隋文帝伐陈檄》、隋末祖君彦的《为李密檄洛州文》等，都是在中国历史上流传广泛的著名檄文。在骆宾王《讨武曌檄》之后，著名的檄文也有不少，如元末宋濂的《朱元璋奉天讨元北伐檄文》（又名《谕中原檄》），明末张璘然的《李自成檄明臣庶文》，太平天国杨秀清、萧朝贵的《奉天讨胡檄》，晚清重臣曾国藩的《讨粤匪檄》等。直到民国时代，发动战争前仍然要发布檄文，如龚春台的《中华民国军起义檄文》、孙文的《中华革命军大元帅檄》，梁启超的《中华民国讨逆军檄告天下》（又名《云贵敬告全国文》）。孙文的《第二次讨袁宣言》与《就陆海军大元帅职宣言》等，就是现代版的檄文，只是有的仍称"檄"或"檄文"，有的则换了名称，叫"宣言"而已。

从檄文创作的历史来看，任何时代的檄文都是特定政治集团为了实现其特定的政治目标，适应特定的政治情境而创作出来的，骆宾王《讨武曌檄》的创作也是如此。它是作者所在的以徐敬业为首的反对武则天、拥护李唐皇室的政治集团为了实现推翻武则天临朝称制的现实政治格局、力图恢复李唐皇室政权的政治目标，适应中国社会自古以来排斥女人称帝执政的政治情境而精心结撰的。相关史料显示，弘道元年（683）唐高宗李治病逝，其子李哲（即李显，又名李哲，唐高宗第七子，武则天第三子）继位，是为唐中宗。嗣圣元年（684）中宗即位没几个月，就被武则天废为庐陵王，皇位改由其弟李旦（唐高宗第八子，武则天第四子）继任，是为唐睿宗。但是，没过几个月，武则天索性连傀儡皇帝睿宗也不要了，径直将儿子李旦推到一边，公然临朝执政。尽管历史事实表明，武则天确实是一位足以治国安邦的政治奇才，但是，中国封建社会自古以来就有排斥女人称帝执政的政治传统与社会观念。因此，武则天将自己的儿子推到一边，亲自执政，取李唐而代之的行为无论如何也是不会被当时的老百姓所认同的，当然更不会为当年追随李渊、李世民父子开创大唐帝业的旧臣勋戚及其后裔们所认同。所以，当武则天临朝称制的事实成真后，立即遭到李唐皇室追随者的强烈反对。光宅元年（684）冬，唐朝开国功臣、英国公李勣之孙徐敬业（即李敬业，其祖父李勣因有功于唐被赐国姓李）因"坐赃贬柳州司马，与唐之奇、杜求仁、骆宾王等在扬州起兵，反对武则天临朝，求得状貌类似太子贤者奉以为主，自称匡复府上将，领扬州大都督，有众十余万人，一面屯淮阴等地，一面渡江攻下润州"①，意欲推翻武则天的统治，还政于李氏。不过，作为起兵反对武则天的发起人，徐敬业清楚地知道要实现其推翻武则天统治的政治目标，必须集合反对武则天的所有政治力量，形成强大的"讨武勤王"的政治声势，最大限度地争取天下民心。为此，徐敬业扬州起兵前，特意请著名文学家骆宾王代自己起草了《讨武曌檄》以作号召。

徐敬业之所以请骆宾王代为起草《讨武曌檄》而不是自己执笔，不仅是因为骆宾王跟其有相似的政治遭遇（都在武则天执政时代遭贬而不得意）与共同的政治理念，而且因为骆宾王有非凡的文学才华（史载，骆宾王，字观光，婺州义乌人，以诗文闻名于初唐，与王勃等齐名，号为"初唐四杰"。曾任武功主簿、长安主簿、侍御史、临海丞等。光宅元年随徐敬业起兵反对武则天临朝称制，并代徐敬业起草《讨武曌檄》。起兵失败后，不知下落），足以担当起拟写《讨武曌檄》这样极为重要的政治宣言的任务。事实证明，骆宾王代徐敬业起草的《讨武曌檄》具有高度的政治智慧与修辞技巧，为徐敬业起兵造势发挥了无与伦比的宣传效果，对徐敬业在短时间内迅速聚集十余万众的"讨武勤王"力量起了巨大的推动作用。《资治通鉴》卷第二百零三《唐纪》十九《则天顺圣皇后》上之上记光宅元年事有曰："敬业自称匡复府上将，领扬州大都督。以之奇、求仁为左、右长史，宗臣、仲璋为左、右司马，思温为军师，宾王为记定，旬日间得胜兵十余万。移檄州县，略曰：'伪临朝武氏者，性非和顺，地实寒微。昔充太宗下陈，尝以更衣入侍，洎乎晚节，秽乱春宫。潜隐先帝之私，阴图后房之嬖，践元后于翚翟，陷吾君于聚麀。'又曰：'杀姊屠兄，弑君鸩母。人神之所同嫉，天地之所不容。'又曰：'包藏祸心，窥窃神器。君之爱子，幽之于别宫。贼之宗盟，委之以重任。'又曰：'一抔之土未干，六尺之孤何托！'又曰：'请看今日之域中，竟是谁家之天下！'太后见檄，问曰：'谁所为？'或对曰：'骆宾王。'太后曰：'宰相之过也，人有如此才，而使之流落不偶乎！'"可见，徐敬业请骆宾王草拟讨伐武则天的檄文确实是明智的。从武则天作为被讨伐的对象而对骆宾王的文笔持赞赏的态度，足以看出《讨武曌檄》是一篇连政敌也不得不高度认同的政治修辞文本。

---

① 夏征农. 辞海（1989年版）[M]. 缩印本. 上海：上海辞书出版社，1990：906.

二

历史事实证明，骆宾王代徐敬业起草的《讨武曌檄》具有极大的政治鼓动性，对徐敬业举兵起事，号令天下，迅速集聚"讨武勤王"力量起到了重要作用。这篇檄文何以有如此的魅力呢？下面我们先来看看《讨武曌檄》（全称《为徐敬业讨武曌檄》，据《古文观止》版①）的原文，分析其全文之语义脉络。

伪临朝武氏者，性非和顺，地实寒微。昔充太宗下陈，曾以更衣入侍。洎乎晚节，秽乱春宫。潜隐先帝之私，阴图后房之嬖。入门见嫉，蛾眉不肯让人。掩袖工谗，狐媚偏能惑主。践元后于翚翟，陷吾君于聚麀。加以虺蜴为心，豺狼成性。近狎邪僻，残害忠良。杀姊屠兄，弑君鸩母。人神之所同嫉，天地之所不容。犹复包藏祸心，窥窃神器。君之爱子，幽之于别宫。贼之宗盟，委之以重任。

呜呼！霍子孟之不作，朱虚侯之已亡。燕啄皇孙，知汉祚之将尽。龙漦帝后，识夏庭之遽衰。

敬业皇唐旧臣，公侯冢子，奉先君之成业，荷本朝之厚恩。宋微子之兴悲，良有以也。袁君山之流涕，岂徒然哉！是用气愤风云，志安社稷。因天下之失望，顺宇内之推心，爰举义旗，以清妖孽。南连百越，北尽三河，铁骑成群，玉轴相接。海陵红粟，仓储之积靡穷。江浦黄旗，匡复之功何远！班声动而北风起，剑气冲而南斗平。喑呜则山岳崩颓，叱咤则风云变色。以此制敌，何敌不摧？以此图功，何功不克？

公等或居汉地，或叶周亲，或膺重寄于话言，或受顾命于宣室。言犹在耳，忠岂忘心？一抔之土未干，六尺之孤何托？倘能转祸为福，送往事居，共立勤王之勋，无废大君之命，凡诸爵赏，同指山河。若其眷恋穷城，徘徊歧路，坐昧先几之兆，必贻后至之诛。

请看今日之域中，竟是谁家之天下！

骆宾王的《为徐敬业讨武曌檄》是用中国古代最为流行的骈文体写作的，极具文采。全文所写内容，如果转译成现代汉语，大致意思如下：

临朝称制，窃取李唐江山的武氏，本性并不和顺，出身实在卑微。早

---

① 吴楚材，吴调侯. 古文观止：下册［M］. 北京：中华书局，1959：299－302.

年被太宗皇帝选入宫中而为才人，偶因更衣之机而得宠幸。及至后来，又荒秽淫乱于太子宫中。太宗崩逝后，削发为尼，企图隐匿曾为先皇才人的秘史。后又蓄发还俗，企图入宫再得高宗皇帝的宠幸。然而，入宫便怀嫉妒之心，恃色傲物而不肯让人。毒如郑袖而工于谗言，狐媚邀宠而偏能惑主。以卑鄙手段登上皇后宝座，陷高宗父子于禽兽之伦。加上有一颗蛇蝎般狠毒的心，豺狼一般的本性，亲近李义府、许敬宗之类邪僻小人，残害褚遂良、长孙无忌等忠良之臣，杀其姐韩国夫人，屠其兄武惟良，弑君鸩母，诸般罪恶，实为人神所共愤，为天地所不容。不仅如此，武氏还包藏祸心，觊觎帝位。太子李显乃高宗爱子，即位不久，即被武氏所废，幽禁于别宫。而武氏宗族武承嗣、武三思之流，则被委以重任。唉！如今再也没有像霍光那样匡扶汉室的忠臣出现了，也没了朱虚侯刘章那样有血性的皇室成员。从赵飞燕残害皇孙，便知汉朝的气数将尽；由龙沫化为帝后，便知夏朝的国运已经衰退。

我徐敬业乃大唐的老臣，公侯的嫡子，承奉先皇之成业，深蒙本朝之厚恩。所以，深知商时宋君微子过殷墟而无限悲伤是有原因的，汉臣袁君山（即袁安）每论及天子幼弱、外戚专权而痛哭流涕不是无缘无故。要知正气可使风云愤怒，壮志可使国家安定。只要我们充分利用百姓万民对武氏的失望之情，顺应天下之人讨武复唐之愿，举起反武正义之旗，清除武氏在朝妖孽。在南到百越之境，北至三河之地，我们有铁骑成群，战车相接。海陵之粟积存多年，都已发酵变红，仓库里早已积储无数；大江之畔义旗飘扬，匡复大唐，建功立业，指日可待。战马鸣而秋风起，正是用兵之时；宝剑出鞘，杀气直逼南斗星。勇士之怒，足以使山岳崩塌；勇士之吼，足以使风云变色。以此士气，什么强大的敌人不能战胜？以此声势，什么伟大的功业不能成就？

诸位有的是异姓的臣子，有的是皇室的宗亲，有的负有托付的重任，有的是受命辅幼的重臣。而今先帝之嘱还余音在耳，臣子的忠心岂能都荡然无存？一捧新坟之土未干，六尺幼主何以寄托？如果诸位勠力同心，共举义旗，扭转乾坤，转祸为福，慰高宗之亡灵，定中宗之大位，共立勤王之大功，不弃先帝之遗命，那么所有参与恢复大业者都会有晋爵封赏，这可以同指山河为证。如果诸位贪恋目前的既得利益，关键时刻犹豫不决，看不清大势先机，则必有无穷之后患。

诸位请放眼今日全国上下，看看究竟是谁家的天下！

从上述原文与译文不难看出，《讨武曌檄》所要表达的主旨，实际上就是一句话：武则天篡夺李唐天下不合法，我们大家一起举兵推翻她，恢复李唐皇室政权。很明显，这篇檄文既是徐敬业"讨武勤王"的战前动员令，也是传檄天下的政治宣传广告。

从内容上分析，檄文在语义脉络上大致可以分为四个部分，分别是：第一部分自文章开头迄于"龙漦帝后，识夏庭之遽衰"一句，是揭露武则天以不正当手段上位的隐私，以及私德不修、阴险狠毒、谋夺权位、危及李唐天下等种种恶行；第二部分自"敬业皇唐旧臣"一句起，迄于"何功不克"一句，是陈述此次发起"反武勤王"战争的原因及其正义性，并分析了"反武勤王"的有利形势及其必然胜利的前景；第三部分自"公等或居汉地"一句起，迄于"必贻后至之诛"一句，是对所有世受李唐皇恩的旧臣勋戚以及天下正义之士的劝谏，希望他们不负先皇重托，牢记李唐世恩，认清天下大势，迅速作出决断，立即举兵响应徐敬业的倡议，共同举旗张义，匡复李唐江山，以免贻误战机，后悔莫及；第四部分就是全文最后两句："请看今日之域中，竟是谁家之天下"，是昭告天下人一个事实："李唐江山已经易主"，提醒大家必须起而推翻武则天的统治，恢复李唐皇室政权。

檄文的四个部分在逻辑语义上严密相扣，第一部分历数武则天的罪恶，揭其隐私，意在激起天下人的愤怒之情，唤醒所有正义之士的良知。用我们今天的话来说，就是拉仇恨，博同情。这是非常高明的政治智慧，也是一种非常有效的攻心战术，是檄文具有煽情性、鼓动性的重要构成因子。第二部分是陈事说理，以道义与正义说服所有世受皇恩的旧臣勋戚与天下正义之士要秉承忠臣孝子的良知，勇敢地担起匡复李唐江山的神圣责任，并展望未来，描绘了"讨武勤王"必胜的光玥前景，以此鼓舞士气，唤起大家的斗志。第三部分是忆往昔，以情动人，晓之以君臣大义，说之以切身利害，以此坚定大家的信心，打消其顾虑，敦促其毫不犹豫地起而响应徐敬业的倡议，立即投身"讨武勤王"的伟大战争。第四部分是一句口号，以反问句形式呈现，意在强调全文所要揭示的主旨，既是全文的"文眼"，又是拷问受众灵魂、检视其道德正义感的必答"试题"，由此将檄文的政治鼓动性效果推向了高潮。

三

骆宾王代徐敬业起草的这篇《讨武曌檄》，之所以能在当时起到巨大的号召力，帮助贬官失势的徐敬业在极短的时间内积聚起十余万众举旗反对武则天的力量，与这篇檄文在政治修辞上的高超水平分不开。

从政治修辞学的视角看，这篇《讨武曌檄》之所以被中国历代文人视为千古雄文，在中国古代无数起兵举事的檄文中成为范本，至少跟此文在以下两个方面的突出表现分不开。

其一，作为政治人，骆宾王（徐敬业的代言人）很好地遵循了现实政治情境下政治修辞的第一原则——"知人论事"①。众所周知，徐敬业举旗起兵讨伐武则天，从本质上说，是李唐皇权与武氏后党之间的政治斗争，是男权政治与女权政治之间的斗争，事涉执政权合理性的观念认同之争。研究政治学的学者都知道，按照理想的政治模式，治国安邦应该秉持"贤人治国""能人治国"的原则。也就是说，谁有让万民敬服的贤德，谁有治国安邦的能力，就由谁君临天下，为天下之主。因此，从理论上说，男人可以统治天下，女人也可以做天下之主。但是，在中国封建时代的现实政治模式下，谁能当皇帝，谁不能当皇帝，事实上是有既定的政治伦理规范的。这种政治伦理规范并不是先天就存在的，而是自先秦时代就已开始的政治实践所形成的政治现实铸就。在中国历史上，由于自古以来统治天下或管理一国的都是男人，而不是女人，这就使人产生一种错觉，以为"存在的就是合理的"，由此慢慢形成一种社会心理：男人统治天下是天经地义的，而女人当政则是大逆不道。如果存在特殊原因，需要女人执政，也一定要找一个名正言顺的理由（诸如主幼君弱），而且只能是以太后垂帘的形式实施。否则便被视为"牝鸡司晨"，有违天道，不仅不为天下人所认同，而且会让世人群起而攻之。当然，这是没有道理的。然而，中国封建时代长期的政治现实是如此，遂使女人不能当政的观念成了全民"集体无意识"的价值观念认同。骆宾王代徐敬业起草《讨武曌檄》，之所以开篇第一字便是"伪"字，就是基于上述中国古代社会政治的价值观念认同，是要从根本上否定武则天以女性身份临朝执政的合理性。很明显，《讨武曌檄》的这种选词用字是一种高超而居心叵测的政治修辞，是一击便能致命的神来之笔，是交际者（骆宾王）自觉贯彻现实政治情境下"知人论事"的政治修辞原则的鲜明体现。至于接下来对武则天以一身而侍唐太宗、唐高宗父子二人（"昔充太宗下陈，曾以更衣入侍。洎乎晚节，秽乱春宫。潜隐先帝之私，阴图后房之嬖"）的发迹丑史的解密，对其好嫉本性（"入门见嫉，蛾眉不肯让人。掩袖工谗，狐媚偏能惑主"）的贬斥，对其"残害忠良""杀姊屠兄，弑君鸩母"罪行的声讨，对其"包藏祸心，窥窃神器"阴谋的揭发，对其不顾夫妻之情、母子之义而迫害唐中宗李显（"君之爱子，幽之于别宫"）事实的指陈，对其结党营私、不顾公义

---

① 吴礼权. 政治修辞与比喻文本建构［J］. 阜阳师范大学学报（社会科学版），2020（3）：45.

（"近狎邪僻""贼之宗盟，委之以重任"）行为的痛斥，都是为了彻底否定政敌武则天，进而激起民众愤怒之情的政治修辞，是"有所为而为"地贯彻"知人论事"政治修辞原则的表现。正因为如此，这篇《讨武曌檄》对武则天产生了巨大的杀伤力，对提升徐敬业发起的"讨武勤王"战争的正义性与号召力起了巨大的作用。

其二，作为政治人，骆宾王巧妙地将排比、用典、示现、设问、仿拟等多种修辞手法灵活运用，并融于一体，从而极大地提升了《讨武曌檄》的政治宣传效果，助推了徐敬业"讨武勤王"战争的声势，成为中国古代檄文政治修辞的范本。

纵观檄文，以排比手法建构的修辞文本最多。其中，有以对句形式呈现的，也有以多句式呈现的。如全文第一部分，主要就是以对句式呈现的。比方说，"昔充太宗下陈，曾以更衣入侍。洎乎晚节，秽乱春宫"与"潜隐先帝之私，阴图后房之嬖"，是铺陈武则天媚主发迹丑史的；"入门见嫉，蛾眉不肯让人。掩袖工谗，狐媚偏能惑主"，是铺陈武则天好嫉工谗本性的；"虺蜴为心，豺狼成性"，是铺陈武则天心性狠毒的；"近狎邪僻，残害忠良"，是铺陈武则天用人恶政的；"杀姊屠兄，弑君鸩母"，是铺陈武则天丧尽天良的滔天之罪的；"君之爱子，幽之于别宫。贼之宗盟，委之以重任"，是铺陈武则天结党营私、排斥异己的事实。这些对句式排比修辞文本的建构，不仅使表义显得充足酣畅，将武则天的为人之不堪作了淋漓尽致的展露，加深了接受者的印象，而且在客观上还有一种"壮文势"[①] 的效果，加深了接受者的印象。因为这些修辞文本连续集结于檄文的第一部分，极易造成一种排山倒海的气势，对接受者的心理产生极大的冲击。这对于提升檄文的煽动性、鼓动性的政治修辞效果，无疑是非常重要的。又如檄文第二部分，也有许多对句式的排比修辞文本建构。比方说，"奉先君之成业，荷本朝之厚恩"，是铺陈举事者徐敬业特殊身世的；"宋微子之兴悲，良有以也。袁君山之流涕，岂徒然哉"，是铺陈古代忠臣贤良忠义之情的；"气愤风云，志安社稷"，是铺陈"讨武勤王"战争正义性的；"因天下之失望，顺宇内之推心"，是铺陈讨武勤王战争必要性的；"南连百越，北尽三河"，"铁骑成群，玉轴相接"，"海陵红粟，仓储之积靡穷。江浦黄旗，匡复之功何远"，"班声动而北风起，剑气冲而南斗平"，"暗鸣则山岳崩颓，叱咤则风云变色"，都是铺陈"讨武勤王"义军气势的。这些对句式的排比修辞文本建构，异乎寻常地集结于檄文的第二部

---

① 陈骙. 文则（庚条一）［M］//蔡宗阳. 陈骙《文则》新论. 台北：文史哲出版社，1993：589.

分，不仅以酣畅充足的表义强化了"讨武勤王"战争的正义性与必获全胜的可靠性，而且以磅礴的文势使檄文更具煽情力，进而大大提升"讨武勤王"战争的号召力。再如全文第三部分，也有不少排比修辞文本的建构。其中，多句式的排比是"公等或居汉地，或叶周亲，或膺重寄于话言，或受顾命于宣室"，是铺陈"讨武勤王"战争责任人的，意在强调这场战争可以争取团结的力量有很多。对句式的排比，有"转祸为福，送往事居"，"共立勤王之勋，无废大君之命"，是从正面铺陈积极"讨武勤王"的结果；"眷恋穷城，徘徊歧路"，"坐昧先几之兆，必贻后至之诛"，则是反面铺陈消极"讨武勤王"的后果。这些不同类型的排比修辞文本在檄文最后一部分的集结，将"讨武勤王"的政治责任与意义进行了充分申述。虽然有软硬兼施的政治绑架意味，但不乏温情脉脉、语重心长的劝谏诚意。因此，这篇《讨武曌檄》才会发挥巨大的号召力，为徐敬业"讨武勤王"的联合战线迅速结成起了关键性的助推作用。

以用典手法建构的修辞文本，在檄文中有很多。如檄文第一部分，就用了六个典故。第一个典故是"掩袖工谗"，用的是《战国策·楚策四》楚怀王宠妃郑袖设计陷害魏王所赠魏国美人的典故。其文曰："魏王遗楚王美人，楚王说之。夫人郑袖知王之说新人也，甚爱新人，衣服玩好，择其所喜而为之；宫室卧具，择其所善而为之。爱之甚于王。王曰：'妇人所以事夫者，色也；而妒者，其情也。今郑袖知寡人之说新人也，其爱之甚于寡人，此孝子所以事亲，忠臣之所以事君也。'郑袖知王以己为不妒也，因谓新人曰：'王爱子美矣。虽然，恶子之鼻。子为见王，则必掩子鼻。'新人见王，因掩其鼻。王谓郑袖曰：'夫新人见寡人，则掩其鼻，何也?'郑袖曰：'妾知也。'王曰：'虽恶，必言之。'郑袖曰：'其似恶闻君王之臭也。'王曰：'悍哉!'令劓之，无使逆命。"骆宾王用此典故，是将武则天比作楚怀王夫人郑袖，而郑袖是中国历史上谗言惑主的典型，其对武则天的贬斥之意也就可想而知了。同时，还以此典故影射武则天扼死亲生女儿嫁祸王皇后而使之失宠的狠毒行径。第二个典故是"陷吾君于聚麀"，其中的"聚麀"（意谓几只公鹿共有一只母鹿）语出《礼记·曲礼上》："夫惟禽兽无礼，故父子聚麀。"骆宾王用此典故，是说武则天既侍唐太宗为才人，又为唐高宗之皇后，使唐高宗陷入乱伦之境地。第三个典故是"霍子孟之不作"一句，其中的"霍子孟"是指西汉名臣霍光。霍光曾受汉武帝遗诏，先后辅佐汉昭帝、汉宣帝而使西汉王朝在汉武帝之后的朝政得以安定。骆宾王用此典故，意在感叹武则天乱政，而大唐王朝却无霍光这样的重臣出来拨乱反正。第四个典故是"朱虚侯之已亡"一句，其中的"朱虚侯"是指汉高祖刘邦之孙刘章。刘邦死后，吕后独擅朝政，残害刘氏宗室，而重用娘家吕氏诸王，刘章为之愤恨难平。吕后死后，刘章与丞相陈平、太尉周勃等合力诛灭诸吕，迎代王刘恒进京为帝，是为汉文帝，从此使汉王朝重新走上正轨，并迈入"文景之治"的盛世，为汉武帝施展雄才大略，将大汉王朝推到鼎盛状态奠定了坚实的基础。骆宾王用刘章的典故，是暗中将武则天比吕后，将诸武氏宗族专权比作诸吕劫掠刘氏江山。同时，也是借此感叹武则天乱政，而李唐宗室却无刘章一类人物出头露面。第五个典故是"燕啄皇孙"二句，用的是汉成帝皇后赵飞燕无子而妒杀汉成帝诸妃所生皇子，致使汉成帝无后，不久被外戚王莽篡位，西汉灭亡的典故。骆宾王用此典故，意在借此暗指武则天先后废黜杀害李忠、李弘、李贤诸皇子之事，告诫天下之人武则天危害唐祚的事实。第六个典故是"龙漦帝后"二句，用的是《史记·周本纪》所载周厉王时将夏末所储龙漦之盒打开，致使龙漦溢出，化为玄鼋流入后宫而使一宫女感而有孕，生下褒姒，后成为幽王之妃，惑乱朝政，终使西周灭亡的典故。骆宾王用此典故，意在以此证明历代王朝灭亡都与女人乱政有关，暗指武则天是亡唐的妖女。

又如檄文的第二部分，用了三个典故。第一个典故是"宋微子之兴悲"，用的是商朝灭亡后商纣王庶兄、宋国的开国之君微子启前往朝见周武王，路过殷商旧都，见满目荒凉之景，不胜感伤而作《麦秀之歌》（事见《尚书大传》）的典故，这是骆宾王代传檄之主徐敬业在抒发感慨，是将徐敬业比作亡国的宋微子，将衰落不振的李唐宗室比作灭亡的殷商王朝，希望以此激起李唐旧臣反对武则天临朝、还政于李唐的血性之勇。第二个典故是"袁君山之流涕"，用的是东汉袁君山（即袁安）每同公卿言国家事，说到天子幼弱、外戚专权而暗鸣流涕的典故。骆宾王用此典故，是将传檄之主徐敬业比作东汉耿直之臣袁君山，将武承嗣、武三思等武氏势力比作东汉时专权祸国的外戚，希望以此唤醒天下正义之士奋起推翻武氏统治集团、匡复李唐皇权的良知。第三个典故是"海陵红粟，仓储之积靡穷"，用的是西汉吴王刘濞积粮于海陵而与汉景帝中央政权对抗（即"七国之乱"）的典故。骆宾王用此典故暗示天下人徐敬业起兵之地乃是昔日西汉吴王刘濞统治的富庶之地，有足够的实力可以跟武则天的中央政权抗衡，意在鼓舞士气，号召天下。

再如檄文第三部分，用了两个典故。第一个典故是"同指山河"，用的是汉初大封功臣时汉高祖与受封功臣起誓的典故。其誓词有曰："使河如带，泰山若厉。国以永宁，爰及苗裔。"骆宾王用此典故，意在以功名爵位利诱天下有志于追随徐敬业起兵者，为即将展开的反武勤王战争集聚有生力量。第二个典故是"必贻后至之诛"，用的是夏禹聚群臣于会稽，防风氏后至而杀之的典故（事见《史记·夏本纪》）。骆宾王用此典故，意在警告那些对于"讨武勤王"战争持犹豫彷徨态度者，以此促使他们下定决心。可见，骆宾王以用典手法建构以上诸多修辞文本，是一种政治修辞行为。这些用典修辞文本在表达上皆有"援古以证今"的作用，有力地提升了檄文的宣传鼓动效果，增强了徐敬业为起兵而传檄天下的说服力，使其发起的"讨武勤王"战争显得更具正义性和合理性。

以示现手法建构的修辞文本，文中共有三处。第一处是在檄文的第二部分，其文曰："南连百越，北尽三河，铁骑成群，玉轴相接。海陵红粟，仓储之积靡穷。江浦黄旗，匡复之功何远！班声动而北风起，剑气冲而南斗平。暗鸣则山岳崩颓，叱咤则风云变色。"这些文字所描写的战争场景，并非骆宾王写作时眼前所见，而是其想象，属于"预言的示现"，将尚未出现的"讨武勤王"战争波澜壮阔、摧枯拉朽的情景与气势写得如在眼前，这是以未来前景唤起天下人参与"讨武勤王"战争热情的诱导性政治修辞。第二处是"转祸为福，送往事居，共立勤王之勋，无废大君之命，凡诸爵赏，同指山河"一段文字，以表假设关系词"倘能"领起，所写"讨武勤王"战争成功后功臣们立功受赏封爵与新皇帝共指山河起誓的情景，也不是作者骆宾王写作时所见之事实，而是预言式设想，目的是利诱天下人积极参与徐敬业发起的"讨武勤王"战争。第三处是"眷恋穷城，徘徊歧路，坐昧先几之兆，必贻后至之诛"，以表假设关系词"若其"领起，所写"讨武勤王"战争胜利后消极应对者受到惩罚的后果，也不是已然事实，而是作者骆宾王的预想，目的是要挟那些对"讨武勤王"战争持消极态度而犹豫不决者。可见，骆宾王的这些示现修辞文本建构，都是政治修辞行为，是为达成其传檄天下，集聚"讨武勤王"战争力量的政治目的。事实上，这些修辞文本的建构是有效果的，蛊惑了很多不明真相者，对于扩大徐敬业起兵的气势与号召力都发挥了重要作用。不然，徐敬业以贪赃被贬的柳州司马身份是绝对纠合不起足够的力量掀起一场轰轰烈烈的"讨武勤王"战争的。

以设问建构的修辞文本，文中也有很多。如檄文的第二部分就有四处：一是"袁君山之流涕，岂徒然哉"，意谓袁君山感慨国事日非、朝纲不振是有原因的。二是"江浦黄旗，匡复之功何远"，意谓沿江到处都见反武勤王的义军大旗，推翻武氏、匡复李唐的大功就不远了。三是"以此制敌，何敌不摧"，意谓凭徐敬业领导的反武勤王力量的浩大声势，是一定能够克敌制胜，摧毁武则天统治集团的。四是"以此图功，何功不克"，意谓凭徐敬业领导的反武勤王力量建立匡复李唐之大功，是一定能够达成的。檄文的第三部分，有两处设问修辞文本的建构：一是"言犹在耳，忠岂忘心", 意谓先皇唐高宗的遗言大家都还记得, 受命之臣不可忘了忠心辅国初心。二是"一抔之土未干, 六尺之孤何托", 意谓唐高宗死了不久, 新坟之土还没干透, 辅佐新君的托付没有落实。檄文的第四部分, 则有一处设问修辞文本的建构, 即"请看今日之域中, 竟是谁家之天下", 意谓现今的天下已经不姓李而姓了武。上述诸多设问修辞文本的建构, 由于均以"激问"的形态呈现, 其要表达的语义都在设问的反面, 因此, 不仅有加强语气与文势的效果, 而且有引人注意、发人深思的作用, 对提升檄文的宣传鼓动效果明显是有重要作用的。可见, 骆宾王建构这些设问修辞文本均以"激问"形态呈现, 是一种政治修辞行为, 是为提升传檄天下的政治宣传效果服务的。

以仿拟手法建构的修辞文本, 在檄文中有一处, 这就是檄文第二部分的末尾八句: "班声动而北风起, 剑气冲而南斗平。暗鸣则山岳崩颓, 叱咤则风云变色。以此制敌, 何敌不摧? 以此图功, 何功不克?"它是仿拟隋末祖君彦《为李密讨炀帝檄》(即《为李密檄洛州文》): "百万成旅, 四七为名。呼吸则河渭绝流, 叱咤则嵩华自拔。以此攻城, 何城不陷? 以此击阵, 何阵不摧?"这一仿拟修辞文本, 虽然"与祖文句法惟妙惟肖, 题材内容大概相仿", 但是"骆文前二句之'山岳风云', 兼含天地, 境界雄伟壮阔。后四句的'制敌图功'较'攻城陷阵'尤为积极周延。在文章技巧和气势上, 后来者居上"[1]。除此, 骆宾王仿拟隋末祖君彦《为李密讨炀帝檄》, 应该还有一层深意, 那就是暗中将武则天跟暴君隋炀帝相比。而隋炀帝亡国之事在618年, 离徐敬业反对武则天起兵于扬州的684年, 时间间隔不到百年, 唐朝的民众应该记忆犹新。可见, 骆宾王不仿拟汉末陈琳《讨贼檄文》(即《为袁绍檄豫州文》), 而刻意仿拟祖君彦《为李密讨炀帝檄》, 不是无意的修辞行为, 而具有深刻用意、别有用心的政治修辞行为, 意在质疑武则天临朝执政的合理性, 由此凸显徐敬业传檄天下、推动"讨武勤王"战争的正当性。

参考文献

1. 陈骙. 文则 (庚条一) [M] //蔡宗阳. 陈骙《文则》新论. 台北: 文史哲出版社, 1993.

2. 夏征农. 辞海 (1989年版) [M]. 缩印本. 上海: 上海辞书出版社, 1990.

3. 沈谦. 修辞学 [M]. 台北: 空中大学, 1996.

4. 吴礼权. 政治修辞与比喻文本建构 [J]. 阜阳师范大学学报 (社会科学版), 2020 (3).

---

① 沈谦. 修辞学 [M]. 台北: 空中大学, 1996: 159.

A Political Rhetorical Analysis of the Prose of *A Call for a Crusade against Wu Zhao*

Xie Yuanchun[1]　　Wu Liquan[2]

(*International College of Chinese Language and Culture*, *Hunan Normal University*,
Changsha, 410006; *Department of Chinese Language and Literature*, *Fudan University*,
Shanghai, 200433)

Abstract: The Prose of *A Call for a Crusade against Wu Zhao* is one of the representative works by Luo Binwang, a litterateur of Tang Dynasty, as well as a masterpiece of prose of crusade in China in the ancient times. The prose played a great role in advancing the war of a crusade against Wu to save the empire, which was launched by Xu Jingye to protest against the practice of the government of the empire by Wu Zetian instead of her sons. Thus, it deserved to be called a great work in ancient. As a prose to call for a crusade against Wu Zetian, in essence, it was a political rhetorical text. Its great public appeal as a political rhetorical text originated from the principle of "to know a person, and then discuss their matter" in political rhetoric which Luo Binwang pursued successfully, and the great wisdom shown in his political rhetorical skill. The author cleverly made such a flexible use of such rhetorical devices such as parallelism, allusion, vision, rhetorical question, parody, and integrated them into a whole in the prose, so that its political publicity effect was greatly improved, which contributed to the fame of Xu Xingye. Therefore, he was able to justified his pursuit of crusade against Wu to save the empire. And the great success of this prose made it a sample of political rhetorical text in China in the ancient times.

Key Words: *A Call for a Crusade against Wu Zhao*; political rhetoric; principle; rhetorical skill

外交修辞研究

外交语篇隐喻的衔接与连贯功能①

闫亚平[1] 喻　珊[2②]

（1. 华北水利水电大学外国语学院　郑州　450046；
2. 华北水利水电大学社会科学处　郑州　450046）

摘　要：语篇不是一堆句子的胡乱组合，而是有着外在形式上的衔接手段和内在语义上的连贯机制。隐喻作为人类在始源域和目标域概念之间建立系统性映射的基本手段，是借助相似性（创造相似性）通过另一类事物（始源域/喻体）来理解和经历某一类事物（目标域/本体）的基本方式，其所具有的体系性和结构性，使其在外交语篇外在形式衔接与内在语义的连贯中发挥着"总文理""统首尾""合涯际"的重要语篇功能。

关键词：外交语篇；隐喻；语篇衔接与连贯

一、引言

何谓语篇？韩礼德与哈桑（Halliday & Hasan，1976）在 *Cohesion in English* 一书中，把语篇定义为口语或书面语中长度不定、语义上完整的语段。它与句子或小句的根本不同，不在于篇幅的长短，而在于衔接。"语篇（text）与非语篇（non-text）的根本区别在于是否具有语篇性（texture）"，而"语篇性是由衔接关系（cohesive relation）形成的"。③ 于是，他们把语篇的衔接关系又进一步分成语法手段和词汇手段。前者如照应（reference）、替代（substitution）、省略（ellipsis）、连接词（conjunction）等；后者如词语重复（repetition）、同义（synonymy）、上下义（hyponymy）和搭配（collocation）等。但正如朱永生（1997）所指出的，"韩礼德

---

①　本文为2021年度河南省社会科学界联合会调研课题"汉语和西班牙语'水'隐喻对比研究"（项目编号：SKL-2021-1972）和河南省高等学校青年骨干教师培养计划资助项目（项目编号：2020GGJS096）阶段性成果。

②　作者简介：闫亚平，复旦大学文学博士，华北水利水电大学外国语学院副教授，兼任中国修辞学会理事。喻珊，西班牙萨拉曼卡大学文学硕士，华北水利水电大学社会科学处成果管理科副科长。

③　HALLIDAY M A K & HASAN R. Cohesion in English ［M］. London：Longman Publishing Group，1976：2.

以及哈桑先后多次强调衔接对连贯的重要性，认为衔接是连贯的必备条件之一。然而，语言交际中的许多实例都证明，连贯的语段不一定是衔接的"，"连贯是一个语义概念，它指的是话语内不同组成部分之间在意义上的联系"。① 因此，目前学界普遍倾向于把衔接看作语篇表层的形式上的结构关系，而把连贯（coherence）看作语篇内在的内容上的语义联系，是语篇各部分之间的深层纽带。可见语篇不是一堆句子的胡乱组合，而是有着外在形式上的衔接手段和内在语义上的连贯机制。

对此，我们把外交语篇定义为：口头或书面上长度不定的、语义上完整的涉及一个国家对外交往的语段。它可以是能够代表国家的国家领导人在外交场合发表的主旨演讲、致辞、讲话、宣言及外交谈判，在其他国家媒体刊发的署名文章，与其他国家共同发布的声明公报、签发的条约文件，国家领导人或外交部发言人在外交场合的访问、答记者问等典型外交语篇，也可以是涉及国家对外交往和宣传的非典型外交语篇，如国防白皮书，国家战略报告，涉及国家政策、形象和立场的其他政治语篇等。可见，在信息化和全球化高度发达的今天，只要涉及国家政治理念、立场和主张的官方话语都可看作广义上的外交语篇。

而隐喻作为人类认知和思维的一种基本方式与手段，并不是两个词语或概念的简单替换，而是借助相似性（或创造相似性）通过另一类事物（始源域/喻体）来理解和经历某一类事物（目标域/本体），是两个不同语义领域的互动。因此，这种理解和经历是系统性、体系性的映射和类比，而不是个别的、偶然的。"隐喻概念的系统性和概念域之间的互动赋予了隐喻的语篇功能。"② "作为人类概念系统的重要组成部分，隐喻在语言交际过程中发挥着重要作用，从而在语篇层面上作为一种语篇策略实施语篇组织功能。"③ 可见，隐喻作为人们在不同概念域之间建立系统性映射的基本手段，其所具有的体系性和结构性，使其在语篇的外在形式衔接与内在语义的连贯中也发挥着重要的语篇功能。

那么，在外交语篇中隐喻能够发挥什么样的语篇衔接与连贯作用？本文试对此展开探讨。首先，根据隐喻在外交语篇中作用和贯穿的范围，我们将其分为局部隐喻和语篇隐喻。

---

① 朱永生. 韩礼德的语篇连贯标准：外界的误解与自身的不足 [J]. 外语教学与研究，1997（1）：22-23.
② 苗兴伟，廖美珍. 隐喻的语篇功能研究 [J]. 外语学刊，2007（6）：51.
③ 董素蓉，苗兴伟. 隐喻的语篇衔接模式 [J]. 外语学刊，2017（3）：33.

二、外交语篇局部隐喻的衔接与连贯功能

外交语篇作为主要用于国家行为体外交事务和国际关系领域的一种政治语篇，其主要题旨便是承载着国家身份的修辞建构，从而确定国家利益和国家行为，维护国家尊严与地位，获得国际政治支持与政治合作。这种国家身份的修辞建构，又具体表现为国家形象与立场（即国家个体身份）的修辞建构和国家间亲切、友好、合作的"群内成员关系"（即国家社会身份）的修辞建构。所谓局部隐喻，指的是作用和贯穿于语篇一个语段或几个语段的隐喻。外交语篇中，局部隐喻在有助于交际主体国家更好地表情达意——国家良好形象与立场的修辞建构和国家间亲切、友好、合作的"群内成员关系"修辞建构的同时，也发挥着重要的语篇衔接与连贯功能。如：

（1）①中国是世界第二大经济体，有13亿多人口的大市场，有960多万平方公里的国土，中国经济是一片大海，而不是一个小池塘。②大海有风平浪静之时，也有风狂雨骤之时。③没有风狂雨骤，那就不是大海了。④狂风骤雨可以掀翻小池塘，但不能掀翻大海。⑤经历了无数次狂风骤雨，大海依旧在那儿！⑥经历了5 000多年的艰难困苦，中国依旧在这儿！⑦面向未来，中国将永远在这儿！（习近平《共建创新包容的开放型世界经济——在首届中国国际进口博览会开幕式上的主旨演讲》，2018年11月5日）

例（1）所选语段共有7句话，其中第1句便出现了"中国经济是一片大海，而不是一个小池塘"这一从正面和反面分别设喻的显性隐喻。其中，"中国经济"是目标域，始源域分别为"大海"和"小池塘"。围绕这一隐喻，第2、3、4、5句依靠词汇——"大海""风狂雨骤""小池塘""狂风骤雨"的多次重复，分别与第1句形成语篇形式上的紧密衔接；而第6、7句则依靠目标域与始源域的替换，即用本体"中国"来替换喻体"大海"，从而与前5句共同形成结构形式上衔接紧密的整个语段。可见，例（1）所选语段中的7句话，其实都是围绕"中国经济是一片大海，而不是一个小池塘"这一隐喻展开，通过词汇重复和替换等衔接手段形成衔接紧密、流畅自然的整个语段。同时，从语义上看，语段第1句便出现的"中国经济是一片大海，而不是一个小池塘"这一隐喻是贯穿整个语段的主线，发挥着中心线索和枢纽般的重要连贯作用。为了更好地理解中国经

济将保持长期健康稳定发展、具有强大韧性、宽广发展空间和光明前景的良好形象，交际主体中国在语段的第 1 句话中就从正面设喻"中国经济是一片大海"，从反面设喻"中国经济不是一个小池塘"。始源域"大海"和"小池塘"各有什么特征？为什么把"中国经济"隐喻成"大海"，而不是"小池塘"？第 2、3、4、5 句围绕这一隐喻的语义展开了进一步的论述与说明。解释始源域的特征，目的主要是更好地说明目标域，于是，第 6、7 句又重新回到目标域，以第 2、3、4、5 句对始源域"大海"和"小池塘"特征的论述，有力展现目标域——中国和中国经济的稳定基石、广阔前景和光明未来，并最终形成了语义连贯的整个语段。综上所述，无论是从语篇衔接上看，还是从语义连贯上看，例（1）中第 1 句便出现的"中国经济是一片大海，而不是一个小池塘"这一隐喻，是贯穿整个语段衔接与连贯的主线与中心线索。它在整个语段的有机形成中发挥着枢纽般的语篇衔接与连贯作用，是整个语段一步步展开的主导线索。

外交语篇中，不仅处于某个语段的显性隐喻能够发挥有效的语篇衔接与连贯作用，贯穿好几个语段的隐性隐喻更是如此。如：

（2）①很高兴在万象更新的时节应马塔雷拉总统邀请，对意大利共和国进行国事访问。……

②中国和意大利是东西方文明的杰出代表，在人类文明发展史上留下浓墨重彩的篇章。……

③进入当代，沿着古人友好交往的足迹，中意关系不断焕发出新的勃勃生机。1970 年中华人民共和国同意大利共和国建立外交关系。2020 年两国将迎来建交 50 周年。建交以来，无论国际风云如何变幻，两国始终相互信任、密切合作，树立了不同社会制度、文化背景、发展阶段国家互利共赢的典范。中意两国牢固的传统友谊历久弥新，成为双边关系快速稳定发展的坚实支柱。

④——中意友谊扎根在深厚的历史积淀之中。两千多年交往史为中意两国培育了互尊互鉴、互信互谅的共通理念，成为两国传统友谊长续永存、不断巩固的保障。面对当今世界的变革和挑战，两国从历史沧桑中汲取宝贵经验，……

⑤——中意友谊凝结在深厚的战略互信之中。……

⑥——中意友谊体现在丰富的务实合作之中。……

⑦——中意友谊传承于密切的文化交流之中。中意两国人民对研习对方文化抱有浓厚兴趣。……助力亚平宁半岛上的"汉学热"长盛不衰。

⑧……把中意关系提高到新的更高水平，共同维护世界和平稳定和发

展繁荣，是历史赋予我们的责任。我愿通过这次访问，同意大利领导人一道擘画中意关系蓝图，引领中意关系进入新时代。

⑨我们愿同意方提升全面战略伙伴关系，……

⑩我们愿同意方共建"一带一路"，……

⑪我们愿同意方拓宽务实合作领域。……双方可以深入挖掘在港口物流、船舶运输、能源、电信、医药等领域合作潜力，鼓励两国企业开展第三方市场合作，实现互利多赢。

⑫我们愿同意方密切人文交流。……

⑬我们愿同意方加强国际事务和多边组织内的协调。……促进多边主义和自由贸易，维护世界和平稳定和发展繁荣。

⑭回首50年，中意关系深耕厚植、硕果累累。展望新时期，中意合作欣欣向荣、前景广阔。中国人民期待着同友好的意大利人民携手努力，为两国关系发展培育更加艳丽的花朵，让中意友谊不断焕发新的生机活力。（习近平《东西交往传佳话　中意友谊续新篇》，2019年3月20日）

例（2）所选语段为整个外交语篇。整体上看，从第3语段开始出现直至几乎贯穿语篇末尾第14语段的词语"焕发"（2次）、"勃勃生机"、"树立"、"扎根"、"培育"（2次）、"长盛不衰"、"繁荣"（2次）、"挖掘"、"深耕厚植"、"硕果累累"、"欣欣向荣"、"艳丽的花朵"、"生机活力"等都属于"植物"范畴，是上义词"植物"的下义词。可见，交际主体国家在这里把"中国和意大利（两国/我们愿同意方/双方）/中意关系/中意友谊/中意合作"隐喻成富含积极联想义和成果收获的"植物"。这些同属于"植物"的下义词构成共同下义关系，加上目标域"中国和意大利（两国/我们愿同意方/双方）/中意关系/中意友谊/中意合作"这一词汇的重复出现，使得整个外交语篇的第3至14语段形式上衔接紧密、自然。从语义上看，第3语段开始直至几乎贯穿语篇末尾第14语段的是根隐喻"中国和意大利（两国/我们愿同意方）/中意关系/中意友谊/中意合作是植物"。围绕这一根隐喻，原本没有生命特征的中国和意大利及其关系/友谊/合作被隐喻成有生命的植物，以植物的健康生长状态——焕发出新的勃勃生机、长盛不衰、繁荣，来隐喻性凸显中国和意大利之间充满美好前景与收益的良好合作关系；以植物扎根、培育对收获的重要作用和扎根、培育与收获之间联系的必然性，来隐喻性构筑中国和意大利之间友谊的稳固性和给双方国家都会带来发展的富含成效性；以植物只要深入挖掘、深耕厚植，就会硕果累累，来隐喻性地对中国和意大利之间合作的成效、价值和意义进行充分肯定与赞许；以植物成长的欣欣向荣、开出艳丽花朵和焕发生机活力，来隐喻性凸显中国与意大利之间富有成效而共同发展、彼此受益的合作前景。

可见，贯穿第 3 至 14 语段的根隐喻"中国和意大利（两国/我们愿同意方）/中意关系/中意友谊/中意合作是植物"，不仅通过始源域"植物"范畴下义词的陆续出现和目标域的重复出现，发挥着重要的语篇衔接作用，还通过语义上目标域"中国和意大利（两国/我们愿同意方）/中意关系/中意友谊/中意合作"与始源域"植物"的系统映射和类比，发挥着重要的语篇连贯作用。

三、外交语篇语篇隐喻的衔接与连贯功能

所谓语篇隐喻，指的是作用和贯穿于整个语篇的隐喻。外交语篇中，语篇隐喻在有助于交际主体国家更生动形象、更有说服力地表情达意的同时，也发挥着重要的语篇衔接与连贯作用。如：

（3）今年是国际金融危机爆发 10 周年。

……关键时刻，占世界经济总量85%的二十国集团领导人走到一起。各方平等对话、协调行动，把急速滑向悬崖的世界经济拉回到稳定和增长轨道。二十国集团领导人峰会机制应运而生。

10 年来，二十国集团领导人定期会晤，为世界经济把脉开方、举旗定向。……二十国集团在全球经济治理的方方面面发挥着重要的顶层设计作用，成为公认的国际经济合作主要平台。随着那场危机成为过去，有人似乎认为二十国集团政策协调与合作不再紧迫，有人甚至对二十国集团的作用和发展方向提出了疑问。

那么，二十国集团真的已经完成历史使命，不再重要了吗？答案是否定的。当前，尽管世界经济保持增长，但风险和下行压力不容忽视。单边主义和保护主义给世界经济带来冲击，发达经济体货币政策调整对新兴市场和发展中国家产生负面溢出效应，主要国际机构近年来首次下调了世界经济增长预期。中长期看，世界经济动能不足、全球经济治理滞后、国际发展失衡等根本矛盾仍未有效解决。尤其值得关注的是，经贸领域的冲突正在向政治、安全领域蔓延，这对世界的和平与稳定不是好消息。

新的 10 年呼唤新的领导力。二十国集团是主要发达国家同新兴市场和发展中国家平等对话协商的重要平台，是全球经济治理进程的重大进步。我们认为，二十国集团应继续发挥国际经济合作主要论坛作用，发扬伙伴精神，体现历史担当，顺应发展潮流，引领合作方向。

二十国集团要继续做多边主义的捍卫者。……

二十国集团要继续做伙伴精神的倡导者。世界经济发展到今天，各国利益相互交融，早已成为命运共同体。每一个国家都无法依靠关起门来实现发展、应对挑战。同舟共济的伙伴精神是二十国集团十年合作积累的最宝贵精神财富。……

二十国集团要继续做全球经济治理的完善者。国际金融危机爆发后，二十国集团针对全球经济治理暴露的弊端推行了一系列改革，增强了世界经济的抗风险能力。但这显然仍是一项远未完成的工作。我们应继续落实国际金融体系改革路线图，筑牢金融安全网，增强发展中国家的代表性和发言权，打造公平、公正、包容、有序的国际金融体系，为世界经济保驾护航。

二十国集团要继续做创新增长的领军者。引领世界经济增长是二十国集团的共同责任。当今世界最大问题是增长的动能不足，根本出路在于创新。……用实实在在的合作成果彰显二十国集团的生命力和领导力。与此同时，我们也要关注新技术应用给经济、社会、生活带来的冲击和负面影响，帮助人们在收获新技术和新业态发展带来的红利的同时，防止出现新的鸿沟。

二十国集团要继续做包容发展的推动者。……为此，要充分听取发展中国家声音，保障发展中国家的发展权益和政策空间，"不让任何一个人掉队"。

"艰难困苦，玉汝于成。"峰会10周年之际，经济全球化和多边合作正遭遇逆风。二十国集团要把握航向，勇立潮头，坚持共商共建共享，引领世界经济冲云破雾，驶向彼岸。即将在阿根廷布宜诺斯艾利斯举行的二十国集团领导人峰会将吸引全球目光，也将对新形势下的国际经济合作展开新的有益探索。迎来改革开放四十周年的中国，是多边主义和开放型世界经济的坚定支持者、维护者、建设者。中国将沿着和平发展、改革开放、互利共赢的道路继续走下去。我们愿同各方加强合作，凝聚共识，共同为世界经济提振信心，为国际合作添砖加瓦，为共同发展贡献力量。（王毅《十年同舟路，今朝再扬帆》，2018年11月27日）

例（3）为国务委员兼外交部部长王毅刊发在《人民日报》面向全世界的外交完整语篇。整体上看，从语篇题目开始贯穿整个语篇的词语——"同舟路"、"扬帆"、"急速滑向悬崖"、"拉回"、"轨道"、"举旗定向"、"风险"、"下行"、"冲击"、"动能不足"（2次）、"进程"、"伙伴精神"、"顺应"、"潮流"、"引领"（2次）、"方向"、"应对挑战"、"同舟共济"、"抗风险能力"、"路线图"、"保驾护航"、"出路"、"防止出现新的鸿沟"、

"不让任何一个人掉队"、"遭遇逆风"、"把握航向"、"勇立潮头"、"冲云破雾"、"驶向彼岸"、"沿着……道路"、"走下去"等都属于"旅途"范畴，是上义词"旅途"的下义词。可见，发话人所代表的交际主体中国，在这里把"全球经济治理/经济全球化和多边合作"隐喻成充满坎坷、困难和曲折的"旅途"，把"世界经济"隐喻成这场旅途进程中的"航船"，而"二十国集团/二十国集团领导人"则是这场旅途和航船上的"舵手和同舟共济者"。这些司属于"旅途"的下义词，构成共同下义关系，加上三个目标域"全球经济治理/经济全球化和多边合作"（6次）、"世界经济"（12次）、"二十国集团/二十国集团领导人"（19次）的多次重复出现，如分布在整个语篇的一条条筋脉，使得整个外交语篇在形式上从题目到整个语篇都衔接紧密、流畅自然。从语义上看，从该外交语篇的题目开始直至贯穿整个语篇的是根隐喻"全球经济治理/经济全球化和多边合作是一次漫长而艰难的旅途"。围绕这一根隐喻，把相对抽象的"世界经济"隐喻成这一漫长而艰难旅途进程中的"航船"，把"二十国集团/二十国集团领导人"隐喻成这一旅途和航船上的"舵手和同舟共济者"。以旅途中航船会"急速滑向悬崖""下行""动能不足"和"遭遇逆风"，只有舵手和同舟共济者们发扬"伙伴精神"，"应对挑战"，"同舟共济"，"不让任何一个人掉队"，把航船"拉回"到正常"轨道"，"举旗定向"，增强"抗风险能力"，"顺应潮流"，"引领方向"，"把握航向"，"勇立潮头"，找准"路线图"，"防止出现新的鸿沟"，才能真正做到"保驾护航"，最终引领航船"冲破云雾""驶向彼岸"，成功到达旅途的目的地，以此来隐喻全球经济治理是一个充满困难、风险和挑战的过程。在这一过程中，只有各国尤其是二十国集团紧密团结，亲密合作，共商共建共享，结成命运共同体，落实国际金融体系改革，增强发展中国家的代表性和发言权，打造公平、公正、包容、有序的国际金融体系，才能真正实现世界经济的稳定发展与经济全球化和多边合作这一目标。中国作为这一"旅途"和"航船"上的"舵手和同舟共济者"之一员，将沿着和平发展、改革开放、互利共赢的道路继续走下去，为成功到达旅途的彼岸即实现全球经济治理/经济全球化和多边合作贡献自己的力量。此外，隐喻也造就了该外交语篇题目与语篇内容的有效衔接与连贯。语篇题目"十年同舟路，今朝再扬帆"，本身就具有全局性的隐喻意义。把全球经济治理隐喻成充满荆棘和坎坷的旅途，把二十国集团隐喻成此旅途上的舵手和同舟共济者，只有紧密团结，亲密合作，共商共建共享，才能扬帆启航，带领世界经济驶向成功的彼岸。这一旅途隐喻的内涵通过标题映射到整个语篇，又造就了语篇题目与整篇内容的有效衔接与连贯：

表 1　语篇隐喻

序号	隐喻分布位置	始源域	目标域	隐喻内涵概述
1	标题	十年同舟路，今朝再扬帆	全球经济治理/经济全球化和多边合作	全球经济治理/经济全球化和多边合作是一次漫长而艰难的旅途。只有二十国集团紧密团结，亲密合作，共商共建共享，才能扬帆启航，带领世界经济驶向成功的彼岸
2	第2自然段	急速滑向悬崖、轨道	世界经济（出现12次）	世界经济是这场旅途进程中的"航船"
3	第2、3、7自然段	拉回、举旗定向、同舟共济	二十国集团/二十国集团领导人（出现19次）	二十国集团/二十国集团领导人是这一旅途和航船上的"舵手和同舟共济者"
4	标题，第2、3、4、5、7、8、9、10、11自然段	同舟路、扬帆、急速滑向悬崖、拉回、轨道、举旗定向、风险、下行、冲击、动能不足（2次）、进程、伙伴精神、顺应、潮流、引领（2次）、方向、应对挑战、同舟共济、抗风险能力、路线图、保驾护航、出路、防止出现新的鸿沟、不让任何一个人掉队、遭遇逆风、把握航向、勇立潮头、冲云破雾、驶向彼岸、沿着……道路、走下去	全球经济治理/经济全球化和多边合作、世界经济、二十国集团/二十国集团领导人	全球经济治理是一个充满困难、风险和挑战的过程。在这一过程中，只有各国尤其是二十国集团紧密团结，亲密合作，共商共建共享，结成命运共同体，落实国际金融体系改革，增强发展中国家的代表性和发言权，打造公平、公正、包容、有序的国际金融体系，才能真正实现世界经济的稳定发展与经济全球化和多边合作这一目标。同时，中国作为这一"旅途"和"航船"上的"舵手和同舟共济者"之一员，将沿着和平发展、改革开放、互利共赢的道路继续走下去，为成功到达旅途的彼岸即实现全球经济治理及经济全球化和多边合作贡献自己的力量

可见，从该外交语篇的题目开始直至贯穿整个语篇的根隐喻"全球经济治理/经济全球化和多边合作是一次漫长而艰难的旅途"，不仅通过始源域"旅途"范畴下义词的接续出现和三个目标域"全球经济治理/经济全球化和多边合作""世界经济""二十国集团/二一国集团领导人"的重复出现，发挥着重要的如枢纽和脉络般的"总文理"的语篇衔接作用，还通过语义上目标域"全球经济治理/经济全球化和多边合作"与始源域"旅途"的系统映射和类比，发挥着"统首尾""合涯际"的语篇连贯作用。

四、结语

传统修辞学仅把隐喻看作一种修辞手段，主要发挥着可有可无的"装饰"作用。而现代认知隐喻理论认为，隐喻是人类普遍存在的一种思维方式和认知手段，是人类借助相似性（创造相似性），通过另一类事物（始源域/喻体）来理解和经历某一类事物（目标域/本体）的基本手段。因此，隐喻在两个不同概念域之间系统性、体系性的映射和类比，使其在外交语篇的谋篇构局中也发挥着重要的语篇衔接与连贯功能。无论是局部隐喻，还是语篇隐喻，外交语篇中的隐喻在有助于交际主体国家更有说服力和感染力地表情达意的同时，还发挥着"总文理""统首尾""合涯际"的重要语篇功能。

参考文献

1. 董素蓉，苗兴伟. 隐喻的语篇衔接模式［J］. 外语学刊，2017（3）.

2. 苗兴伟，廖美珍. 隐喻的语篇功能研究［J］. 外语学刊，2007（6）.

3. 任绍曾. 概念隐喻和语篇连贯［J］. 外语教学与研究，2006（2）.

4. 朱永生. 韩礼德的语篇连贯标准：外界的误解与自身的不足［J］. 外语教学与研究，1997（1）.

5. HALLIDAY M A K & HASAN R. Cohesion in English［M］. London：Longman Publishing Group，1976.

Cohesion and Coherence Functions
of Metaphors in Diplomatic Texts

Yan Yaping[1]   Yu shan[2]

(1. *School of Foreign Languages, North China University of*
Water Resources and Electric Power, Zhengzhou, 450046;

2. *Social Science Department, North China University of*
Water Resources and Electric Power, Zhengzhou, 450046)

Abstract: Text is not a random combination of sentences, but a cohesive device in form and a coherence mechanism in semantics. Metaphor, as a basic means of establishing a systematic mapping between the concepts of source and target domains, is a basic way of understanding and experiencing a certain kind of thing (target domain/ontology) by means of another kind of thing (source domain/vehicle). It plays an important textual function in the cohesion of external forms and internal semantics of diplomatic texts because of its systematic and structural nature.

Key Words: diplomatic text; metaphor; text cohesion and coherence

其他研究

《切韵序》试读兼及《切韵》音系性质问题

孙玉文①

（北京大学中文系　北京　100871）

摘　要：隋朝陆法言《切韵序》是中国语言学的经典文献。本文继承既往释读的经验，注重从篇章的角度重新作出新的分层和释读。在释读《切韵序》过程中，探讨《切韵》分韵时区分"赏知音"和"广文路"，"论南北是非，古今通塞""捃选精切，除削疏缓""剖析毫厘，分别黍累"重要历史贡献；针对关于《切韵》音系性质的已有研究成果，通过把握《切韵序》的言外之意，论证《切韵》音系只能是在魏晋南北朝以后口语基础上形成的一种尽量求分的读书音系统，南北朝时的金陵话和洛阳话不会是《切韵》的音系基础，它们更多可能只是在音值方面具有权威地位。

关键词：《切韵》；《切韵序》；释读；音系性质

本文是 2020 年抗疫期间我在寓所撰写的《音韵学讲义》的一部分，旨在解读隋陆法言《切韵序》，并由此阐发我对于《切韵》音系的看法。因为疫情爆发、蔓延，所以只能在网络上给学生讲授"音韵学"课程。我原来讲"音韵学"，没有专门编写讲义，在课堂上采取板书的方式，写下必须用文字形式表达的内容，再面对面地口授给学生。网络教学改变了以前面授的教学方式，思来想去，我感到必须编写讲义，才能更好地通过书面形式将这门大家比较生疏的古老学问传达给天南地北宅在家中的各位同学，这就有了《音韵学讲义》的编写。

《切韵序》必然有它的结构层次、内容安排，它的分合、断续，衔接、连贯，也必然有它的言外之意等。我在释读《切韵序》时，力图在既往相关研究的基础上，将此文作为一个篇章整体，去把握其中的起承转合，因此本文涉及篇章研究，跟语用联系密切；刚好《修辞研究》约稿，于是我将这部分内容截取下来，以塞其责，冀海内外博雅惠予赐教。

《切韵序》收录于《广韵》卷首。后来人们又发现《唐写本切韵残卷》（即《笺注本二》S2055）、《王仁昫刊谬补缺切韵二》（北京故宫博物院藏）等，互有讹误，但是相异处较《广韵》为少，应该更接近陆法言《切韵序》原貌。今据三本互勘，多采唐本，庶更合陆书之旧：

---

①　作者简介：孙玉文，北京大学文学博士，北京大学中文系教授、博士生导师，兼任中国修辞学会副会长。

昔开皇初，有刘仪同（臻）、颜外史（之推）、卢武阳（思道）、魏著作（彦渊）、李常侍（若）、萧国子（该）、辛咨议（德源）、薛吏部（道衡）等八人，同诣法言门宿。夜永酒阑，论及音韵：以古今声调既自有别，诸家取舍亦复不同。吴楚则时伤轻浅，燕赵则多涉重浊；秦陇则去声为入，梁益则平声似去。又支（章移反）、脂（旨夷反），鱼（语居反）、虞（语俱反），共为不韵；先（苏前反）、仙（相然反），尤（于求反）、侯（胡沟反），俱论是切。欲广文路，自可清浊皆通；若赏知音，即须轻重有异。吕静《韵集》、夏侯咏《韵略》、阳休之《韵略》、李季节《音谱》、杜台卿《韵略》等各有乖互，江东取韵与河北复殊。因论南北是非，古今通塞，欲更捃选精切，除削疏缓。颜外史、萧国子多所决定。魏著作谓法言曰："向来论难，疑处悉尽，何为不随口记之？我辈数人，定则定矣。"法言即烛下握笔，略记纲纪。

后博问英辩，殆得精华。于是更涉余学，兼从薄宦；十数年间，不遑修集。今返初服，私训诸弟：凡有文藻，即须明声韵。屏居山野，交游阻绝，疑惑之所，质问无从。亡者则生死路殊，空怀可作之叹；存者则贵贱礼隔，以报绝交之旨。遂取诸家音韵、古今字书，以前所记者，定之为《切韵》五卷，剖析毫厘，分别黍累。

何烦泣玉，未可悬金。藏之名山，昔怪马迁之言大；持以盖酱，今叹扬雄之口吃。非是小子专辄，乃述群贤遗意。宁敢施行人世？直欲不出户庭。

于时岁次辛酉，大隋仁寿元年也。

该文是一篇骈文，是了解《切韵》创制缘由、编纂始末、音系性质等的第一手材料，已经成为中国语言学的一篇经典文献。我国第一部韵书是三国时期魏国李登的《声类》，晋吕静有《韵集》。《颜氏家训·音辞篇》说："孙叔言（当作'然'）创《尔雅音义》，是汉末人独知反语。至于魏世，此事大行。高贵乡公不解反语，以为怪异。自兹厥后，音韵锋出……"音韵，主要指韵书；锋，通"蜂"。南北朝时期产生了大量韵书。陆法言创制《切韵》，在《序》中必须交代他对这些韵书的沿革的见解，特别是对此前韵书的改进之处，以及写作《切韵》的必要性，他是怎样保证《切韵》的编写质量远超前代韵书的等，否则《切韵》这部韵书就没有编写的必要。

《切韵序》围绕这些问题展开，交代了《切韵》写作的缘起、过程，分韵和审音定切的原则、方法，对于《切韵》一书流传的期待等，语气谦卑而透出自信，有破有立，对研究《切韵》音系的性质、了解《切韵》一书有很大帮助。清纪昀《沈氏四声考·自序》说，沈约用韵跟《切韵》分韵十分相合："陆氏所作，岂非窃据沈谱（按：沈约有《四声谱》）而稍为笔削者乎？"这个批评有些过头。陆法言应该看过沈约的书，《切韵》没有提及沈约之书，提及的几家韵书陆氏及论韵八贤都有所褒贬。《切韵》对于各声调的叫名，没有采用宫商角徵羽这些说法，而是采用平上去入，尽管可能是继承了前代韵书，但无疑接受了周颙、沈约等人的见解。

一

这篇《序》除了最后一句"于时岁次辛酉，大隋仁寿元年也"交代写序的时间，其他的内容可以分为三段。第一段从开头至"略记纲纪"，写开皇初的一天晚上八贤在长安论韵以及陆法言记录纲纪的事。

这一段可以分为三层：第一层从开头到"论及音韵"，写论韵的时间、地点、参加的人员、论韵的缘起；第二层从"以……"到"多所决定"，写论韵的内容；第三层从"魏著作……"到"略记纲纪"，写陆法言记录论韵的缘起及记录的粗细情况。

开皇初：开皇，隋开国皇帝（即隋文帝）杨坚的第一个年号（581—600）。《切韵序》作于仁寿元年（601）。

刘臻（527—598）：字宣挚，沛国相（今江苏徐州）人。曾在南朝梁做官。隋文帝受禅后，刘臻进位仪同三司，是个散官。宋孔平仲《续世说·纰漏》："隋刘臻为仪同，有刘纳者亦为仪同，俱为太子学士，情好甚密。"刘臻精于《汉书》和乐律研究。

颜之推（531—597?）：字介，琅琊临沂（今山东临沂）人，曾先后仕南朝、北朝。颜之推任外史一职，史书未见记载。王显说，颜之推参加论韵时，在隋朝没有担任官职，所以陆法言用"外史"这个雅号去称呼他。颜之推精于小学。

卢思道（535—586）：字子行，范阳（今河北涿州）人。北齐时，曾迁武阳太守。入隋，"开皇初，以母老，表请解职，优诏许之"，"岁余，被征，奉诏郊劳陈使。顷之，遭母忧，未几，起为散骑侍郎，奏内史侍郎事……是岁，卒于京师，时年五十二"。张说《齐黄门侍郎卢思道碑》："隋开皇六年，春秋五十有二，终于长安，反葬故里。"则卢思道死于586年。

魏彦渊（526?—590?）：名澹，巨鹿下曲阳（今河北晋县西）人。初仕北齐，隋文帝受禅后，迁著作郎。精于史学和文学，注释过庾信的集子。《唐写本切韵残卷》中的《切韵序》将"魏著作（彦渊）"置于"卢武阳（思道）"之后，《王仁昫刊谬补缺切韵二》置于八人的最后，这里遵从《唐写本切韵残卷》的排序。

李若（？—？）：顿丘（今河南清丰县）人。他"有声邺下"，在北齐"乾明初，追还，后兼散骑常侍。大被亲狎，加仪同三司"，"隋开皇中，卒于秦王府咨议"（《北史·李崇传》附）。

萧该（535？—610？）：兰陵（今江苏常州）人，是梁的宗室，开皇初拜国子博士。他通五经，对音义关系很有研究，曾撰《汉书音义》《文选音义》《范汉音》。

辛德源（？—601？）：字孝基，陇西狄道（今甘肃临洮）人，杨坚子蜀王杨秀奏以为椽，后转咨议参军，卒官。精于史学，注释过《春秋三传》、扬雄《法言》。

薛道衡（540—609）：字玄卿，河东汾阴（今山西万荣）人，历仕北齐、北周；隋文帝开皇八年，薛道衡"授淮南道行台吏部郎，兼掌文翰"（《隋书·薛道衡传》）。

开皇初论韵，一定在卢思道过世之前，不晚于 583 年或 586 年；可以看出，陆法言写这篇序时，当年论韵的八贤还有人健在，如薛道衡；其他还有几位卒年不可详考，如魏彦渊、李若、萧该、辛德源诸位，陆法言写《切韵序》时，可能乃有在世的。陆氏本人当时还保存了当时论韵"纲纪"的书面证据，因此，陆《序》的可靠性有保证，他一定是有根有据的，不会虚造一个八贤论韵的故事。

诣：来到。法言：这是陆法言称自己的字。法言，临漳（今属河北邯郸）人。父陆爽（539—591），字开明。北周灭北齐，周武帝征他跟阳休之等人一同入关，"者人多将辎重，爽独载书数千卷"。隋文帝受禅，转太子内直监，为太子洗马，开皇十一年（591）卒。《切韵》撰成时，陆爽已经过世好几年。门：家。

夜永：夜深。阑：将尽，将要结束。音韵：反切注音及韵书。论韵的八位显然是陆法言父亲陆爽召集来的。他们多是官场多年的同僚，彼此比较熟悉；这次约定在陆家住宿，不必担心晚上要赶回家去，心态比较从容。大家开怀畅饮，酒酣耳热，心情亢奋，话匣子也打开了。当时国家刚要结束南北朝一百七十年的分裂局面，语言文字问题最容易引起重视，于是自然谈及了语音问题。

二

第二层中，"颜外史、萧国子多所决定"应该是陆法言叨陪末座时，察言观色，根据大家达成共识的具体情况作出的一种判断。余下的几句话则是达成共识的"纲纪"，也就是大纲要领。尽管是一个晚上酒后的讨论，但是内容也会有不少，陆法言所记录的只是"纲纪"。除"颜外史、萧国子多所决定"，这个"纲纪"下分三个表意群，分别由"以""又""因"引起，这些词的使用起到关涉表意群的作用，绝非可有可无，阅读时不能忽视。

第二层的第一个表意群，是从纵的方面断言古今语音不同，从横的方面断言各地方音有别。以：以为。"古今声调既自有别，诸家取舍亦复不同"和"吴楚则时伤轻浅，燕赵则多涉重浊；秦陇则去声为入，梁益则平声似去"两句之间是并列关系。论韵的八贤都是当时的饱学之士，自然会先考虑古今语音的异同问题，前面一个复句侧重于此，是一种纵向的对比。声调：读音。"古今声调既自有别"是说古今读音有不同。先秦开始，人们已经注意到读音问题，两汉开始，留下了数量可观的各种注音材料，魏李登《声类》之后，更是"音韵锋出"；加上这八贤大多是文学巨匠，对于古今的押韵材料当然很敏感，由此得出"古今声调既自有别"的结论自在意料之中。

"诸家取舍亦复不同"是承"古今声调既自有别"而来，因为"有别"，所以不免会影响到诸家对于字音的取舍。"诸家"云云，应该指给古书注音和创作韵书的各家对于字音的取舍有差异。

因此，八贤提出了总结既有韵书和注音，分析韵书分韵、定音的差异问题，他们显然是在思考，在当时的历史条件下，不可能任凭差异长存，而是如何消弭这种差异，求同存异或求同去异，为当时的正音服务。陆法言将这个"纲纪"收入《切韵序》中，表明他创制《切韵》有这个目的，从而从一个侧面凸显了《切韵》一书跟既往韵书的不同，即它的创新点。

"吴楚则时伤轻浅，燕赵则多涉重浊；秦陇则去声为入，梁益则平声似去"则是侧重横向的对比，是八贤对各地方言读音音值差异的一种论断，是说各地音值差别不小。吴楚、燕赵是泛指，吴楚泛指南方，燕赵泛指北方。当时南北分裂已久，人们从南北等方位视角去认识方音，自在情理之中。秦陇、梁益，应该是实指。秦陇：陕甘青一带；梁益：陕南和四川、重庆一带。

八贤批评东西南北各地读音都有失误，这当然反映他们心目中悬着一个基础音系，跟方言音系相对。方言音系，指注家给具体方音中的字所注的方言读法。基础音系，指注家给具体方言注音时采取的立足点的音系。例如《颜氏家训·音辞篇》："其谬失轻微者，则南人以钱（从）为涎（邪），以石（禅）为射（床三），以贱（从）为羡（邪），以是（禅）为舐（床三）。北人以庶（御）为戍（遇），以如（鱼）为儒（虞），以紫（纸）为姊（旨），以洽（洽）为狎（狎）。如此之例，两失甚多。"根据这则材料，当时南方人将"钱""贱"等从母字读作"涎""羡"等邪母字，将"石""是"等禅母字读作"射""舐"等床母三等（船母）字。这暗示当时北方话从邪、船禅分得很清楚。颜之推似乎是站在北方话音系的立足点上批评南方话。但是当时北方人将"庶""如"等御鱼韵的字读作"戍""儒"等遇虞韵字，将"紫"这个纸韵字读作旨韵的"姊"字，将"洽"这个洽韵字读作狎韵"狎"字。这暗示当时南方话鱼虞、支脂、洽狎分得很清楚。颜之推似乎又是站在南方话的立足点上批评北方话。为什么有些音的区分颜之推从北，有些音的区分从南？只能认为，他确定正音另有基础，这个基础决定了他的这一看法。

"南人以钱为涎，以石为射，以贱为羡，以是为舐"告诉我们：在南方方音中，"钱"＝"涎"，"石"＝"射"，"贱"＝"羡"，"是"＝"舐"；基础音系，"钱"≠"涎"，"石"≠"射"，"贱"≠"羡"，"是"≠"舐"。这是就被注音字和注音字的基础音系的关系来说的。也就是说，作为基础音系，被注音字"钱""石""贱""是"和注音字"涎""射""羡""舐"各按大家已知的读法来读，其声母在大家已知的读法中不同。这说明，南北朝时期研究汉语语音、声母的问题也提上了日程，哪一个字归哪一个声母，当时已经有精细的研究了。陆法言《切韵序》的"先（苏前反）、仙（相然反），尤（于求反）、侯（胡沟反），俱论是切"与此是相通的。编写韵书，不光是一个分韵和归韵问题，它要给每一个字定音，必然要求韵书编者对声母有精细的知识。

"吴楚则时伤轻浅，燕赵则多涉重浊"，"清浅"和"重浊"不好讲，但肯定是讲音值的差异。论韵八贤中"多所决定"的颜之推，他的《颜氏家训·音辞篇》也说："南方水土和柔，其音清举而切诣，失在浮浅，其辞多鄙俗。北方山川深厚，其音沉浊而𫐓钝，得其质直，其辞多古语。"陆德明《经典释文·条例》："方言差别，固自不同。河北江南，最为巨异。或失在浮清，或滞于沉浊。今之去取，冀祛兹弊。"可见这种认识是南北朝后期学问家的共识，是说南北方言都有缺陷，显然当时的八贤跟陆德明一样，认识到要"祛兹弊"。但是怎样"祛兹弊"，要看后文才知道。这里，"时"是"有时"还是"时常"？结合颜之推和陆德明的话，应该理解为"时常"。"伤"和"涉"都应该是动词，"涉"只能作动词。伤：嫌，失之于；涉：涉及，关涉到。这里八贤批评"吴楚"和"燕赵"，南北方音都批评了，当然也是站在基础音系的立场上提出批评的。

"秦陇则去声为入，梁益则平声似去"，这是批评一些方音调值的读法，不可能是批评秦陇一带去入混为一调，梁益一带平去混为一调，因此不可能是调类问题。所有的证据都能证明，南北朝时期，秦陇一带去入分开，梁益一带平去各调。八贤评价秦陇、梁益声调的情况，也是以立足点音系为基础进行的。更古时代的调值八贤不可能知道，因此这里的基础音系的调值必然是当时权威方言的调值，应该是金陵、洛下，金陵、洛下的调值可能差不多。唐顾齐之《新收一切藏经音义序》："又音虽南北，义无差别。秦人去声似上，吴人上声似去。"这也是评价当时秦人和吴人声调的情况，自然也是以基础音系为基础进行的。看来顾齐之的基础音系是当时的洛阳话。"秦人去声似上"记录的是唐代秦人的去声跟洛阳话的上声调值相近；"吴人上声似去"记录的是唐代吴人的上声跟洛阳话去声调值相近。就立足点洛阳话说，当时上去二声分得很清楚；就秦人、吴人的调类说，上去二声也是分开的。

有人说，《切韵》反映的是一时一地之音，而且反映的是南北朝后期的洛阳音。从对"秦陇则去声为入，梁益则平声似去"这句话的理解来说，似乎对此说有利。但这只是就声调的调值来说的；至于调类，当时不同的主要方言的差别应该不会太大。《切韵》对于声调之外的取舍说明，陆法言并没有完全以洛阳音为鹄的。

上面这个表意层，反映了八贤对理想的韵书的要求：一是要协调好古今音异的关系，二是要尽量摒弃南北方音的影响。《切韵序》后面既然说到自己"乃述群贤遗意"，这无疑也会成为《切韵》的编纂理念。

三

第二层的第二个表意群，八贤总结既往韵书的分韵，先举出分韵方面的具体例证，导出分韵原则，据此原则批评既往韵书存在的缺陷。这同时也就意味着陆法言《切韵》需要在哪些方面作出改进。

"又支（章移反）、脂（旨夷反），鱼（语居反）、虞（语俱反），共为不韵；先（苏前反）、仙（相然反），尤（于求反）、侯（胡沟反），俱论是切"中，"又"字承上启下，表明陆法言记录了"纲纪"的另一层意思。"不韵"，《广韵》作"一韵"，但是早期写本《唐写本切韵残卷》《王仁昫刊谬补缺切韵二》都作"不韵"，不可忽视。将"一韵"改作"不韵"，这两句就要理解为正面立论。紧接着的一句"欲广文路，自可清浊皆通；若赏知音，即须轻重有异"是八贤对支脂、鱼虞分韵、三四等的先仙反切上字选用要求的立论根据：他们看出既往的分韵、定音的不一致处，区分"广文路"和"赏知音"，主张创作韵文用韵时可以从宽，"自可清浊皆通"；编写韵书审音时要从严，"即须轻重有异"。这样一区分，就解决了韵书分韵的宽严问题，主张从严。这实际上为韵书编写提出了一个非常重要的分韵原则，为了"赏知音"，可以将分韵分得很细；分得很细，不妨碍"广文路"，只要将有些韵合在一起押韵就可以了，所以能做到两不误。如果分韵太宽，则只能做到"广文路"，不能达到"赏知音"的目的。因此韵书分韵重在"赏知音"上。

因为重在"赏知音"，所以分韵的问题就好解决了。"支（章移反）、脂（旨夷反），鱼（语居反）、虞（语俱反），共为不韵"是围绕这个视角展开的。意思是说，支和脂，鱼和虞，都要算不同的韵。不韵：语音不协调，也就是要分成不同的韵才能达到审音的和谐。"不韵"的"韵"是动词，指音韵和谐。其实用韵也是可以有从宽、从严的不同追求，沈约《答陆厥书》："韵与不韵，复有精粗。"

根据上面的引证可以知道，"支脂"相混、"鱼虞"相混，这是针对当时北方话来说的。罗常培写过《〈切韵〉鱼虞的音值及其所据方音考》，通过韵文材料证明，鱼虞两韵在南北朝时期"沿着太湖周围的吴音有分别，在大多数的北音都没有分别"，他特地提到洛阳是鱼虞不分的。因此，《音辞篇》《切韵序》和罗常培的研究对于《切韵》音系反映的是洛阳一地的语音系统的说法是不利的。《音辞篇》批评支脂、鱼虞分别相混，《切韵序》说支脂、鱼虞"共为不韵"，也含有批评北方支脂、鱼虞相混的意思，而这种相混很有可能是对以当时的洛阳音为代表的读法来作出批评的，这对《切韵》音系反映洛阳音系之说不利。

反映"鱼（语居反）、虞（语俱反），共为不韵"的材料较多，研究得较充分，我们可以利用它们探讨颜之推等人为什么从南方鱼虞分韵，不从北方鱼虞混并。南北朝时期，部分北方话中，鱼韵继续高化，鱼虞合，这是鱼韵转入虞韵，即读 iu；南方话多维持分用局面。据《切韵》原注，吕静《韵集》语韵和虞韵混同，《切韵》分韵采用了夏侯咏、阳休之、李季节、杜台卿等从分的意见。这些人既有南方的，也有北方的，可见南北方知识分子的正音中鱼虞有别。《颜氏家训·音辞篇》："其谬失轻微者……北人以庶（御）为戍（遇），以如（鱼）为儒（虞）……如此之例，两失甚多。"这代表了在这个问题上以南方音为正音。

值得注意的是，鱼虞分韵的阳休之、李季节是典型的北方人，他们为什么也鱼虞分韵？《音辞篇》说："北人之音多举莒为矩，唯李季节云：'齐桓公与管仲于台上谋伐莒，东郭牙望桓公口开而不闭，故知所言者莒也。然则莒矩必不同乎。'此为知音矣。"这既说明北方正音中，鱼虞有别；又点出李季节不将鱼虞合并的理由。当时李季节的音系中，虞模合

175

并，都是合口；鱼可能也跟虞模合并了，变成了合口。但是李氏考证古音，鱼韵是开口。他根据的是上古的语料。《吕氏春秋·重言》："君呿（qū）而不唫（jìn），所言者'莒'也；君举臂而指，所当者莒也。"《韩诗外传》卷四也说："君东南面而指，口张而不掩，舌举而不下，是以知其莒也。"可见"莒"古是开口。既然鱼韵读开口于古有征，所以夏侯咏、阳休之、李季节、杜台卿等人鱼虞分韵，与其说是采用南方方音，不如说是采用古音。因为南方方音鱼韵还是开口，不与读合口的虞模韵相混，所以保留了古音。《切韵》音系鱼虞模分成三韵，但虞模排在一起。

可见，论韵八贤批评当时东西南北四方的方音，并不是纯然以洛阳音为基础音系进行批评的，而是注意到分韵不分韵，要合于古。所谓合于古，一方面有八贤和后来陆法言对前代材料的考证作依据，另一方面他们必然注意到有的韵甲方言相混，而乙方言却分开，他们就多从分，从分也就往往合于古，《切韵序》后文提到"论南北是非，古今通塞"，正是注意到合于古。

"先（苏前反）、仙（相然反），尤（于求反）、侯（胡沟反），俱论是切"是说，先和仙，尤和侯，要联系起来，一同论定那些切要的地方。"为不韵"和"论是切"都是动宾结构，"不韵"作"为"的宾语，"是切"作"论"的宾语。是切：跟"不韵"对举，是，系词，古人看作语助。切，切要，紧要。"切"在隋代没有"切音"的意义。"是切"可能是南北朝至隋唐经常出现的语典。陶渊明《祭程氏妹文》："伊我与尔，百哀是切。"唐玄宗《命征辟东宫官属制》："今望苑初开，端僚是切。"《旧唐书·食货志下》："军兴之时，财用是切。"八贤所说的切要地方，包括声母、开合、洪细。

理由是：要区分"广文路"和"赏知音"，"欲广文路，自可清浊皆通"，想拓宽写韵文的路子，自然可以将不同的韵互相押，也就是支脂可押，鱼虞可押；先仙可押，尤侯可押。广：放宽，拓宽。文路：写韵文的路子。文，专指韵文。南北朝时，"文"可以专指韵文。自：自然，当然。清浊：跟下文"轻重"互文见义，含义不明，可能指一些可以拿来对比的不同的韵。《广韵》有《辩四声轻清重浊法》，可能与此有关，可以继续研究。"若赏知音，即须轻重有异"，承"欲广文路，自可清浊皆通"而来，表示转折，意思是说，如果想被赞赏为通晓字音，就必须审音辨韵。

这两句话反映了八贤区分了"广文路"和"赏知音"，提出了韵书编写细致审音的要求，为八贤后面的"捃选精切，除削疏缓"张目；《切韵序》后文说到，《切韵》编写"剖析毫厘，分别黍累"，继承了这一编纂理念。也就是说，《切韵》的编写主要是"赏知音"，不排斥"广文路"。

一般地说，这两个目的不矛盾，从"赏知音"的目的说，应该将韵分得细密一些；从"广文路"的目的说，如果不以文害意，需要将韵押得宽一些，只要将两个或两个以上的韵合起来用即可，唐代以后的功令"同用、独用"就与此一脉相承。但是《切韵》在少数情况下，并没有完全遵守"赏知音"的要求，而是根据"广文路"的目的，直接合并到其他相邻的韵中。这主要是考虑到这些合并的韵，字少，韵基有限，常用的字不多，于是就没有让它们独立成韵。例如冬韵上声附见肿韵，臻韵上声附见隐韵，去声附见焮韵，严韵上声和去声没有单独立韵，痕韵入声附见没韵。但是不太多，由此可见《切韵》一般是遵循"赏知音"的要求的。哪些韵合为一韵，哪些分成两韵，也应该考虑到"广文路"的问题。例如阳唐分韵，阳三等，唐一等。可是东韵既有一等，也有三等。是不是东韵一三等主元音和韵尾相同，所以不能分开；而阳唐主元音不同，所以要分成两个韵呢？从押韵材料看，阳唐没有分开的理由。从音理来说，很难想象：有 iaŋ，却没有与之相应的 aŋ。合理的解释应该是：阳唐两韵，各自押韵可供选择的字很多，可以要求严格一些，多让一等字自押，三等字自押，不至于让阳唐二韵成为窄韵。而东韵如果分成两韵，押韵的字可能就不太容易选择了。

"赏知音"的分韵原则很重要：它不但是《切韵》分韵最重要的目的，说明是为"知音"的人士服务的；而且跟我们今天民族共同语的语音标准是北京话大异其趣，今天的普通话以北京话为标准音，是为各个方言区的人民大众的交际服务的，所以理解《切韵》音系一定要紧紧抓住"赏知音"。

"吕静《韵集》、夏侯咏《韵略》、阳休之《韵略》、李季节《音谱》、杜台卿《韵略》等各有乖互，江东取韵与河北复殊"，是八贤在前面提到的"赏知音"的理念的基础上，以此为尺度，对几本重要韵书缺陷所作的分析、批评，对上面提出的"赏知音"韵书编写理念作出补充。

上面提及五人的五部韵书，正好是陆法言编写《切韵》时主要的参考用书，《王仁昫刊谬补缺切韵二》在各卷韵目的目录下面都只注明了五家分韵的异同和《切韵》分韵对五家五部韵书的沿革情况。乖互：抵触，不合，指分韵有不精细的地方，也就是分韵各有宽缓之处。比较《王仁昫刊谬补缺切韵二》所列，正好可以证明这一点。

吕静是西晋《字林》的作者吕忱的弟弟，籍贯不详，可能是任城（今河北任县）人。夏侯咏：不详，是南朝的学者。阳休之（509—582）：字子烈，右北平无终（今天津蓟州区）人，曾仕北魏、北齐、北周，卒于隋开皇二年（582）。李季节：名概，赵郡平棘（今河北赵县）人。生卒年不详，约北齐文宣帝天保中前后在世。杜台卿（？—597?）：字少山，博陵曲阳（今河北蠡县）人。生年不详，曾仕北齐、隋，约卒于隋开皇十七年（597）。可见论韵八贤及陆法言《切韵》，参考了南朝和北朝的音韵著作，北朝著作作者多在今河北一带，有些人在八贤长安论韵时还健在。这当然反映了当时研究的好风气，即使是同时代的学者，也要对他们的著作进行有理有据的批评。五部韵书的作者有更早的吕静，他的《韵集》可能既吸收、改进了李登《声类》的分韵，又保留了更多的早期语音现象；南朝的有夏侯咏；北朝的三位都是燕赵一带的学者，可能他们编的韵书分韵算是比较细致的，距离洛阳远，可能就意味着语音变化慢一点。八贤对这些韵书都有研究，所以看出"各有乖互"。

"江东取韵与河北复殊"是对五家韵书"各有乖互"的一种原因分析，之所以"各有乖互"，一个原因是五家韵书反映了南北语音的差异。江东：长江在芜湖、南京间作西南、东北流向，隋唐以前，是南北往来主要渡口的所在，习惯上称自此以下的长江南岸地区为江东。这里泛指南方。取韵：划取韵，分韵。河北：黄河中游以北。这里泛指北方。

所谓"各有乖互"，要注意两点：一是结合《颜氏家训》来看，南北朝时期的韵书，并不是各地方音的忠实记录，而是主观上想创造出一个各地都能接受的音系，只是这些韵书在分韵、归字方面深受各方言的影响。《音辞篇》批评南北朝的韵书时说："自兹（指曹魏）厥后，音韵锋出，各有土风，递相非笑，指马之谕，未知孰是。共以帝王都邑，参校方俗，考核古今，为之折衷。摧而量之，独金陵与洛下耳。"可见南北朝的韵书只是各有"土风"，没有全依方音；而是"共以帝王都邑，参校方俗，考核古今，为之折衷"。这个"帝王都邑"，"摧而量之，独金陵与洛下耳"。摧：举其大要，约略。可见这些韵书还是很重视当时影响很大的方言"金陵与洛下"的。二是结合《切韵序》"剖析毫厘，分别黍累"等来看，"乖互"主要是指这些韵书受方音影响，将一些本该分出来的韵合并了，而一般不是将本该合并的韵分开了。这一点下面还要说到。

四

第二层的第三个表意群是"因论南北是非，古今通塞，欲更捃选精切，除削疏缓"。八贤在前面既提出"赏知音"的理念，又强调分韵要避免以前的韵书囿于方言的弊病，这里就是进一步的实施理念。

"因论南北是非，古今通塞"，是将古今、南北结合起来分韵、定音。这是八贤达成的又一项韵书编纂理念，是既往的韵书没能做到的事情。

"因"承前文"纲纪"中提及的八贤的议论和理念而来，表明意思更进一层。"南北是非"有南是北非、北是南非之意。确定是非的准绳是什么？是"古今通塞"。所谓"古今通塞"，合于古又合于今的，无疑是"通"；合于古不合于今的，应该是"塞"，例如声母方面，原来舌上归舌头，可能晋代以后才分开，《切韵》基本上是分开的；合于今而不合于古的，恐怕也是"通"。因为如果当时所有方言都消失了某种语音现象，无论是就当时的研究能力还是就其实用性来说，都不可能恢复起来，韵书的编者最多只能追溯到魏晋时期，因为那时候开始有韵书，而且《声类》《韵集》等韵书传了下来。从魏晋南北朝诗歌押韵来看，两晋的语音跟《切韵》音系有较大区别，所以《切韵》的音系框架很难追溯到两晋；合于两晋而不合于时音的，八贤和《切韵》恐怕很难采用。不但分韵如此，声母、介音方面也是如此。有人说《切韵》音系是东汉至西晋的洛阳旧音，恐怕有问题。《切韵》的声韵母系统跟洛阳旧音相差很远。先秦有一点记录语音的材料，东西汉之交以后，一些注音材料流传了下来，但都比较零散，归纳不出一个音系。八贤当然是求其"是"与"通"，不可能求其"非"与"塞"。所以，从客观条件说，《切韵》音系只能是在魏晋南北朝以后口语基础上形成的一种尽量求分的读书音系统。

至于分韵是否以"金陵""洛下"为主，还没有直接的材料可以论证。《颜氏家训·音辞篇》说，南北朝的韵书"榷而量之，独金陵与洛下耳"，细味文意可知，这是一个中性的说法，并没有表明颜之推本人赞同理想的韵书分韵要求"独金陵与洛下"。《切韵序》也没有提到各方言和"金陵、洛下"的关系，不知是有意还是无意。但是南北朝时期的人，也有嘲笑洛阳音的。一般来说，南北朝时期，金陵和洛下的方言，分别是南北方最具有权威性的方言，所以诸家韵书受这两地的影响是可以理解的。但是，由于金陵和洛下分别是南北方的中心，政治、经济、文化中心，常常是语言创新的一个策源地，因此金陵、洛下语音变化较其他远离二地的方言可能变化得还要快一些。因此，以金陵和洛下作为韵书分韵的标准，可能不是最理想的，难以达到"论南北是非，古今通塞"的分韵操作要求。洪诚《中国历代语言文字学文选》十五《切韵序》注释里说，从"因论"句本身来看，"假定切韵是记录一个方音系统，那么讨论古今南北的是非通塞是多余的。下文'颜外史、萧国子多所决定'也就很难理解了"，他的说法有道理。八贤提到五家韵书，南朝的是比较早期的吕静、夏侯咏的书，北朝几乎都是跟他们同时代的燕赵一带的学者编的韵书，可能是因为他们或者时间早，或者是作者的家乡距离洛阳较远，因此分韵已经是较细了，理想的韵书用它们来作为主要参考，易于操作。

　　好在南北朝分治也就一百七十来年，即使"南染吴越，北杂夷虏，皆有深弊"（《颜氏家训·音辞篇》），其语音变化也不可能面目全非，况且像《音辞篇》所谈南北方音的一些差异，不一定是南北朝分治时才形成的，因此金陵和洛下的分裂变化不会太大，差别也不会太大。那么《切韵》编写是不是跟金陵、洛下没有关系呢？在我看来，《切韵》分韵跟金陵、洛下关系可能不大，但是《切韵》音系的音值应该受二地的影响甚大，上面说到，"秦陇则去声为入，梁益则平声似去"应该是立足于洛阳音来批评这两个地域的调值的。陈寅恪先生写过一篇《从史实论切韵》，里面谈到"洛生咏"在南方的影响，看了材料以后，我感觉到主要是说音值方面的事。

　　"南北是非，古今通塞"是八贤在"赏知音"基础上得出的重要分韵原则，它决定了《切韵》音系的性质，也决定了《切韵》是魏晋南北朝以来分韵最为细密的韵书。"欲更捃（jùn）选精切，除削疏缓"则是分韵、定音的具体操作办法。捃选：选取。精切：形容词性并列结构，精当贴切。这里指精当贴切的分韵和注音。除削：去掉。疏缓：宽缓。这里指分得很宽的韵和归韵宽缓的注音。

　　"颜外史、萧国子多所决定"是陆法言补叙八贤讨论出理想的韵书编写的原则、办法时谁的贡献大，也为后人结合《颜氏家训》及萧该的相关注音材料研究《切韵》提供了思路和依据。《颜氏家训·音辞篇》说"自兹厥后，音韵锋出"，表明颜之推看了魏晋南北朝不少韵书，因此他无疑是很有发言权的。论韵八贤，颜之推、萧该都是从南方来的，对南方韵书的情况应该比其他几位学者要熟悉一些；萧该对《诗》《书》《礼记》《汉书》等都很熟悉，治《文选》可以说是他的家学，当然也很有发言权。

五

　　第一段第三层显然是八贤讨论编写理想韵书的中途，大的问题解决之后，魏彦渊让陆法言作记录的。魏彦渊这时候已经是朝廷的著作郎了。他对陆法言说："向来论难，疑处悉尽，何为不随口记之？我辈数人，定则定矣。"向来：刚才。论难（nàn）：讨论诘难。由魏彦渊的话可以知道，八贤讨论时有过辩论；"疑处悉尽"反映魏彦渊对于这次讨论的成效持非常正面的肯定，认为很重要，对魏晋以来的韵书编写实践作了高度准确的总结，得出了努力编写理想的韵书的途径，能解决问题，以至于担心事后遗忘了，于是让陆法言"随口记之"。八贤汇集了当时南北文化界的翘楚，又多是朝廷负责文化方面的重臣，所以魏彦渊说"我辈数人，定则定矣"。

据王显考证，八贤论韵时，只有颜之推还没有任职。

陆法言特地交代这一细节，一方面是要彰显十多年前魏彦渊的提醒之功；另一方面，陆氏写序时，魏彦渊应该还健在，陆法言是让他做个见证。

"法言即烛下握笔，略记纲纪"是说陆氏当时对那次讨论已经有记录在案，这是白纸黑字，进一步表明确有其事，同时提醒读者，他的《切韵》一书对八贤有继承，有发展，当时只是记录了"纲纪"，后来确定要编写《切韵》，以及具体的、细密的编写工作，那是陆法言的重要贡献。

六

第二段是写陆法言在那次讨论之后直到编写成《切韵》一书的简略过程，以及自己在八贤讨论基础上的创新之处。分两层："后……"至"不遑修集"是第一层，编写之前的准备工作；"今……"至"分别黍累"是第二层，开始编写到成书。

"后博问英辩，殆得精华。于是更涉余学，兼从薄宦；十数年间，不遑修集"是说论韵之后的十几年，尽管没有开始写作《切韵》，但是一直在作准备。据此可见，陆法言编写《切韵》的初衷，在那次论韵以后就已经形成了，并且为此作准备，获得了一些具体材料和看法。英辩：跟后面"精华"对举，应该是并列结构，"英"指精英之人，"辩"指辩才无碍之人。这里指在审音方面有精辟见解的优秀学人。"博问"说明陆法言做了大量的咨询，在分韵、定音方面获得了不同的意见。殆：几乎。"殆得精华"表明当时被咨询的学人帮助他解决了不少疑难问题。于是：在这时。更（gèng）：又，还。兼：同时又。薄宦：卑微的官职。据《隋书·陆爽传》，陆法言"释褐承奉郎"，承奉郎是个散官，为隋开皇六年（586）吏部别置散官八郎之一，位在朝议郎之下。遑：闲暇。修集：指编写。

"今返初服，私训诸弟：凡有文藻，即须明声韵。屏居山野，交游阻绝，疑或之所，质问无从。亡者则生死路殊，空怀可作之叹；存者则贵贱礼隔，以报绝交之旨。遂取诸家音韵、古今字书，以前所记者，定之为《切韵》五卷，剖析毫厘，分别黍累"写从正式编写到成书的过程。

返初服：指不再担任官职，恢复原来的百姓身份。初服：未入仕时的服装，与"朝服"相对。《楚辞·离骚》："进不入以离尤兮，退将复修吾初服。"据《隋书·陆爽传》，陆爽原来做太子杨勇的洗马，"尝奏高祖云：'皇太子诸子未有嘉名，请依《春秋》之义，更立名字。'上从之。及太子废，上追怒爽云：'我孙制名，宁不自解？陆爽乃尔多事。扇惑于勇，亦由此人。其身虽故，子孙并宜屏黜，终身不齿.'法言竟坐除名"。杨勇是开皇元年（581）被立为太子的，开皇十一年（591），陆爽过世，二十年（600）"冬十月"（《隋书·高祖纪下》），杨勇连同他的儿子一起被废为庶人，仁寿末年赐死。因此，陆法言被免去承奉郎一职，是在开皇二十年年底，《切韵》撰成是 601 年，因此《切韵》成书也就一年的时间。

私：副词，用在谦称自己的场合。训：教诲。诸弟：所有同宗之弟。《国语·晋语四》："而惠慈二蔡，刑于大姒，比于诸弟。"韦昭注："诸弟，同宗之弟。"后文说"直欲不出户庭"，与此正相照应。

文藻：文采，词采。声韵：指音韵。凡有文藻，即须明声韵，强调了懂得审音和运用审音成果对于增强文学作品的文采的重要作用。

屏（bǐng）居：隐居。山野：指民间。与"朝廷"相对。交游：交往的人。阻绝：隔断了。或：通"惑"。质问：询问以正其是非。从"屏居"到"无从"是说无法向八贤之外的学者咨询音韵问题。

亡者：指开皇初论韵的八贤过世者。可作：可以起死复生。该词典出《国语·晋语八》："赵文子与叔向游于九原，曰：'死者若可作也，吾谁与归?'"韦昭注："作，起也。"《礼记·檀弓下》："文子曰：'死者如可作也，吾谁与归?'"当年论韵的八贤，有好几位已经过世了。存者：指开皇初论韵的八贤在世者。贵贱礼隔：贵，指八贤在世而地位显贵者。贱：指陆法言自己。因为他已被罢官，在朝廷没有地位。以：通"已"。报：告知。绝交之旨：断绝交往的意图。八贤中至少已知薛道衡、萧该等人还在世，但是萧该也受到朝廷排斥，薛道衡官位仍然很高。这两句是说陆法言从罢官到写作《切韵》这一段时间，都无法继续向八贤求教。

陆法言此时无法向八贤和八贤之外的通人讨教，也就意味着只能向书本和他原来的"纲纪"讨教了。诸家音韵：各家的注音和韵书。字书：以字为单位，解释汉字的形体、读音和意义的书。《切韵》编写，光参考前代韵书是不够的，里面要收很多字，包括它们的读音和音义配合，比较方便的办法是参考古今的字书。这里所说不包括韵书。

以：介词，根据，依照。前所记者：指八贤论韵的"纲纪"。

定之为《切韵》五卷：平声字多，分为两卷，上去入各一卷，共五卷。《切韵》平声两卷，跟《广韵》的表达方式不同，《广韵》是"上平声、下平声"，《切韵》则不同。就距离《切韵》时代较近的唐写本来看，《切韵》是平声韵目一标到底，不分"上平声、下平声"。

毫厘：形容极微细的长度。毫、厘都是微小的量度单位。南北朝佚名《孙子算经》卷上："度之所起，起于忽。欲知其忽，蚕吐丝为忽。十忽为一丝，十丝为一毫，十毫为一厘，十厘为一分，十分为一寸。"黍累：形容极轻的重量。十黍为一累，十累为一铢。《汉书·律历志上》："权轻重者，不失黍絫。"颜师古注引应劭曰："十黍为絫，十絫为一铢。"这两句是形容《切韵》按照八贤提出的"赏知音"和"论南北是非，古今通塞""捃选精切，除削疏缓"的理想韵书编写理念而做的具体工作，也告诉读者《切韵》为什么是所有古今韵书中分韵最多的原因，从而也凸显了《切韵》独特而巨大的价值，实现了八贤和陆法言本人的审音抱负。

七

第三段是写序的客套话，但是也体现了陆法言对本书的期待。因为是骈文，所以用了较多的典故。典故中提到的人，除了和氏，其他都有传世之作，而且都有期待著述传世的言行，和氏是期待荆山之玉被人开采出来。陆法言用了这些典故，含蓄地表达了他对《切韵》的期待，能启发读者从学术史上审视《切韵》的价值。

何烦泣三：典出《韩非子·和氏》："楚人和氏得玉璞楚山中，奉而献之厉王。厉王使玉人相之，玉人曰：'石也。'王以和为诳，而刖其左足。及厉王薨，武王即位，和又奉其璞而献之武王。武王使玉人相之，又曰：'石也。'王又以和为诳，而刖其右足。武王薨，文王即位。和乃抱其璞而哭于楚山之下，三日三夜，泪尽而继之以血。王闻之，使人问其故，曰：'天下之刖者多矣，子奚哭之悲也？'和曰：'吾非悲刖也，悲夫宝玉而题之以石，贞士而名之以诳，此吾所以悲也。'王乃使玉人理其璞而得宝焉。"何烦：何必。这里是说，自己不期待《切韵》能成为和氏璧那样的宝玉。

未可悬金：典出《史记·吕不韦列传》："是时诸侯多辩士，如荀卿之徒，著书布天下。吕不韦乃使其客人人著所闻，集论以为八览、六论、十二纪、二十余万言。以为备天地万物古今之事，号曰《吕氏春秋》。布咸阳市门，悬千金其上，延诸侯游士宾客有能增损一字者予千金。"这里是说，自己不期待《切韵》能成为《吕氏春秋》那样一字千金的名作。

藏之名山，昔怪马迁之言大：典出司马迁《报任安书》："仆诚已著此书，藏之名山，传之其人，通邑大都；则仆偿前辱之责，虽万被戮，岂有悔哉！"这里是说，自己不期待《切韵》能像受尽羞辱的司马迁写成《史记》那样的名作，也为自己早年对司马迁创作《史记》的抱负不理解而感到悔恨。

持以盖酱，今叹扬雄之口吃：典出《汉书·扬雄传》："雄少而好学，不为章句，训诂通而已，博览无所不见。为人简易佚荡，口吃不能剧谈……雄以病免，复召为大夫。家素贫，嗜酒，人希至其门。时有好事者载酒肴从游学，而巨鹿侯芭常从雄居，受其《太玄》《法言》焉。刘歆亦尝观之，谓雄曰：'空自苦！今学者有禄利，然尚不能明《易》，又如《玄》何？吾恐后人用覆酱瓶也。'雄笑而不应……自雄之没至今四十余年，其《法言》大行，而《玄》终不显，然篇籍具存。"覆：覆盖。酱瓿（bù）：盛酱的器具。这是说，自己不期待《切韵》能成为受尽清贫、受人讥讽的扬雄写成《太玄》《法言》那样的名作，自己现在对扬雄口吃而创作《太玄》《法言》这样的名著感到惊叹不已。

非是小子专辄，乃述群贤遗意：这既是实事求是，也是客气话。专辄：专断，专擅。述：阐述前人成说。群贤：众多德才兼备的人。主要指论韵八贤。遗意：前人的心愿和意见。

宁敢施行人世？直欲不出户庭：这是化用司马迁《报任安书》"藏之名山"而来，也是客套话，表面上是说希望《切韵》只在家族内部流传，实际上对本书的广泛流传充满了期待。

参考文献

1. 陈寅恪. 从史实论切韵［M］//陈寅恪史学论文选集. 上海：上海古籍出版社，1992.

2. 陈寅恪. 东晋南朝之吴语［M］//陈寅恪史学论文选集. 上海：上海古籍出版社，1992.

3. 洪诚. 中国历代语言文字学文选（十五《切韵序》）［M］//洪诚文集. 南京：江苏古籍出版社，2000.

4. 黄典诚.《切韵》综合研究［M］. 厦门：厦门大学出版社，1994.

5. 李荣. 陆法言的《切韵》［M］//音韵存稿. 北京：商务印书馆，1982.

6. 罗常培.《切韵》鱼虞的音值及其所据方音考［M］//罗常培语言学论文集. 北京：商务印书馆，2004.

7. 孙玉文. 用汉字注释古代方音的基础音系问题［M］//字学咀华集. 北京：北京大学出版社，2020.

8. 王显.《切韵》纲纪讨论制订的年份［M］//中国社会科学院语言研究所古代汉语研究室. 古汉语研究论文集：二. 北京：北京出版社，1984.

9. 周祖谟. 颜氏家训音辞篇注补［M］//问学集：上册. 北京：中华书局，1966.

10. 周祖谟. 切韵的性质和它的音系基础［M］//问学集：上册. 北京：中华书局，1966.

Explanation of *The Preface of Qie Yun* and *Qie Yun's* Nature of the Phonology

Sun Yuwen

(*Department of Chinese Language and Literature, Peking University, Beijing, 100871*)

Abstract: *The Preface of Qie Yun* written by Lu Fayan (陆法言) in Sui Dynasty is a classical literature of Chinese linguistics. In this paper we inherit past experience of interpretation, while paying attention to reanalyzing the levels and explanation of discourse. In the process of explaining *The Preface of Qie Yun*, we discuss the author's efforts in rhyme subdivision and its significant contribution in history, including distinguishing the principle between writing and speaking, balancing wide range of collection, precision in selection, moreover, analysis in detail. Based on the existing studies, with grasping the implication in *The Preface of Qie Yun*, we argue that the phonetics of *Qie Yun* must be a system of reading pronunciation taking the most precise subdivision, which was formed on the basis of spoken pronunciation after Southern and Northern Dynasties. Thus, Jinling dialect and Luoyang dialect are not the phonology base of *Qie Yun*, but they may own the authorities in phonetic value.

Key Words: *Qie Yun*; *The Preface of Qie Yun*; explanation; nature of the phonology

俄罗斯留学生汉字书写偏误研究①

王嘉天[1]　王振来[2]②

（1. 大连理工大学国际教育学院　大连　116024；

2. 辽宁师范大学国际教育学院　大连　116029）

摘　要：学习汉语不能绕过汉字，汉字习得涉及认读和书写两部分。俄罗斯留学生在习得汉字过程中，认读汉字要比书写汉字略好一些。汉字书写存在各种各样的问题，有的结构松散，有的缺漏或增加笔画，有的不按笔画顺序书写，有的偏旁搭配错误等。这些问题的产生都是有原因的，一方面学生受母语负迁移的影响，另一方面与汉字书写教学重视不够有关。本文针对存在的问题，提出解决的对策，认为教师要重视汉字书写教学，学生应遵循汉字书写规则，避免出现书写偏误。解决汉字书写问题，将有利于俄罗斯学生习得汉语，提高汉语水平。

关键词：俄罗斯留学生；汉字；书写；偏误；对策

一、引言

目前汉语已被列入俄罗斯高考序列，将有越来越多的俄罗斯学生学习汉语。王宁（1990）认为"外国人学汉语，是不能绕过汉字的"③。这说明学习汉语必须学习汉字。而在留学生学习汉语的过程中，欧美学生普遍存在重口语，轻汉字；重阅读，轻书写的现象。汉字教与学的问题成为学界关注的热点，很多学者对外国留学生习得汉字问题进行了探讨。如江新、赵果（2001）《初级阶段外国留学生汉字学习策略的调查研究》，通过构建一个有一定信度和效度的汉字学习策略量表，对初级阶段外国留学生汉字学习策略进行了研究，总结了汉字文化圈与非汉字文化圈学生习得汉

---

①　本文为辽宁省社会科学基金资助项目"俄罗斯学生习得汉字问题及解决对策研究"（项目编号：L18BYY009）、辽宁师范大学教改项目"基于汉语国际传播背景下的汉字教学模式创新研究与实践"（项目编号：2018-43）的研究成果。

②　作者简介：王嘉天，博士，大连理工大学国际教育学院讲师，主要研究汉语语法和汉语国际教育。王振来，博士，辽宁师范大学国际教育学院教授，主要研究汉语语法和汉语国际传播。

③　王宁. 汉字教程·序 [M]. 北京：北京语言大学出版社，2004：5.

字的差别。① 罗琴（2011）《俄罗斯留学生初级阶段汉字学习策略分析与教学思考》，通过对俄罗斯留学生在初级阶段习得汉字策略的调查，对教学方法进行了反思，对汉字教材使用进行了思考。② 梁源（2019）《从书写偏误看汉语二语学习者的汉字习得》，通过听写测试收集汉语二语学习者的汉字书写偏误，探讨汉字习得问题，总结了汉字书写偏误的类型。③ 虽然汉字教学引起了学者们的关注，但对俄罗斯留学生汉字书写问题研究的成果略显不足，这是一个值得深入研究的课题。

二、俄罗斯留学生汉字书写偏误类型

汉字书写被俄罗斯学生看作汉语习得的一大难点，石定果、万业馨（1998）认为"汉字文化圈中的学生觉得汉字不难，而非汉字文化圈中的学生认为汉字很难"④。我们研究的对象为俄罗斯留学生，属于非汉字文化圈，他们在学习汉字过程中出现了很多书写问题。

（一）错字偏误

我们调查了 60 名俄罗斯留学生，他们在中国学习汉语一年左右，汉语水平处于初级阶段。我们让每个留学生写 200~300 字的短文，对短文中的汉字书写问题进行归类，其中错字类型的偏误主要包括笔画偏误、部件偏误和结构偏误。我们选取了 200 个典型偏误的语料，归纳出各类型偏误的比例。

表 1　俄罗斯留学生汉字书写中的错字偏误统计

偏误类型	笔画偏误	部件偏误	结构偏误	总计
偏误数量	118	52	30	200
所占比例	59%	26%	15%	100%

从表 1 中我们可以看出，笔画偏误比例最高，达到 59%；其次是部件偏误，占 26%；结构偏误略少，占 15%。这是因为初级阶段俄罗斯留学生

---

① 江新，赵果. 初级阶段外国留学生汉字学习策略的调查研究 [J]. 语言教学与研究，2001（4）：10.

② 罗琴. 俄罗斯留学生初级阶段汉字学习策略分析与教学思考 [D]. 哈尔滨：黑龙江大学，2011：25.

③ 梁源. 从书写偏误看汉语二语学习者的汉字习得 [J]. 语言教学与研究，2019（4）：33.

④ 石定果，万业馨. 关于对外汉字教学的调查报告 [J]. 语言教学与研究，1998（1）：36.

接触的汉字还较少，结构还较简单，问题主要集中在汉字笔画上。学习汉语一年左右的留学生对汉字整体感知不强，缺乏汉字书写理据意识。下面主要分析笔画偏误和部件偏误。

1. 笔画偏误

笔画偏误可分为四种类型：笔画增加、笔画减少、笔画变形和笔向偏误。汉字是由基础的书写单位笔画组成的，汉字基本笔画有 6 种，合成笔画有 25 种，汉语初级阶段的留学生很多尚未完全掌握汉字笔画的书写规则，一下笔就出现了很多偏误。

（1）笔画增加。留学生在书写汉字时多加了笔画，造成了偏误。如：

图 1　"代"的偏误

图 1 是留学生写"古代"时，把"代"字写错了，主要是笔画增加导致书写错误。"代"是形声字，从人，弋（yì）声，本义是"更迭，代替"。从"代"字构形来看，右边是"弋"字，结果留学生多写了一撇，成为错字。

图 2　"因"的偏误

图 2 是留学生写"因为"时，把"因"字写错了，主要是笔画增加导致的错误。"因"字是全包围结构，里面的部件（独体字）是"大"，学生加了一点，变成了"太"，造成了笔画增加的书写偏误。

（2）笔画减少。留学生在书写汉字时少写或遗漏了笔画，造成了偏误。如：

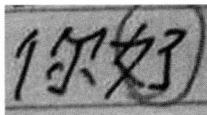

图 3　"好"的偏误

图 3 是留学生写"你好"时，把"好"字写错了，主要是笔画减少导致的错误。"好"是会意字，从女，从子，本义是"美或貌美"。从"好"字构形来看，右边应该是"子"字，留学生少写了一横，变成了"了"字，这可能是因为"子"与"了"外形形似，留学生把二者混淆了。

图 4　"背"的偏误

图 4 是留学生写"背"时，下面的"月"字底少了一横，出现了偏误。

（3）笔画变形。汉字要求笔画书写规范，俄罗斯留学生在书写汉字时，对汉字笔画的书写规则认识不够，常常将某一个笔画写得过长或过短，甚至改变笔画的书写方向。如：

图 5　"连"的偏误

图 5 是留学生写"连"时，将"车"字的"竖"写得过长，致使这个汉字变得不规范，造成了笔画变形偏误。留学生在书写时不该出头的地方出了头，或该出头的地方没有出头，都会造成了笔画变形的偏误。

图 6　"写"的偏误

　　图 6 是留学生写"写字"时，把"写"字的"横"写成了"点"。造成了偏误。

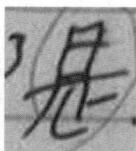

图 7　"是"的偏误

　　图 7 是留学生写"是"字时，笔形"捺"出现了不规范的变形，导致出现错误。

　　（4）笔向偏误。有些汉字中的笔画朝向是朝左，留学生记错了方向，将其写成向右的笔画，造成了偏误。如：

图 8　"手"的偏误

　　图 8 是留学生写"手"时，笔画的方向出现了错误。"手"字的第四笔是"竖钩"，笔向应该是朝向左的，但留学生在书写时对该笔画的方向产生了混淆，写成了向右的笔画，造成了笔向的偏误。

　　2．部件偏误

　　部件偏误包括部件增加、部件减少和部件变形。部件的偏误虽然没有笔画的偏误那么多，但是仍然有一定数量的留学生存在这方面的问题。

　　（1）部件增加。原本该字没有的部件，留学生额外加了，导致书写错误。如：

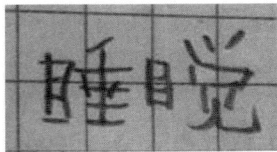

图 9　"觉"的偏误

图 9 是留学生写"睡觉"时，把"觉"字多写了一个"目"字旁，造成了部件增加的偏误。

图 10　"真"的偏误

图 10 是留学生写"认真"时，把"真"字写错了，在"真"字左边多加了一个言字旁。

通过观察图 9 和图 10 的偏误，我们可以发现，留学生在书写词组时，易受前一个字的影响，以为后面的字也是同样的偏旁，因此也给后面的字加上前一个字的偏旁。

（2）部件减少。留学生在书写过程中，把该有的部件漏掉了，形成了错字。如：

图 11　"信"的偏误

图 11 是留学生写"相信"时，把"信"字写错了。"信"是会意字，从人，从言，本义是"真心诚意"。漏掉了单人旁，写出了错字。

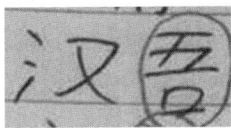

图 12　"语"的偏误

图 12 是留学生写"汉语"时，把"语"字写错了。"语"是形声字，从言，吾声，本义是"谈论、议论、辩论"。学生写"语"漏掉了言字旁，变成了"吾"，造成了部件减少的偏误。这种情况在留学生的练习中也很常见，比如"认识"的"认"字在书写的时候只写了右半部分，漏掉了左半部分；"好像"的"像"字，留学生就把单人旁给忘掉了。

（3）部件变形。留学生在书写汉字时，改变了原部件的笔画形状，这也是一种书写不规范的行为。如：

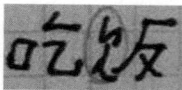

图 13 是留学生写"吃饭"时，把"饭"字写错了。"饭"是形声字，从食，反声，本义是"吃饭"。"饭"左边的部件为"饣"旁，留学生把这个偏旁写变了形，出现了这个字的书写错误。

（二）别字偏误

由于汉字形近字和同音字多，俄罗斯留学生在习得汉字时常常出现混淆，这种现象称为别字偏误。别字偏误主要包括形近字偏误、近音字偏误和同音字偏误。我们从俄罗斯留学生的短文中选取了 100 个典型别字偏误的语料，归纳出各类型偏误的比例。

表 2　俄罗斯留学生汉字书写中的别字偏误统计

偏误类型	形近字偏误	近音字偏误	同音字偏误	总计
偏误数量	58	27	15	100
所占比例	58%	27%	15%	100%

从表 2 中可以看出，在这类偏误中，形近字的偏误所占比例最大，为 58%；其次是近音字的偏误，占 27%；同音字的偏误最少，占 15%。

1. 形近字偏误

形近字是指两个字字形相近或相似，留学生可能会在字形上产生混淆，从而导致形近字偏误。由于留学生的汉语水平还处于初级阶段，学过的汉字还不多，因此他们缺乏一定的汉字分辨能力。

图14　"入"的偏误

　　图14是留学生写的"入"字，实际上已经写成了"人"字，主要是因为这两个字的字形相近，留学生没有区分这两个字的笔画差别，一下笔就写错了。

　　2．近音字偏误

　　近音字，顾名思义，指语音相近的两个汉字，它们可能声母或韵母相同，但语调不同。它们语音相近，但字形没有关联，留学生很容易因为两个字发音相似而产生混淆。

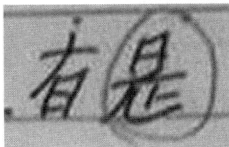

图15　"时"的偏误

　　图15是留学生写"有时"时，把"时"写成了"是"。"时"和"是"发音相似，但意思上没有什么关联，因为留学生学"是"这个字更早些，而且用的次数比"时"多，因此比较容易写出发音相似的字，这样就造成了近音字偏误。

　　3．同音字偏误

　　留学生容易把两个读音相同的汉字混淆，从而发生偏误。

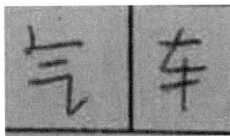

图16　"汽"的偏误

　　图16是留学生写"汽车"时，把"汽"字写错了。"汽车"的"汽"与"空气"的"气"读音相同，但两个字的写法和意义不同。学生先学的

193

是"空气"的"气"字，先入为主，后学"汽车"的"汽"字，把两个读音相同的字弄混了，造成了同音字偏误。

以上是对俄罗斯留学生书写偏误类型的初步总结，实际类型远远超过这些。汉字书写问题一直是困扰俄罗斯留学生学习汉语的一大难题，希望本研究对他们解决汉字书写问题有帮助。

三、偏误产生的原因

（一）受母语负迁移影响

俄语属于印欧语系，是拼音文字，书写顺序是"由下而上"。汉语属于汉藏语系，汉字是语素文字，汉字的写法是"从左到右，由上向下"。两种语言的书写形式差距非常大，而且书写方式正好相反。俄罗斯留学生习得汉字不可避免要受到斯拉夫文字影响，产生大量偏误。

受母语书写负迁移影响，俄罗斯留学生往往不注意汉字笔画和笔顺书写规则，只是按照字形描画出来。实际上初级汉语综合课教材对笔画和笔顺都有介绍，每个汉字都附有正确的书写顺序。虽然教师在课上讲过笔画、笔顺的知识，但留学生普遍不够重视，总觉得笔画和笔顺不重要，能写出整字就行了。这样会造成汉字笔画和笔顺书写的不规范，比如在写"嘴"字时，由于这个字笔画多，结构复杂，字虽然写出来了，但整个汉字结构是松散的，也是不规范的。因为这个字由"口""此""角"三个部件构成，留学生没有注意汉字的结构组成，就是死记硬背、反复抄写，写出来的汉字都不太规范，甚至有些是错别字。这主要是因为俄罗斯留学生认为记忆笔画和笔顺很麻烦，觉得用处不大，不遵循笔画和笔顺书写规则也可以写出汉字来。

（二）受汉字本身复杂性影响

首先，汉字的数量非常多，结构也很复杂，而且有些汉字笔画繁多。尽管汉字的教学方法不断推陈出新，学者们力求使汉字简单化、趣味化，以减少学习者学习汉字的难度。但留学生一开始接触汉字，最基本的任务还是需要一个一个去记忆，识字任务比较繁重。

其次，汉字的组合方式也不是很规则，汉字和汉字之间，笔画、部件、结构、位置等都不同。差之毫厘，谬以千里，只要有一点点的失误都可能写成错别字。在许多没有接触过汉字的外国人眼中，汉字给他们留下了纷繁复杂、难以掌握的印象。

除此之外，汉字中还存在大量的同音字、近音字、形近字、多音字，这些读音相似或者书写相似的汉字对于俄罗斯留学生来说，可谓难上加难。他们在习得这些汉字时经常发生混淆，出现张冠李戴的现象，把同音不同字的汉字写错。教师在教学时必须注意这些问题，有针对性地讲解，让学生了解它们之间的差别。

（三）教学重视程度不够而影响留学生汉字习得

大部分学校将汉字教学渗透在综合课的教学中，有的教师为了能高效地讲解课文内容，一般不太会注重汉字的书写，往往只对作业中的汉字错误进行纠正，没有采取有效的措施。

据我们调查，在初级综合课的课堂上，绝大多数教师把课堂讲解重点集中在语音、生词、语法和课文上，而汉字书写知识讲解较少，这样会给留学生一个错觉，认为汉字书写不重要。有的教师教得少或干脆不教，造成留学生写得少或干脆不写的局面。这种教学理念不仅使留学生缺少汉字书写的基本知识，更缺少汉字学习的主动性，认为书写汉字就是描摹，字形相似就行了，没有培养留学生的汉字书写能力。

通过对俄罗斯留学生的课堂观察与课下问卷调查分析，我们发现大多数留学生没有养成一个良好的汉字书写习惯。课堂上能说绝对不写，能少写一个字就绝不多写一个字。课后作业一般都会第二天早上来校完成。从调查问卷中可以看出，有53%的学生反映课后没有兴趣去学习汉字，而且40%的学生不会看教师的修改建议。从对语料的统计分析得知，留学生在笔画、部件和别字上的偏误，大多数是由对汉字书写重视不够造成的。

四、解决对策

（一）科学认知汉字

1. 了解汉字以"形"显"义"的特点

汉字是一种语素文字，很多汉字的字形与字义之间有某种联系，看到字形能猜测出大概的意思。如"日"的形状像太阳，那么带"日"字旁的字也大多跟太阳或者时间有关，"晴"为形声字，从日，青声，本义是"雨止无云，天气晴朗"。"山"为象形字，宛如山峰并立的形状，本义是地面上由土石构成的隆起部分。"山"可以为构字部件，组成不同的汉字，比如"峡谷"的"峡"字、"岩石"的"岩"字、"五岳"的"岳"字，表义都与"山"相关。"众"为会意字，从三人，"三"表示众多，"众"的本义是"众人、大家"。"游泳"要在水里游，因此这两个字都是三点水旁。还有与"水"有关的汉字，如"江""河""湖""海"等，都有三点水旁，像这样分析汉字，可以引导学生一看到"三点水旁"就知道这个汉字与水的含义相关。"吃饭"的"饭"字，为形声字，从食，反声，本义是"吃饭"，《说文解字》认为"饭，食也"。动词"跑""跳""踢"都有足字旁，因此学生看到足字旁，就知道这个动作与"脚"有关系。

可见，汉字虽然看上去很复杂，笔画很多，但它们其实是有规律可循的。只要善于归纳汉字构形规则，总结汉字的基本特征，就会发现汉字具有理据性。了解字形与字义之间的关系，汉字书写规则掌握起来就容易多了。

2. 把"字"与"词"的学习结合起来

汉字数量庞大，结构复杂，若一个一个地记，会耗费大量的时间和精力。教师在讲解生词时，应同时进行汉字教学，把"字"与"词"的教学结合起来，可以减轻学生负担。如学习"戴"字时，无论是结构还是笔画数量，学生们都会觉得很难，但是如果把字与词结合起来讲，就容易多了。《尔雅》认为"戴，覆也"，加在"头、颈、面、肩上、胸上"等，再拿熟悉的词与之配合，比如"戴帽子""戴围巾""戴手套""戴眼镜""戴耳环""戴戒指"等；同时还可以拿同音字"带"与"戴"相比较，分析两个字的不同，这样不仅学会了两个字，还掌握了两个词的用法。再比如学习"医"字，不仅要教"医"的结构和书写，还要教由"医"组成的词语，初级综合课教材中有"医生""医院""中医""牙医""医药"等词，那么学生学会了"医"字后，就可以认识由"医"组成的合成词。

记住构字能力强的独体字，对学习汉字也非常重要。如"女"字，《说文解字》认为"女，妇人也"，为象形字，本义是"女性、女人"。由"女"组成的合体字有"姓""娶""婚""妻""姑""妹"等244个。"女"作为基本语素，可组成许多词，前置的如"女儿""女方""女工""女皇""女人""女色""女士"等；后置的如"处女""闺女""美女""少女"等。记住一个独特字"女"，就可以认知由"女"组成的字以及跟"女"有关的词语。

3. 对比汉字结构，区分易混汉字

汉字是一个庞大的字符集，造字时为了方便，有时在一个字的基础上略有变化而造出了另一个字，这样就产生了数量较多的形近字，所以在教学时，教师要重视形近字的讲解。这主要是因为方块形体限制了汉字的构造，一个汉字与另一个汉字只能靠部件、笔画、横竖、长短、位置等来加以区别。俄罗斯留学生分辨这些字形有一定难度，教师在教学时要特别指出彼此的差别。①有横无横的差别，如"亨""享"；②有点无点的差别，如"兔""免"；③上长下短的差别，如"未""末"和"土""士"；

④左同右异的差别，如"扰""拢"和"伧""伦"；⑤左异右同的差别，如"课""棵""裸"；⑥上同下异的差别，如"暮""幕"和"简""简"；⑦下同上异的差别，如"籍""藉"；⑧外同内异的差别，如"遣""遗"和"圆""冠"；⑨左右相同，中间有别，如"辨""辩""瓣"。

除此之外，汉字还存在大量同音字和近音字，如"事""是"；"很""狠"；"作""做"；"分""份"等，都会增加留学生习字用字的难度。从俄罗斯留学生习得汉字偏误来看，由形似、音似而导致写错的汉字较多。教师在教学时要注意区分易混汉字，让留学生了解这些字的差别所在，对正确书写汉字非常有效。

（二）针对留学生出现的书写偏误而采取的教学对策

针对汉字的笔画偏误，教师首先要做好示范，让留学生在教师的书写中感受到汉字笔画、汉字部件、汉字结构所形成的汉字美感。其次，教师要引导留学生注意笔画的细节，通过引导让留学生感知到汉字的书写规律，毕竟很多汉字的书写偏误都是由细节造成的，一笔一画、一撇一捺，它们的长短、位置都有所不同，教师可以重点突出或强调一下。比如"人"和"入"，看上去很像，留学生也常常忽视这两个字之间的差异而产生混淆，教师应该对这两个之间的差异进行重点强调。

对于汉字部件的教学，教师要帮助留学生了解汉字部件。利用基础部件的组字能力，让留学生更清晰地认识汉字部件。在构字时有的部件位置比较固定，有的不固定，"口"是不固定的部件，可以出现在不同的位置，如"呆""否""吃""扣"，"口"可以在上下左右不同位置。通过一个部件，留学生可以学到多个汉字。汉字的偏旁一般是固定的，而且偏旁起到表义作用，比如两点水旁与三点水旁位置固定，都出现在左边，在表义上也比较明显，两点水旁往往与"冷"义相关，而三点水旁常常与"水"有关。

结合汉字的结构偏误，教师在教学时要讲解汉字结构框架。汉字的结构主要有四种类型：①左右结构，如"件""打""听"等；②上下结构，如"男""尖""息"等；③包围结构，这种结构的类型最多，结构也最复杂，如"压""包""处""同""医""画""国"等，教师要把各种包围结构组字的规则讲给留学生；④特殊结构，如"乘""爽"等。在教学中把汉字的这些结构规则清晰地展示出来，让留学生知道汉字的结构类型，这样有利于掌握汉字结构。在部件组合时要注意部件之间的距离和位置，有的留学生把左右结构的两个部件拉得太长，看上去像两个字；有的留学生写包围结构的汉字时，外面的部件并没有将里面的部件包围住；有的留学生写汉字时两个部件一大一小，布局不匀称。教师要让留学生规范书写笔画、部件，注意结构布局，这样写出来的汉字才美观大方。

（三）重视汉字书写规则教学

笔画是汉字构形的最小单位，数量并不多，相当于英语的字母，其重要性不言而喻，留学生必须掌握。现代汉语通用字中最少的笔画只有 1 画，如"一""乙"，最多的是 36 画，如"齉"。其中以 9 画居多，10 画和 11 画次之。教师在教学时要让留学生了解汉字笔画的书写先后顺序，掌握汉字书写的基本笔顺：①先横后竖，如"十""干""丰"；②先撇后捺，如"八""人""入"；③先上后下，如"三""京""高"；④先左后右，如"川""衍""做"；⑤先外后内，如"月""匀""同"；⑥先中间后两边，如"小""水""办"；⑦先进去后关门，如"回""目""国"。教授汉字时，教师始终应该对留学生严格要求，使其认真训练，反复默写，养成规范的汉字书写习惯，这对留学生将会受益无穷。

部件也是构字的备用单位，是汉字的基本结构单位。部件常常由独体字充当，合体字有两个或两个以上部件。如"地""和""对""好""动"是两个部件；"想""娶""树""坐""渠""谢"是三个部件；"营""韶"是四个部件；"燥""赢"是五个部件。部件与部件的组合是分层进行的，不是一次组合而成。如："韶"的部件是"立""日""刀""口"，这些可称为末级部件。末级部件一般都可以成为独体字。由此可见，剖析汉字的部件对于认知汉字的结构和正确地书写汉字都是很有帮助的。

五、结语

汉字是汉语的书写符号，具有独特的性质和特点。本文分析了俄罗斯留学生汉字书写偏误，在归纳偏误类型的基础上，探析偏误产生的原因，并提出了解决对策。汉字书写涉及笔画、笔顺、部件、偏旁、结构等，教学时要善于归纳它们的构字规律，遵循先认读后书写的原则，由易到难、由简到繁的教学原则。先教笔画少、容易写的汉字，再教笔画多、难写的汉字；初级阶段先教形体结构简单的独体字，再教形体结构复杂的合体字。在教学时要创新汉字教学模式，将汉字教学与现代科学技术（多媒体）相结合，让留学生了解汉字的演变过程。同时在汉字教学中，分类型列出构字能力强的独体字和常用合体字，精选例字，用现代汉字学的理论精确地解析这些例字的字形（部件、笔画、笔形和笔顺）、构造（意符、声符、记号及其变体）和理据，以利于学生认知和记忆。在解释汉字字义时，不宜把一个字的所有义项一股脑儿全教给学生，应该分层进行，先教基本义，再教派生义，逐步积累。总之，俄罗斯留学生打好汉字书写基础，将有利于他们学习汉语，提高汉语水平。

参考文献

1. 崔永华. 汉字的部件和对外汉字教学［J］. 语言文字应用，1997（3）.

2. 郭圣林. 汉字的笔画特点与外国学生汉字笔画偏误［J］. 暨南大学华文学院学报，2008（4）.

3. 李宝贵. 汉字理据性与对外汉字教学［J］. 汉字文化，2005（1）.

4. 梁源. 从书写偏误看汉语二语学习者的汉字习得［J］. 语言教学与研究，2019（4）.

5. 裘锡圭. 文字学概要［M］. 北京：商务印书馆，1988.

6. 苏培成. 二十世纪的现代汉字研究［M］. 太原：书海出版社，2001.

7. 肖奚强. 外国学生汉字偏误分析［J］. 世界汉语教学，2002（2）.

8. 徐子亮. 汉字背景与汉语认知［J］. 汉语学习，2003（6）.

9. 赵妍. 现代汉字的理据性与对外汉字教学［J］. 语言文字应用，2006（2）.

Study on the Miswriting of Chinese Characters by Russian Students

Wang Jiatian[1]　Wang Zhenlai[2]

(1. *Dalian University of Technology*, *Dalian*, 116024;

2. *Liaoning Normal University*, *Dalian*, 116029)

Abstract：Learning Chinese cannot bypass Chinese characters, which involve reading and writing. In the process of acquiring Chinese characters, Russian students read Chinese characters slightly better than writing Chinese characters. There are a variety of problems in Chinese character writing, some loose structure, some missing or increase the stroke, some do not write in the order of stroke, some side with errors. These problems are caused by the cause, on the one hand, students are affected by the negative migration of their mother tongue, on the other hand, teaching attention to Chinese character writing is not enough. In view of the existing problems, this paper puts forward the countermeasures, and holds that teachers should pay attention to the teaching of Chinese character writing, students should follow the rules of Chinese character writing, to avoid writing errors. Solving the problem of Chinese character writing will help Russian students to acquire Chinese and improve their standard.

Key Words：Russian students；Chinese characters；writing；mis-steps；measures